Comércio Exterior Brasileiro

José Lopes Vazquez

Comércio Exterior Brasileiro

11ª Edição

SÃO PAULO
EDITORA ATLAS S.A. – 2015

1. ed. 1995; 2. ed. 1997; 3. ed. 1998; 4. ed. 1999;
5. ed. 2001; 6. ed. 2003; 7. ed. 2004, 8. ed. 2007;
9. ed. 2009; 10. ed. 2012; 11. ed. 2015

Capa: Leonardo Hermano
Projeto gráfico e composição: CriFer – Serviços em Textos

Dados Internacionais de Catalogação na Publicação (CIP)
(Câmara Brasileira do Livro, SP, Brasil)

Lopes Vazquez, José
Comércio exterior brasileiro / José Lopes Vazquez. –
11. ed. – São Paulo : Atlas, 2015.

Bibliografia.
ISBN 978-85-224-9867-3
ISBN 978-85-224-9868-0 (PDF)

1. Brasil – Comércio exterior I. Título.

94-4651
CDD-382.0981

Índices para catálogo sistemático:

1. Brasil : Comércio exterior 382.0981

Depósito legal na Biblioteca Nacional conforme Lei nº 10.994, de 14 de dezembro de 2004.

Impresso no Brasil/*Printed in Brazil*

Editora Atlas S.A.
Rua Conselheiro Nébias, 1384
Campos Elísios
01203 904 São Paulo SP
011 3357 9144
atlas.com.br

Uma Oração e Muitos Agradecimentos

"É maravilhoso, Senhor, voltar para casa,
quando tantos não têm para onde ir!
Amar, viver, sorrir, sonhar,
quando há tantos que choram, odeiam,
revolvem-se em pesadelos, morrem antes de nascer!
Minha voz que fala,
quando tantos emudeceram!
É maravilhoso, Senhor, sobretudo,
ter tão pouco a pedir, tanto a agradecer!"

Michel Quoist

Agradeço à minha família, pelo apoio e incentivo que me proporcionou, pela confiança que sempre em mim depositou. Minha esposa Amine e meus filhos, Flávia Roberta e Fábio José.

É maravilhoso, Senhor, ter tanto a agradecer, muito e muitos para amar, razões para sonhar e nada para odiar!

José Lopes Vazquez

"O valor do Homem está na dimensão do seu caráter."

Sumário

Prefácio à 5ª edição

Lutamos contra a dinâmica do comércio exterior, cuja velocidade nas mudanças causa dificuldades imensas para podermos atualizar este nosso compêndio sobre as trocas externas. Mesmo assim, conseguimos trazer muitas coisas novas nesta edição: apresentação, na íntegra, da Publicação nº 560, da Câmara de Comércio Internacional, que trata dos Incoterms, revisão 2000, recheada de comentários. Tínhamos percebido em nossas aulas e palestras que havia necessidade de uma exposição mais clara dessas importantes regras de negociação internacional. Assim o fizemos. Analisamos cada termo e, na medida do possível, procuramos recheá-lo com exemplos do dia a dia. No Capítulo 6, dedicado aos Regimes Aduaneiros Especiais e Atípicos, elencamos 20 situações em que eles se apresentam. Muitos deles surgiram nos últimos dois anos, caso específico do Repex, Repetro, Linha Azul, Recof etc. Finalmente, no Capítulo 7, fizemos revisão completa nos contratos de câmbio de importação e exportação. Em outros capítulos, procedemos a algumas pequenas alterações, digamos, de manutenção, em virtude de pequenas mudanças que ocorreram no período.

Esperamos que a atualização efetuada seja do agrado dos interessados na área.

São Paulo, abril de 2001.

O Autor

Prefácio à 2ª edição

Transcorridos 30 meses da mudança de nossa moeda, portanto, há mais de dois anos convivemos com o Real, podemos sentir a redução drástica da inflação, queda nas exportações, alta das importações, aumento de déficit público, aumento de nossas reservas internacionais etc.

Tivemos exportações de US$ 43,596 bilhões em 1994, US$ 46,506 bilhões em 1995 e US$ 47,753 bilhões em 1996. Percebe-se que o aumento foi muito pequeno em 1996, em relação a 1995.

As importações, todavia, cresceram muito: US$ 33,201 bilhões em 1994, salto para US$ 49,663 bilhões em 1995 (crescimento de 50%) e US$ 53,287 bilhões em 1996, crescimento de 7,30% sobre o ano anterior e 61% sobre o total exportado em 1994.

As reservas cambiais, entretanto, têm mantido elevados saldos, o que nos faz supor que a política cambial interbandas será mantida pelo Banco Central.

As reservas, que somavam US$ 36,471 bilhões em dezembro de 1994, subiram para US$ 50,449 bilhões em final de 1995, e para US$ 59,039 bilhões em dezembro de 1996.

Essa pujança revelada nas reservas cambiais demonstrou que, embora esteja com déficit na conta da balança comercial, o Brasil tem atraído investimentos de longo prazo para cobrir os últimos déficits na balança de transações correntes.

O setor externo sempre foi muito dinâmico, obrigando-nos a um acompanhamento atento para que não sejamos atropelados pelas mudanças que acontecem diariamente no Brasil e no mundo.

No Brasil, tivemos a consolidação do Real, atrelado sem nenhuma dúvida à âncora cambial e à vigorosa queda das altas taxas inflacionárias.

Por esses motivos e mais pela queda da inflação, o presidente Fernando Henrique Cardoso conseguiu amealhar apoio popular e político, alterando as regras eleitorais, incluindo dispositivo que permite a reeleição de detentor de cargo executivo, no momento, apenas para o Presidente da República. Quando terminávamos a preparação desta nova edição, a matéria ainda não tinha seguido para a votação no Senado Federal. Passara, com alguma dificuldade, pelo primeiro turno das eleições na Câmara dos Deputados e com muita facilidade no segundo turno na mesma câmara.

Consolida-se também o Mercosul. O comércio intrazonal deu sinais de crescimento, conforme anotamos no Apêndice A do Capítulo 9.

Com as discussões sobre a Área de Livre Comércio das Américas (Alca), achamos conveniente dedicar atenção ao tema e assim o fizemos no Apêndice B do Capítulo 9.

Com a implantação definitiva do SISCOMEX Importação, a partir de 1º-1-97, entendemos oportuno dedicar um manual ao assunto, de serventia para os importadores.

Assim é que criamos o *Apêndice A – SISCOMEX Importação*, devidamente acoplado ao Capítulo 4 – Política Brasileira de Importação, com instruções sobre a solicitação de licenciamento obrigatório, denominado Licenciamento Não Automático, quando assim o exigir o tratamento administrativo para a mercadoria que se pretende importar.

Incluímos também informações sobre o preenchimento e a emissão da Declaração de Importação.

Com as novas instruções vigentes a partir de 1º-1-97 para a área cambial, resolvemos deslocar o assunto Financiamentos para um capítulo próprio. Assim, o Capítulo 7 é dedicado só a assuntos de Câmbio de Importação e Exportação; o Capítulo 8 passa a tratar de Financiamentos de Exportação e Importação e o Capítulo 9 é dedicado ao Mercado Comum do Sul – Mercosul (antigo Capítulo 8).

Nosso intuito com estas inclusões e alterações é facilitar a vida daqueles que militam na área de comércio exterior e buscam orientação em relação a seu posicionamento em determinadas situações. Incluímos, pois, algumas diretrizes que balizarão os interessados em importar.

Por oportuno, registro a contribuição que me foi prestada por Fábio José Buchedid Vazquez, Engenheirando da Computação, meu filho, na elaboração do Apêndice A, que permitiu a inclusão do SISCOMEX Importação, um verdadeiro manual para os usuários/importadores. Agradeço, principalmente, a paciência demonstrada em acolher as sugestões que julguei adequadas ao trabalho eminentemente técnico.

À minha filha, Flávia Roberta Buchedid Vazquez, Administradora de Empresas e Pós-graduanda em Comércio Exterior, pelas críticas e sugestões que fez na revisão e inclusão de novos tópicos.

Aos colaboradores e demais críticos, muito obrigado.

José Lopes Vazquez

Nota: Para comunicarem-se com o Autor, os leitores podem utilizar os seguintes endereços eletrônicos:

E-mail:

www@vazquez.com.br

Home Page:

http://www.vazquez.com.br

Introdução

A globalização internacional da economia faz com que os países intercambiem bens e serviços com mais rapidez, num fluxo que tende a ser cada vez mais ágil e interativo.

Formam-se os grupos regionais, as alianças, para que os países, unidos nos mesmos objetivos, possam disputar com maiores possibilidades de sucesso sua fatia no bolo.

E as empresas, como os governos, devem estar preparadas para essa nova era, para enfrentar os novos desafios que se apresentam no dia a dia de suas atividades.

E essa preparação nada mais é do que o condicionamento correto da empresa para pugnar e vencer na arena internacional.

E, para isso, é rigorosamente necessário ter pessoal capacitado, treinado, motivado, para esgrimir num campo em que os adversários são competentes e agressivos: o conhecimento das regras cambiais de nosso país (e dos outros!), as fontes e as condições de financiamentos para as exportações e importações, o capital de giro, uma política de marketing voltada estrategicamente para o mercado externo, focalizando o cliente como sua principal preocupação e motivo de redobradas atenções, cuidado com o produto, sua qualidade, seu preço, suas condições competitivas.

Este livro foi elaborado para responder às muitas indagações sobre os mistérios que cercam as operações do comércio internacional: como se faz para exportar? Ou importar? Qualquer cidadão pode exportar/importar? A quem se dirigir para obter informações? Como se negocia uma Carta de Crédito? O que é Posição Especial de Câmbio? Quais e onde encontrar fontes de financiamento para as operações de comércio exterior? Enfim, são muitas as perguntas, cujas respostas procuramos fornecer no decorrer da leitura desta obra.

Assim é que dedicamos o Capítulo 1 a uma apresentação do Cenário Atual do Comércio Exterior Brasileiro, suas dificuldades e suas potencialidades como alavancador do PIB brasileiro. Colocamos nossas preocupações, e de outros, quanto à necessidade de um novo enfoque no segmento que responde por parcela considerável do PIB, utilizador de ponderável parcela de mão de obra e contribuidor indispensável da formação de nossas reservas cambiais.

O Capítulo 2 esclarece como funciona o Sistema Brasileiro de Comércio Exterior, os órgãos intervenientes – Conselho Monetário Nacional, Secretaria do Comércio Exterior, Banco Central do Brasil e Secretaria da Receita Federal –, destacando-se a competência e funções de cada um.

O Capítulo 3 é dedicado às modalidades de Compra e Venda em Comércio Exterior (Incoterms), com a apresentação e comentários das regras usadas nos contratos internacionais.

O Capítulo 4 trata da Política Brasileira de Importação, com ênfase no tratamento administrativo no tocante às operações, sujeitas ou não a Licenciamento, importações permitidas, não permitidas ou suspensas etc. Tratamos do desembaraço alfandegário e da nacionalização das mercadorias.

Dedicamos o Capítulo 5 à Política Brasileira de Exportação; nele destacamos os aspectos de Produção e Marketing da empresa voltada para comércio externo; Registro de Exportador, cuidados que devem ser dispensados às Feiras e Exposições, como forma de alcançar e sedimentar posições.

O Capítulo 6 considera os Regimes Aduaneiros Especiais e Atípicos, caracterizando-os conforme a finalidade de cada um e de larga utilização na área de comércio exterior.

O Capítulo 7 é voltado para o Mercado de Câmbio: contratação, alterações, cancelamentos e prazos; vendas para Importação e Exportações; Posição Especial; O Capítulo 8 trata de Financiamentos de Exportação e Importação; financiamentos via contrato de câmbio e outras formas de financiamento, como as Export Notes, Debêntures Cambiais, Operações Securitizadas etc.

O Capítulo 9 é dedicado ao Mercosul, seus objetivos e sua importância política e econômica para o Brasil e seus parceiros, Argentina, Paraguai e Uruguai.

1

Comércio Exterior

1.1 CENÁRIO ATUAL DO COMÉRCIO EXTERIOR BRASILEIRO

Uma das maiores conquistas da Humanidade, a Escrita, é a responsável para não nos esquecermos do nosso passado e projetarmos com equilíbrio o nosso futuro.

Volvendo nossos olhos para o que foi escrito em 1995, na primeira edição desta obra, deparamo-nos com algumas situações que comprovam a melhoria em muitos aspectos de nossa política de comércio exterior.

O que melhorou? A participação de nossa parcela no mercado mundial, a inserção do país no bloco das quatro maiores economias emergentes do planeta – as outras três são a Índia, a China e a Rússia, formando com o Brasil o acrônimo BRIC –, a participação efetiva do Brasil no G20 – Grupo dos Países em Desenvolvimento –, a solidificação como um dos maiores exportadores mundiais de *commodities*: soja, açúcar; sendo líder mundial em combustível não fossilizado.

Exportamos US$ 46.506 milhões em 1995. Fechamos o ano de 2008 com US$ 197.942 milhões, com aumento de 326% no período.

Nas importações, saímos de US$ 49.792 milhões, em 1995, para US$ 173.207 milhões, um incremento de 248% no período 1995/2008.

Nosso movimento comercial, de US$ 96.298 milhões em 1995, saltou para US$ 371.149 milhões em 2008. Um incremento de 285% no período!

O grau de abertura da economia brasileira, medido pelo somatório da balança comercial (exportações + importações do país), dividido pelo seu PIB, saltou de 13,7% para 23,6%, um salto formidável se considerarmos que nossa economia sempre foi travada nas relações com o exterior.

Todavia, nosso desempenho com o exterior está fortemente concentrado em algumas cidades/regiões, como se depreende pela nota divulgada em 15 de janeiro de 2009, pelo Ministério do Desenvolvimento, Indústria e Comércio Exterior (MDIC).

São Paulo liderou a lista, sendo o maior município exportador em 2008, tendo embarcado US$ 9,967 bilhões para mercados estrangeiros. Entretanto, São Paulo importou US$ 11,174 bilhões, apresentando um déficit comercial de US$ 1,207 bilhão. No período considerado, de janeiro a dezembro do ano de 2008, o Estado de São Paulo, confirmando a sua liderança, teve quatro municípios listados entre os dez maiores exportadores brasileiros.

São José dos Campos – segundo lugar na tabela – apresentou vendas internacionais de US$ 6,965 bilhões, e compras externas no valor de US$ 4,860 bilhões, com superávit comercial de US$ 2,105 bilhões. São Bernardo do Campo exportou US$ 4,641 bilhões, tendo importado US$ 2,743 bilhões, com superávit de US$ 1,898 bilhão. Já a cidade de Santos exportou US$ 3,905 bilhões, tendo importado US$ 963,914 milhões, com saldo de US$ 2,941 bilhões. Estas cidades se posicionaram na quarta e sétima posições, respectivamente, na lista nacional de exportações.

Angra dos Reis, no Estado do Rio de Janeiro, fechou o ano com o terceiro lugar no *ranking* nacional, com embarques de US$ 6,656 bilhões e importações de US$ 3,852 bilhões, apresentando superávit comercial de US$ 2,803 bilhões, enquanto Macaé manteve a quinta posição, com vendas internacionais de US$ 4,474 bilhões e importações de US$ 509,120 milhões, com o excelente superávit de US$ 3,964 bilhões. A capital fluminense conquistou a nona colocação na relação das dez maiores cidades exportadoras do país em 2008, com remessas de bens de US$ 3,558 bilhões e importações de US$ 4,247 bilhões, provocando um déficit de US$ 689,014 milhões.

A sexta posição é de Paranaguá (PR), com US$ 4,053 bilhões em exportações e importações de US$ 2,265 bilhões, saldo comercial de US$ 1,787 bilhões e a oitava, do município paraense de Parauapebas – oitavo no *ranking* –, com US$ 3,836 bilhões em vendas internacionais e importações de US$ 97,846 milhões, com estupendo saldo de US$ 3,739 bilhões. Itabira (MG), com US$ 3,438 bilhões em vendas internacionais, foi o décimo município brasileiro que mais exportou em 2008, tendo importado US$ 64,749 milhões, apresentando o extraordinário superávit de US$ 3.373.558.034!

1.1.1 Destaques das Exportações (janeiro/dezembro 2008)

Ainda de acordo com o Departamento de Planejamento e Desenvolvimento do Comércio Exterior, órgão vinculado à Secretaria de Comércio Exterior, do Ministério do Desenvolvimento, Indústria e Comércio Exterior, no ano de 2008 as três categorias de produtos registraram valores recordes para o período: manufaturados (US$ 92,682 bilhões), básicos (US$ 73,028 bilhões) e semimanufaturados (US$ 27,073 bilhões). Sobre o mesmo período de 2007, os básicos cresceram 39,9%, os semimanufaturados, 22,7%, e os manufaturados, 9,1%, pela média diária.

Com relação aos básicos, houve aumento de receita nas exportações de soja em grão (+ 61,4%), minério de ferro (+ 54,8%), petróleo em bruto (+ 50,4%), farelo de soja (+ 49,2%), carne de frango (+ 36,4%), café em grão (+ 20,9%), fumo em folhas (+ 20,8%), carne suína (+ 16,0%), minério de cobre (+ 14,6%) e carne bovina (+ 13,6%).

Dentro dos semimanufaturados, os destaques ficaram por conta de: semimanufaturados de ferro/aço (+ 69,0%), ferro fundido (+ 66,6%), ferro-ligas (+ 55,6%), celulose (+ 26,1%) e açúcar em bruto (+ 15,2%).

No grupo dos manufaturados, os produtos que mais cresceram, dentre os principais itens, na comparação 2008/2007, foram: etanol (+ 59,8%), óleos combustíveis (+ 23,4%), motores e geradores (+ 25,4%), tratores (+ 22,7%), aviões (+ 15,0%), máquinas e aparelhos para terraplanagem (+ 14,0%), autopeças (+ 8,9%), pneumáticos (+ 8,5%), aparelhos transmissores/receptores (+ 6,6%), veículos de carga (+ 4,6%), bombas e compressores (+ 4,4%) e automóveis de passageiros (+ 4,3%).

Por mercados de destino, houve crescimento para todas as principais regiões econômicas, a saber: Ásia (+ 47,5%, sendo 50,8% para a China), Europa Oriental (+ 28,0%), Oriente Médio (+ 24,4%), MERCOSUL (+ 23,8%, para a Argentina o aumento foi de 20,6%), América Latina e Caribe, exceto MERCOSUL (+ 19,1%), África (+ 17,1%), União Europeia (+ 13,4%) e Estados Unidos (+ 7,9%).

Os principais países de destino das exportações, no acumulado 2008, foram: 1º) Estados Unidos (US$ 27,6 bilhões), 2º) Argentina (US$ 17,6 bilhões), 3º) China (US$ 16,4 bilhões), 4º) Países Baixos (US$ 10,5 bilhões) e 5º) Alemanha (US$ 8,9 bilhões).

1.1.2 Destaques das Importações (janeiro/dezembro 2008)

Em 2008, houve crescimento de todas as categorias de produtos, na comparação com iguais meses de 2007: combustíveis e lubrificantes (+ 54,9%), bens de capital (+ 41,3%), matérias-primas e intermediárias (+ 38,6%) e bens de consumo (+ 38,9%).

Por parte dos mercados fornecedores, ampliaram-se as compras oriundas das principais regiões.

Por ordem decrescente de variação, temos: Oriente Médio (+ 92,1%), Europa Oriental (+ 90,7%), Ásia (+ 51,6%, sendo + 56,9% da China), África (+

37,2%), América Latina e Caribe, exceto MERCOSUL (+ 39,3%), Estados Unidos (+ 35,0%), União Europeia (+ 33,8%) e MERCOSUL (+ 27,0%, da Argentina o aumento foi de 25,9%).

Os principais países de origem das importações foram: 1º) Estados Unidos (US$ 25,8 bilhões), 2º) China (US$ 20,0 bilhões), 3º) Argentina (US$ 13,3 bilhões), 4º) Alemanha (US$ 12,0 bilhões e 5º) Japão (US$ 6,9 bilhões).

Quadro 1.1 *2008 – Um ano inesquecível – O mundo.*

Em fevereiro de 2008 multiplicam-se os créditos hipotecários insolventes nos Estados Unidos, provocando as primeiras falências de bancos do setor.

Ben Bernanke, presidente do FED (Banco Central) americano alerta para os efeitos da crise do sistema financeiro sobre a economia real e os líderes do G7* estimam que as perdas com o mercado *subprime*** possam chegar a 400 bilhões de dólares. O governo britânico nacionalizou o Banco Northern Rock.

*G7 – Sete países mais desenvolvidos do Planeta (Estados Unidos, Japão, Alemanha, Reino Unido, França, Itália e Canadá).

***Subprime* – É um crédito à habitação de alto risco destinado a uma fatia da população com rendimentos mais baixos e uma situação econômica mais instável. A única garantia exigida nestes financiamentos era o imóvel. Este segmento do mercado de crédito foi exageradamente praticado nos Estados Unidos, ocasionando o *credit crunch* de 2007 e envolveu instituições financeiras que forneciam crédito aos mutuários que não cumpriram seus compromissos. O contágio para o restante do mercado financeiro foi imediato, causando o efeito devastador que veremos a seguir ainda neste capítulo.

Em março, o FED disponibiliza mais 200 bilhões de dólares para bancos em dificuldade. Em 17 de março, o Bear Stearns (o quinto maior banco americano) é comprado pelo JP Morgan Chase por 240 milhões de dólares (um ano antes, o banco valia 18 bilhões de dólares).

Em 21 de abril, o Banco da Inglaterra apresenta um plano que permite aos bancos em dificuldades trocar dívidas de hipotecas potencialmente arriscadas por títulos da dívida pública, mais seguros.

Em 15 de abril o Royal Bank of Scotland anuncia a emissão de novas ações no mercado, no valor 12 bilhões de libras (o maior lançamento de ações da história da Grã-Bretanha).

Em 2 de maio, o Banco UBS, um dos mais afetados pela crise financeira mundial, emite ações no valor de 15,5 bilhões de dólares para cobrir parte de suas perdas (que ascendem a 37 bilhões de dólares).

Em junho, o mundo financeiro continua "derretendo". O Banco Bear Stearns anuncia o colapso de dois de seus fundos especulativos, devido à crise do *subprime*.

Em 25 de junho, o Banco britânico Barclays anuncia um plano para emitir 4,5 bilhões de libras em ações.

Em 13 de julho, o mundo toma conhecimento da falência do banco de hipotecas americano IndyMac.

Em 14 de julho, a Queda da Bastilha americana. Autoridades financeiras dos Estados Unidos prestam assistência às duas maiores empresas do setor de hipotecas, as irmãs F, Fannie Mae e Freddie Mac (as duas companhias são responsáveis por quase metade das hipotecas dos Estados Unidos, que somam US$ 12 trilhões, detendo ou garantindo cerca de US$ 5,3 trilhões de dólares em financiamentos, e são cruciais para o mercado imobiliário americano).

Segundo o Tesouro americano, Fannie Mae e Freddie Mac emitiram US$ 5 trilhões em títulos apoiados por dívida e hipoteca, e mais de US$ 3 trilhões destes fundos estão nas mãos de instituições financeiras dos EUA, enquanto o restante é de instituições estrangeiras. Com essa informação percebe-se por que o epicentro da crise é o mercado imobiliário americano, provocando o furacão financeiro que ainda assola o mundo.

Em 4 de agosto, o Banco HSBC, um dos mais atingidos pela crise do mercado imobiliário e de crédito na Europa, alertou que as condições dos mercados financeiros são as mais difíceis das últimas décadas.

Em 7 de setembro, o governo dos Estados Unidos anuncia que vai assumir o controle das empresas de hipoteca Freddie Mac e Fannie Mae.

As más notícias não param de estampar os jornais e telejornais da mídia mundial e em 10 de setembro o Lehman Brothers, o quarto maior banco de investimentos dos Estados Unidos, registra perdas de 3,9 bilhões de dólares nos três meses anteriores a agosto.

Em 15 de setembro, depois de dias sem encontrar comprador, o Lehman Brothers apresenta solicitação de falência, tornando-se o primeiro grande banco a entrar em colapso desde o início da crise. O Merrill Lynch, um dos principais bancos de investimento americanos, concorda em ser comprado pelo Bank of America por 50 bilhões de dólares. Dez bancos internacionais criam um fundo de emergência de 70 bilhões de dólares para responder a necessidades mais urgentes.

Em 16 de setembro, o FED anuncia um pacote de ajuda no valor de 85 bilhões de dólares para tentar evitar a derrocada falimentar da seguradora AIG, a maior do país. O governo assume o controle de quase 80% das ações da empresa e a sua administração.

E o *tsunami* financeiro continua avançando. Em 18 de setembro, o banco britânico Lloyd TSB compra o seu concorrente HBOS, ameaçado de falência.

Em 19 de setembro, as bolsas mundiais disparam depois do anúncio do plano de recuperação que vai ser discutido entre Republicanos e Democratas, nos Estados Unidos.

Em decorrência da crise instalada, o FED aceita a proposta que transforma os bancos Goldman Sachs e Morgan Stanley em *holdings*, perdendo a sua condição de bancos de investimento e passando a ter também atividade como bancos comerciais.

Ainda em setembro, o Washington Mutual, outro gigante do setor de hipotecas dos Estados Unidos, é fechado por agências reguladoras e vendido ao seu rival, o Citigroup.

Em 28 de setembro, a crise bate firme na Europa. Ocorre a nacionalização parcial do grupo belga Fortis. Autoridades na Holanda, Bélgica e Luxemburgo investem 11,2 bilhões de euros na operação. É o Deus nos acuda, melhor dizendo, é o Governo nos socorra!

Em 29 de setembro, a crise dá sinais de se intensificar, pois a Câmara dos Representantes dos Estados Unidos rejeita o pacote de 700 bilhões de dólares proposto pelo governo para salvar instituições financeiras afetadas pela crise, o chamado Plano Paulson. O Wachovia, o quarto maior banco americano, é comprado pelo Citigroup, que absorve até 42 bilhões de dólares dos prejuízos do Wachovia. Na Grã-Bretanha, o governo confirmou a nacionalização do banco de hipotecas Bradford & Bingley. O governo inglês assume o controle de financiamentos e empréstimos do banco, no valor de 50 bilhões de libras. As operações de poupança e agências são vendidas ao Banco Santander, da Espanha. O governo da Islândia assume o controle do terceiro maior banco do país, o Glitnir, depois que a companhia teve problemas com fundos de curto prazo.

Em 30 de setembro, o banco Dexia é nacionalizado pelas autoridades francesas e belgas.

Em 4 de outubro, a Câmara de Representantes dos Estados Unidos aprova o Plano Paulson (pacote de 700 bilhões de dólares para salvar as instituições financeiras). Para que tal ocorresse, os Partidos Democrata e Republicano deixaram suas divergências de lado e se aliaram para buscarem um só objetivo: autorizar o pacote salvador.

Em 6 de outubro, o Governo da Islândia declara que o país está à beira da bancarrota. Quem diria, um país com os melhores índices de bem-estar do planeta estava à beira da falência.

Quadro 1.2 *2008 – Um ano inesquecível – O Brasil.*

A crise mundial obviamente atingiria o Brasil. Afinal, partimos de uma abertura da economia de 13,7% em 1995 para 26,3% em 2008. O aumento de nossa participação trouxe o aumento de nossa exposição de risco aos acontecimentos globais.

Assim é que o mês de setembro de 2008 foi marcado pelas primeiras divulgações de prejuízos com derivativos ligados a variação do dólar. A Sadia divulgou no dia 25 de setembro que havia tido prejuízos de R$ 760 milhões com operações cambiais em valores superiores aos necessários para a proteção dos valores de venda da companhia. O comunicado da Sadia anunciava a imediata liquidação das posições, assim a exposição da companhia se encerrava naqueles valores.

No dia 26, a Aracruz divulgava que também havia tido prejuízos com derivativos de câmbio, porém sem informar os valores ou se iria liquidar as posições, indecisão que se mostrou custosa aos acionistas. Os prejuízos das operações chegaram a R$ 2,13 bilhões quando totalmente liquidados, quase um mês após o anúncio inicial, levando a empresa a uma situação delicada, de negociar uma forma de conciliar essas dívidas com o caixa necessário ao funcionamento da empresa, situação que ainda não chegou a um termo. E soluções como a venda de ativos ou emissão de ações são colocadas como opções para a Aracruz. O prejuízo encerrou também os esforços para a fusão da Aracruz com a VCP.

Depois de Sadia e Aracruz, em 11 de outubro de 2008 os jornais estampavam a notícia de que o Grupo Votorantim admitia perdas de R$ 2,2 bilhões com operações de câmbio, prejuízos esses oriundos de aplicações com operações financeiras de alto risco, conhecidas no mercado como derivativos. De acordo com a nota divulgada pelo grupo, a exposição cambial "decorrente de operações de swap com atrelamento ao dólar foi totalmente eliminada".

Segundo a *Folha de S. Paulo* (11.10.2008), os prejuízos que já haviam sido divulgados preocupavam: Aracruz, Sadia e Votorantim perderam juntas, quase 5 bilhões de reais com as apostas cambiais. "Há mais empresas com prejuízo, o problema é que ninguém sabe quantas nem qual será o impacto das perdas. Isso provoca apreensão", dizia um ex-banqueiro.

Até pouco antes de a crise se agravar, em meados de setembro, empresas como Sadia, Aracruz e Votorantim viam como impossível a subida do dólar no Brasil, uma vez que, com a política monetária rigorosa adotada por Meirelles, a moeda nacional tendia a manter-se valorizada. Por quê? Porque investidores internacionais continuariam trazendo dinheiro tomado a juros menores no exterior para lucrar com os juros altos e as aplicações em bolsa no Brasil – essas operações são chamadas no jargão financeiro de *carry trade*. Usando instrumentos financeiros complexos, apostaram que o dólar continuaria caindo até o fim do ano. Quando o dólar começou a subir, elas precisaram cobrir o prejuízo que tiveram com as apostas erradas e a montanha de dinheiro torrado nas especulações somava a extraordinária cifra de 5 bilhões de reais. Algumas empresas culpam o governo, em especial o Banco Central, por tê-las "induzido" a concluir que a cotação do real em relação ao dólar permaneceria estável. Interessante é jogar a culpa em terceiros, isto é no Governo. É muita ousadia e deveriam pagar, como esperamos que tenham pago, pelo movimento errado que fizeram. Apostaram contra o dólar e simplesmente quebraram as caras. Isto é, os acionistas é que quebraram as caras pois os autores dessas manobras especulativas com certeza jamais serão conhecidos ou punidos. Socializa-se o prejuízo e estamos conversados. Os diretores do BC dizem que eles e o próprio presidente Meirelles se cansaram de avisá-las de que as circunstâncias mundiais estavam mudando para pior e logo o *carry trade* perderia sua atratividade, trazendo como consequência a perda de valor do real.

A *Folha Online* disponibilizou em seu *site* uma cronologia de fatos relacionados à crise no Brasil e às medidas tomadas pelas autoridades monetárias para minimizar/mitigar os efeitos da mesma no Brasil.

Em 19 de setembro, quatro dias após a quebra do banco norte-americano Lehman Brothers, o crédito internacional seca e o dólar dispara no Brasil. O Banco Central anuncia um leilão de US$ 500 milhões com compromisso de recompra da moeda após 30 dias. Nessa operação, o BC "empresta" os dólares às instituições financeiras durante esse período. Os recursos servem para que os bancos possam financiar as exportações brasileiras.

A crise internacional de confiança nos bancos e a falta de crédito externo afetam os bancos pequenos e médios no Brasil. O Banco Central – BC – anuncia então mudanças no recolhimento de depósitos compulsórios, o que beneficia bancos menores e instituições que trabalham com *leasing*. Com isso, o BC garante a injeção de R$ 13 bilhões no mercado. O compulsório é o dinheiro dos clientes que os bancos são obrigados a deixar depositado no BC.

Em 1º de outubro, o Banco do Brasil antecipa R$ 5 bilhões em crédito para o setor agrícola para suprir a falta de recursos causada pela crise financeira.

Em 2 de outubro, o BC anuncia a redução do compulsório para os bancos grandes que comprarem parte das carteiras de crédito dos bancos pequenos. A avaliação do governo é que os grandes bancos estão preferindo segurar os recursos a emprestar para essas instituições. A estimativa do BC é que a mudança injete R$ 23,5 bilhões na economia, além de ajudar as instituições menores.

Os recursos liberados desde o início da crise (setembro 2008) somam R$ 41,5 bilhões. Em 6 de outubro, o governo também reforça a linha de financiamento para exportações pré-embarque do BNDES, com mais R$ 5 bilhões.

Em 13 de outubro, o Banco Central muda novamente o depósito compulsório, liberando na economia de R$ 47,1 bilhões dos R$ 100 bilhões que foram prometidos pela manhã.

Em 22 de outubro, foi editada a Medida Provisória autorizando os bancos públicos brasileiros, a Caixa Econômica Federal e Banco do Brasil, a adquirirem participações em instituições financeiras no país sem passar por um processo de licitação. Essa MP permitiria, no início de 2009, que o Banco do Brasil adquirisse 49% do capital votante do Banco Votorantim, vítima da operação malsucedida de aplicação no mercado derivativo e que lhe custou R$ 2,200 bilhões de prejuízo.

Em 27 de outubro, nova mudança no Depósito Compulsório. A medida visa injetar mais R$ 6 bilhões na economia.

Em 29 de outubro, acontece uma operação impensável alguns anos antes. O Banco Central do Brasil e o Fed (Federal Reserve, Banco Central dos Estados Unidos) anunciaram o estabelecimento de uma linha de *swap* (troca) de dólares americanos por reais no valor de US$ 30 bilhões.

Já a Caixa Econômica Federal confirmou que disponibilizaria uma linha de crédito de capital de giro de R$ 3 bilhões para empresas de construção civil. Além disso, o governo vai permitir que outros bancos direcionem mais recursos da poupança para essas empresas.

Em 6 de novembro, o ministro Guido Mantega (Fazenda) anunciou durante reunião do CDES (Conselho de Desenvolvimento Econômico e Social), novas medidas que, juntas, disponibilizam R$ 19 bilhões em linhas de crédito para diversos setores via BNDES e Banco do Brasil.

O anúncio com valor mais alto refere-se ao BNDES, que terá mais R$ 10 bilhões para financiar o capital de giro de empresas e para empréstimos em linhas de exportação pré-embarque – ou seja, os valores serão usados para alavancar as vendas externas.

Como já era esperado, Mantega confirmou R$ 4 bilhões, também do BB, para ajudar os bancos de montadoras a elevar o crédito aos consumidores.

Em 12 de novembro, a Caixa Econômica Federal libera R$ 2 bilhões para financiar bens de consumo diretamente no varejo e estimular a economia brasileira. Segundo informou a instituição, a medida visa fomentar os financiamentos às compras de eletrodomésticos, eletrônico, móveis, TV e vídeo, além de material de construção. Foca-se o consumo para estimular a produção e o emprego.

Em 13 de novembro, nova mudança no Depósito Compulsório, tendo o BC alterado a forma de recolhimento de cerca de R$ 40 bilhões, o que representa quase 20% de todo o depósito compulsório depositado à época pelos bancos. O compulsório adicional sobre depósitos a vista, a prazo e poupança (chamado pelo BC de "exigibilidade adicional"), que hoje é recolhido em espécie, passará a ser recolhido em títulos públicos a partir de 1º de dezembro. O Governo empenha-se em manter a economia viva e, melhor, em movimento.

E continuam as mudanças na política econômica. Em 25 de novembro, o Banco Central anuncia novas mudanças nos depósitos compulsórios para destinar mais R$ 6,2 bilhões ao BNDES (Banco Nacional de Desenvolvimento Econômico e Social).

Esse dinheiro faz parte dos R$ 10 bilhões extras anunciados em 6 de novembro pelo governo. O restante já chegou ao BNDES por meio da Caixa Econômica Federal, que irá emprestar o dinheiro para reforçar o capital de giro das empresas nesse momento de crise.

Em 1º de dezembro, o BNDES (Banco Nacional de Desenvolvimento Econômico e Social) anuncia a criação de uma nova linha de capital de giro de empresas brasileiras, de até R$ 6 bilhões. A nova linha visa recuperar a concessão de crédito para as empresas, que, segundo o BC (Banco Central), começou a se recuperar, ainda que em patamares tímidos. O prazo da linha vai até 30 de junho de 2009.

> Em 11 de dezembro, o CMN (Conselho Monetário Nacional) anuncia que vai ampliar as alternativas de aplicação das reservas internacionais do Brasil. O Banco Central ficará autorizado a disponibilizar parte desse dinheiro, por meio dos bancos, para as empresas brasileiras que precisem rolar financiamentos feitos no exterior. O governo estima gastar mais de US$ 10 bilhões das reservas, que hoje estão acima de US$ 200 bilhões. Nova alteração ocorrerá no início de 2009, com elevação do montante à disposição das empresas com problemas de liquidez internacional.
>
> Em 16 de dezembro, o socorro via bancos pequenos. Estes terão R$ 5,4 bilhões a mais para utilizarem em operações de crédito para pessoas físicas e jurídicas. O CMN (Conselho Monetário Nacional) aprovou hoje a liberação de recursos do FGC (Fundo Garantidor de Crédito) para essas instituições.
>
> Em 17 de dezembro, o Banco Central divulga que o balanço da liberação de depósitos compulsórios somava R$ 98 bilhões.
>
> O Banco Central também divulga que já fez atuações no mercado de câmbio no valor de US$ 53,4 bilhões entre os dias 19 de setembro e 16 de dezembro para segurar a disparada do dólar.

Segundo *O Globo*, edição de 14 de janeiro de 2009, o presidente do Banco Central, Henrique Meirelles, reiterou que o governo planeja emprestar cerca de US$ 20 bilhões das reservas internacionais para mais de quatro mil empresas brasileiras com problemas relacionados a dívidas no exterior.

Todas as empresas brasileiras que têm empréstimos vencendo no exterior vão ter também acesso aos recursos das reservas que serão aplicadas em bancos que emprestarem exclusivamente para essas empresas – disse o presidente do Banco Central.

Até 9 de março de 2009, o BCB não havia implementado o plano de empréstimo acima.

1.1.3 O futuro da economia brasileira

Impossível a crise mundial não nos atingir. Entretanto, pela diversidade de sua economia, o Brasil tem condições de navegar melhor nessas águas tortuosas.

E as operações internacionais podem ajudar. Graças ao incremento de suas exportações e à abertura comercial, com mais importações, o Brasil tinha, em 12 de janeiro de 2009, cerca de US$ 205,760 bilhões em reservas internacionais.

No início da crise – setembro de 2008 – o Brasil contava com US$ 207,575 bilhões em reservas. Praticamente pouco perdeu, embora o Banco Central tenha efetuado intervenções no mercado no sentido de baixar a cotação do dólar americano quando essa moeda passou dos R$ 2,00 e continuou a subir, ultrapassando R$ 2,60 por US$ 1.

Embora as reservas apresentem um nível aparentemente confortável, há que persistir no aumento das exportações. Verificando-se nossas contas externas, posição de novembro/2008, nota-se que a conta Rendas tinha um déficit de US$ 36,703 bilhões; a conta de Serviços apresentava-se deficitária em US$ 15,321 bilhões. Juntas acumularam a saída de US$ 52,024 bilhões. É muito dinheiro!!!

As contas que ajudaram a fechar, com pequeno saldo deficitário a conta de Transações Correntes, foram o saldo comercial favorável da balança comercial (US$ 22,458 bilhões até novembro/2008) e a entrada de Investimentos Externos (US$ 35,874 bilhões). Entretanto, o saldo das Transações Correntes no ano apresenta déficit de US$ 26,3 bilhões.

Essa situação sugere que devemos, sim, incrementar as exportações, pois corremos o risco de ver as reservas internacionais se exaurirem em pagamentos de serviços.

2

Sistema Brasileiro de Comércio Exterior

2.1 HISTÓRICO

A Lei nº 2.145, de 29-12-1953, criou a Carteira de Comércio Exterior (Cacex) do Banco do Brasil S.A., em substituição à Carteira de Exportação e Importação (Cexim), atribuindo-lhe competência para baixar normas, emitir licenças de exportação e importação, fiscalizar preços, pesos e medidas, classificações etc.

A Lei nº 8.028, de 12-4-90, extinguiu, entre outros, o Ministério da Fazenda, ao qual, via Banco do Brasil, a Cacex se reportava. Foi criado o Ministério da Economia, Fazenda e Planejamento, sendo agregada a esse Ministério a Secretaria Nacional da Economia, órgão que passou a baixar as normas na área de comércio exterior.

Mais tarde, a Lei nº 8.490, de 19-11-92, revogou a Lei nº 8.028, criando, entre outros, o Ministério da Fazenda e o Ministério da Indústria, do Comércio e do Turismo. E aí, precisamente no Dia da Bandeira, temos a instituição da dualidade administrativa nos negócios internacionais: a Secretaria de Comércio Exterior, órgão que vem de fato substituir a Cacex (Carteira de Comércio Exterior), é alocada no Ministério da Indústria, do Comércio e do Turismo e não, como seria correto, na Fazenda. Vale lembrar que à Fazenda cabe, segundo o art. 16, III, da citada lei, competência para atuar em:

a. moeda, crédito, instituições financeiras, capitalização, poupança, seguros privados e previdência aberta;
b. política e administração tributária e aduaneira; fiscalização e arrecadação;

c. administração orçamentária e financeira, controle interno, auditoria e contabilidade públicas;
d. administração das dívidas públicas internas e externas.

Causa-nos estranheza a alocação de um órgão voltado para o comércio exterior, num Ministério tradicionalmente sem força política. Tanto é que o mesmo foi extinto em 1990 pela Lei nº 8.028 e ressuscitado pelo Governo Itamar Franco, em 1992. O Decreto nº 99.244, de 10-5-90, que dispõe sobre a reorganização e o funcionamento dos órgãos da Presidência da República e dos Ministérios, relegou o antigo Ministério da Indústria e do Comércio a um simples departamento, junto à Secretaria Nacional de Comércio Exterior (artigo 164 do citado Decreto), no mesmo nível do Departamento de Comércio Exterior. Se o atual Ministério já foi Departamento, podemos imaginar que o oposto também deveria ter ocorrido: o Departamento de Comércio Exterior deveria ter sido transformado em Ministério de Assuntos de Comércio Externo.

E essa dicotomia, se assim podemos chamar, de administração dos assuntos da área externa, com as instruções emanando tanto do Ministério da Indústria, Comércio e Turismo, via Secretaria do Comércio Exterior, como do Ministério da Fazenda, via Secretaria da Receita Federal e Banco Central do Brasil, convenhamos, um ministério muito mais forte, atuante e importante do que o citado anteriormente, só pode trazer discórdias nos órgãos normativos da área. O Ministro Ricupero, com o advento do Real e o medo dos exportadores de perderem receitas com um possível congelamento prolongado do dólar americano, prometia incentivos à exportação.

Ora, os serviços da área não estão afetos ao MICT? Essa guerrilha ou ciumeira só prejudica o segmento exportador.

Entendemos que a Secretaria deva ser deslocada para a Fazenda, pois aí estariam enfeixados, numa única ótica diretiva, os negócios da área externa. Burocraticamente, seria um ganho para os empresários que militam na área. Os órgãos, na pior das hipóteses, seriam em número reduzido e localizados em um único Ministério. Nada impede que, dependendo da operação, outros ministérios fossem ouvidos. Citamos como exemplo a exportação de material bélico, quando o Exército seria consultado; no caso de importação de sementes, defensivos agrícolas, se fosse o caso, seria ouvido o Ministério da Agricultura. Mas a administração, a interface com o empresariado ou interessado, seria feita através de representantes de um só órgão. Este, sim, se intercambiaria com outros departamentos envolvidos.

À guisa de curiosidade e sem querer reacender disputas, lembramos que a Lei nº 2.145, de 29-12-53, que criou a Cacex, não foi revogada pela Lei nº 8.028, que transferiu suas funções para a Secretaria de Comércio Exterior, agregada ao extinto Ministério da Economia, Fazenda e Planejamento, hoje lotada no MICT.

A partir de novembro de 1990, 12 Instituições Financeiras, em três praças distintas (Belo Horizonte, Porto Alegre e Salvador), foram autorizadas a emitir documentos de importação.

A abertura para emitir documentos de exportação deu-se com a implantação, em 4-1-1993, do SISCOMEX (Sistema Integrado de Comércio Exterior), processo informatizado que recebe e processa um fluxo único de informações, eliminando a quase totalidade de documentos administrativos então utilizados nas transações com o exterior.

Desde então, todas as demais instituições financeiras, bem como os exportadores, importadores, despachantes aduaneiros, comissários, transportadores e outras entidades interessadas e autorizadas, obtiveram a oportunidade de acessar o sistema e efetuar Registros de Exportação (RE).

2.2 ÓRGÃOS GOVERNAMENTAIS NO SISTEMA DE COMÉRCIO EXTERIOR

2.2.1 Conselho Monetário Nacional

O Conselho Monetário Nacional é entidade superior do Sistema Financeiro, órgão normativo por excelência, não lhe cabendo funções executivas. É o responsável pela fixação das diretrizes da política monetária, creditícia e cambial do País. Criado pela Lei nº 4.595/64, substitui o Conselho da antiga Sumoc (Superintendência da Moeda e do Crédito). Pelo envolvimento dessas políticas no cenário econômico brasileiro, o Conselho Monetário Nacional acaba transformando-se num conselho de política econômica, sendo de sua competência, conforme disposto na Lei citada:

a. adaptar o volume dos meios de pagamento às reais necessidades da economia nacional e seu processo de desenvolvimento;
b. regular o valor interno da moeda, prevenindo ou corrigindo os surtos inflacionários ou deflacionários de origem interna ou externa;
c. regular o valor externo da moeda e o equilíbrio do balanço de pagamentos do País;
d. orientar a aplicação dos recursos das instituições financeiras públicas ou privadas, de forma a garantir condições favoráveis ao desenvolvimento equilibrado da economia nacional;
e. propiciar o aperfeiçoamento das instituições e dos instrumentos financeiros de forma a tornar mais eficiente o sistema de pagamento e mobilização de recursos;
f. zelar pela liquidez e pela solvência das instituições financeiras; e
g. coordenar as políticas monetárias, creditícia, orçamentária fiscal e da dívida pública interna e externa.

A partir dessas funções básicas, o Conselho Monetário Nacional fica responsável pelas seguintes atribuições:

a. autorizar as emissões de papel-moeda;
b. aprovar os orçamentos monetários preparados pelo Banco Central do Brasil;
c. fixar diretrizes e normas de política cambial;
d. disciplinar o crédito em suas modalidades e as formas das operações creditícias;
e. estabelecer limites para a remuneração das operações e serviços bancários ou financeiros;
f. determinar as taxas do recolhimento compulsório das instituições financeiras;
g. regulamentar as operações de redesconto de liquidez;
h. outorgar ao BACEN o monopólio de operações de câmbio quando o balanço de pagamento o exigir;
i. estabelecer normas a serem seguidas pelo Banco Central do Brasil, nas transações com títulos públicos;
j. regular a constituição, o funcionamento e a fiscalização de todas as instituições financeiras que operam no País.

Com a edição da Medida Provisória nº 542, de 30-6-94, que regulamentou a emissão do Real, nova unidade monetária brasileira, a partir de 1-7-94, ao Conselho Monetário Nacional foram acometidas mais as seguintes atribuições (§ 4 do artigo 3º da referida MP):

a. regulamentará o rastreamento do Real;
b. definirá a forma como o Banco Central do Brasil administrará as reservas internacionais vinculadas;
c. poderá modificar a paridade a que se refere o § 2º do artigo 3º (a paridade a ser obedecida, para fins da equivalência a que se refere o *caput* deste artigo – o Banco Central do Brasil emitirá o Real mediante a prévia vinculação de reservas internacionais em valor equivalente, observado o disposto no artigo 4º da MP nº 542).

Nesta altura, abrimos um parênteses para falar sobre a nova moeda brasileira, o REAL – que passou a circular a partir de 1º de julho de 1994, em substituição ao Cruzeiro Real, na paridade de CR$ 2.750,00 por R$ 1,00, ou seja, dois mil setecentos e cinquenta cruzeiros reais por um real. E fazemos essa abordagem porque o Conselho Monetário Nacional esteve, como está, intimamente ligado ao Plano.

Afinal, o que representa o Plano Real?

A Lei nº 8.880, de 27-5-94, publicada pelo DOU em 28-5-94, em edição extra e retificada em 1-6-94, criou a Unidade Real de Valor – URV – dotada de curso legal para servir exclusivamente como padrão de valor monetário, sendo dotada de poder liberatório, isto é, como meio de pagamento, a partir da emissão pelo Banco Central do Brasil, a partir de 1-7-94, quando passou a chamar-se REAL.

O chamado Plano Real foi idealizado e implementado com o objetivo de acabar com a inflação brasileira e, mais do que isso, acabar com a cultura inflacionária que impregna o país há mais de 30 anos.

Não nos cabe julgar e formular juízo, porém podemos dizer que o plano foi assentado nas reservas cambiais, como afirma o *caput* do artigo 3º da referida MP nº 542, e já por nós citado (emissão do REAL vinculada à reserva cambial).

O novo Conselho Monetário Nacional passou a ser integrado pelos seguintes membros, conforme artigo 8º da MP nº 542:

I – Ministro de Estado da Fazenda, na qualidade de Presidente;

II – Ministro-chefe da Secretaria do Planejamento e Coordenação da Presidência da República; e

III – Presidente do Banco Central do Brasil.

No mesmo artigo, porém no § 7º, o Presidente da República extinguiu os antigos mandatos dos membros que tinham assentos no Conselho.

Criou-se junto ao CMN a Comissão Técnica de Moeda e do Crédito, cuja competência passou a ser:

a. propor a regulamentação das matérias tratadas na Medida Provisória, de competência do Conselho Monetário Nacional:
b. manifestar-se, na forma prevista em seu Regimento, previamente, sobre as matérias de competência do Conselho Monetário Nacional, especialmente aquelas constantes da Lei nº 4.595, de 31-12-64 (que já citamos no início desta seção sobre o Conselho);
c. outras atribuições que lhe forem cometidas pelo Conselho Monetário Nacional.

Os membros da Comissão Técnica da Moeda e do Crédito são os seguintes:

a. Presidente do Banco Central do Brasil;
b. Presidente da Comissão de Valores Mobiliários;
c. Os Secretários do Tesouro Nacional e de Política Econômica do Ministério da Fazenda; e
d. Os Diretores de Política Monetária, de Assuntos Internacionais e de Normas e Organização do Sistema Financeiro do Banco Central do Brasil.

A Medida Provisória criou também as seguintes Comissões Consultivas:

I – Normas e Organização do Sistema Financeiro;
II – Mercado de Valores Mobiliários e Futuros;
III – Crédito Rural;
IV – Crédito Industrial;
V – Endividamento Público;
VI – Processos Administrativos.

A nova formatação do Conselho Monetário Nacional tem apenas dois membros: um deles é o Ministro da Fazenda, que exercerá a Presidência do Conselho, outro membro é o Presidente do Banco Central do Brasil, hierarquicamente sob seu comando, percebe-se nitidamente o poder que tal ministério exercerá sobre o conjunto da economia.

Interessante frisar que o Conselho, como foi anotado anteriormente, é o responsável pela fixação das diretrizes de política monetária, creditícia e cambial, podendo, em caso de problemas emergenciais em nossa balança de pagamentos, outorgar ao Banco Central o monopólio das operações de câmbio.

Pelo exposto, podemos imaginar quão poderosa é essa entidade, cujas ações sensibilizarão imediatamente o comportamento dos agentes econômicos.

2.2.2 Câmara de Comércio Exterior – Camex

À Camex cabe a formulação, a decisão e a orientação de políticas e atividades relativas ao comércio exterior de bens e serviços, incluindo o turismo.

A nova formatação da Camex está amparada no Decreto nº 3.981, de 24-10-2001, e estabelece as seguintes competências para o órgão:

I – definir diretrizes e procedimentos relativos à implementação da política de comércio exterior, visando à inserção competitiva do Brasil na economia internacional;

II – coordenar e orientar as ações dos órgãos que possuem competências na área do comércio exterior;

III – definir, no âmbito das atividades de exportação e de importação, diretrizes e orientação sobre normas e procedimentos, para os seguintes temas, observada a reserva legal:

a. racionalização e simplificação do sistema administrativo;
b. habilitação e credenciamento de empresas para a prática de comércio exterior;
c. nomenclatura de mercadoria;

d. conceituação de exportação e de importação;
e. classificação e padronização de produtos;
f. marcação e rotulagem de mercadorias;
g. regras de origem e procedência de mercadorias;

IV – estabelecer as diretrizes para as negociações de acordos e convênios relativos ao comércio exterior, de natureza bilateral, regional ou multilateral;

V – orientar a política aduaneira, observada a competência específica do Ministério da Fazenda;

VI – formular diretrizes básicas da política tarifária na importação e exportação;

VII – estabelecer diretrizes e medidas dirigidas à simplificação e racionalização do comércio exterior;

VIII – estabelecer diretrizes e procedimentos para investigações relativas às práticas desleais de comércio exterior;

IX – fixar diretrizes para a política de financiamento das exportações de bens e de serviços, bem como para a cobertura dos riscos de operações a prazo, inclusive as relativas ao seguro de crédito às exportações, sem prejuízo das competências do Conselho Monetário Nacional e do Ministério da Fazenda;

X – fixar diretrizes e coordenar as políticas de promoção de mercadorias e de serviços no exterior e de informação comercial;

XI – opinar sobre políticas de frete e transporte internacionais, portuários, aeroportuários e de fronteiras, visando a sua adaptação aos objetivos da política de comércio exterior e ao aprimoramento da concorrência;

XII – orientar políticas de incentivo à melhoria dos serviços portuários, aeroportuários, de transporte e de turismo, com vistas ao incremento das exportações e da prestação desses serviços a usuários oriundos do exterior;

XIII – fixar as alíquotas do imposto de exportação, respeitadas as condições estabelecidas no Decreto-lei nº 1.578, de 11-10-1977;

XIV – fixar as alíquotas do imposto de importação, atendidas as condições e os limites estabelecidos na Lei nº 3.244, de 14-8-1957, no Decreto-lei nº 63, de 21-11-1966, e no Decreto-lei nº 2.162, de 19-9-1984;

XV – fixar direitos *antidumping* e compensatórios, provisórios ou definitivos, e salvaguardas;

XVI – decidir sobre a suspensão da exigibilidade dos direitos provisórios;

XVII – homologar o compromisso previsto no art. 4º da Lei nº 9.019, de 30-3-1995;

XVIII – definir diretrizes para a aplicação das receitas oriundas da cobrança dos direitos de que trata o inciso XV deste artigo; e

XIX – alterar, na forma estabelecida nos atos decisórios do Mercosul, a Nomenclatura Comum do Mercosul de que trata o Decreto nº 2.376, de 12-11-1997, e alterações posteriores.

Na implementação da política de comércio exterior, a Camex deverá ter presentes:

I – os compromissos internacionais firmados pelo país, em particular:
   a. na Organização Mundial de Comércio (OMC);
   b. no Mercado Comum do Sul (Mercosul); e
   c. na Associação Latino-Americana de Integração (Aladi);

II – o papel do comércio exterior como instrumento indispensável à promoção do crescimento da economia nacional e pelo aumento da produtividade e da qualidade dos bens produzidos no país;

III – as políticas de investimento estrangeiro, de investimento nacional no exterior e de transferência de tecnologia, que complementam a política de comércio exterior; e

IV – as competências de coordenação atribuídas ao Ministério das Relações Exteriores no âmbito da promoção comercial e da representação do Governo na Seção Nacional de Coordenação dos Assuntos Relativos à Alca (Senalca), na Seção Nacional para as Negociações Mercosul – União Europeia – Seneuropa, no Grupo Interministerial de Trabalho sobre Comércio Internacional de Mercadorias e de Serviços – Gici, e na Seção Nacional do Mercosul.

A Camex proporá as medidas que considerar pertinentes, para proteger os interesses comerciais brasileiros nas relações comerciais com países que descumprirem acordos firmados bilateral, regional ou multilateralmente.

No exercício das competências constantes dos incisos II, IV, V, IX e X, a Camex observará o disposto no art. 237 da Constituição (Nota do Autor: art. 237 da CF: a fiscalização e o controle sobre o comércio exterior, essenciais à defesa dos interesses fazendários nacionais, serão exercidos pelo Ministério da Fazenda).

A instituição, ou alteração, por parte dos órgãos da Administração Federal, de exigência administrativa, registro, controle direto e indireto sobre operações de comércio exterior, fica sujeita à prévia aprovação da Camex, sem prejuízo das competências do Banco Central do Brasil, do Conselho Monetário Nacional e observado o art. 237 da Constituição.

As estatísticas de comércio exterior são divulgadas pela Camex, diretamente ou em colaboração com outros órgãos públicos.

A Camex definirá os termos e as condições segundo os quais as informações estatísticas relativas a mercadorias, empresas e mercados, de caráter comercial, serão colocadas à disposição do público, sem prejuízo do resguardo de dados sob sigilo estabelecido em lei.

O disposto no parágrafo anterior não se aplica a bens de uso bélico, objeto da política de segurança nacional, importados ou exportados com a autorização do Ministério da Defesa, e submete-se às normas por ele expedidas.

Funcionamento e Composição da Câmara

A Camex reunir-se-á pelo menos uma vez a cada mês, ou sempre que convocada por seu Presidente, com antecedência mínima de cinco dias, e será composta pelos seguintes Ministros de Estado:

I – do Desenvolvimento, Indústria e Comércio Exterior, que a presidirá;

II – das Relações Exteriores;

III – da Fazenda;

IV – da Agricultura, Pecuária e Abastecimento;

V – Chefe da Casa Civil da Presidência da República; e

VI – do Planejamento, Orçamento e Gestão.

A Camex deliberará mediante resoluções com a presença de todos os seus membros ou de representante formalmente indicado.

Em suas faltas e impedimentos, o Ministro de Estado do Desenvolvimento, Indústria e Comércio Exterior será substituído, na Presidência da Camex, pelo Ministro de Estado da Fazenda.

Poderão ser convidados a participar das reuniões da Camex, a juízo de seu Presidente ou da própria Câmara, representantes de outros órgãos do Governo.

A Camex é composta de um Comitê de Gestão e uma Secretaria Executiva.

O Comitê de Gestão, integrado por membros natos e por membros designados pelo Presidente da República, é presidido pelo Presidente da Camex, e é o núcleo executivo colegiado da Câmara.

São membros natos do Comitê de Gestão:

I – o Presidente da Camex;

II – os Secretários Executivos do Ministério do Desenvolvimento, Indústria e Comércio Exterior, Ministério da Fazenda, Ministério da Agricultura, Pecuária e Abastecimento, Chefe da Casa Civil da Presidência da República; e do Ministério do Planejamento, Orçamento e Gestão e o Secretário-Geral das Relações Exteriores;

III – o Subsecretário-Geral de Assuntos de Integração, Econômicos e de Comércio Exterior do Ministério das Relações Exteriores;

IV – o Representante Especial do Presidente da República para Assuntos do Mercosul;

V – o Secretário de Comércio Exterior do Ministério do Desenvolvimento, Indústria e Comércio Exterior;

VI – o Secretário da Receita Federal do Ministério da Fazenda;

VII – o Secretário de Assuntos Internacionais do Ministério da Fazenda;

VIII – o Diretor de Assuntos Internacionais do Banco Central do Brasil; e

IX – o Presidente do Banco Nacional de Desenvolvimento Econômico e Social.

O Presidente da Camex poderá praticar os atos previstos nos arts. 2º a 4º do Decreto nº 3.981, *ad referendum* da Câmara, ouvidos os membros do Comitê de Gestão.

Compete ao Comitê de Gestão avaliar o impacto, supervisionar permanentemente e determinar aperfeiçoamentos em relação a qualquer trâmite, barreira ou exigência burocrática que se aplique ao comércio exterior e ao turismo, incluídos os relativos à movimentação de pessoas e cargas.

Compete à Secretaria Executiva:

I – prestar assistência direta ao Presidente da Camex;

II – preparar as reuniões da Camex e do Comitê de Gestão;

III – acompanhar a implementação das deliberações e diretrizes fixadas pela Camex e pelo Comitê de Gestão; e

IV – cumprir outras atribuições que lhe forem conferidas pelo Presidente da Camex.

O Secretário Executivo será nomeado pelo Presidente da Camex.

As solicitações e as determinações do Comitê de Gestão aos órgãos e às entidades da Administração Pública Federal serão atendidas em caráter prioritário, no prazo por ele prescrito.

O apoio administrativo e os meios necessários à execução dos trabalhos da Camex, do Comitê de Gestão e da Secretaria Executiva são providos pelo Ministério do Desenvolvimento, Indústria e Comércio Exterior.

Nada mais correto, eis que o Presidente da Camex é o próprio Ministro do Desenvolvimento.

2.2.3 Secretaria de Comércio Exterior

Essa secretaria é subordinada ao Ministério do Desenvolvimento, Indústria e Comércio, órgão criado pela Medida Provisória nº 1.795, de 1º-1-1999, que veio a substituir o Ministério da Indústria, do Comércio e do Turismo, cabendo-lhe conduzir as atividades inerentes ao comércio exterior, nas funções não conflitantes com a Camex, sendo de sua competência:

a. emitir licenças de exportação e importação, cuja exigência será limitada aos casos impostos pelo interesse nacional.

Observação: Na prática, a Secretaria de Comércio Exterior valida essas emissões, pois no caso de exportações os RE (Registros de Exportações) são emitidos pelos próprios interessados ou via bancos, despachantes etc. Quanto às importações, o Banco do Brasil S.A. continua prestando esses serviços aos interessados;

b. exercer prévia ou posteriormente a fiscalização de preços, pesos, medidas, classificação, qualidade e tipos declarados nas operações de exportação, diretamente ou em articulação com outros órgãos governamentais, ressalvada a competência da administração aduaneira;

c. exercer, prévia ou posteriormente, a fiscalização de preços, pesos e medidas, qualidade e tipos nas operações de importação, respeitadas as atribuições de competência das repartições aduaneiras;

d. estabelecer critérios para o financiamento da exportação e da produção industrial para exportação, bem assim, quando for o caso, para aquisição ou financiamento, por ordem e conta do Tesouro Nacional, de estoques e de outros produtos exportáveis;

e. colaborar com o órgão competente na aplicação do regime de similaridade e do mecanismo do *drawback*;

f. elaborar estatísticas de comércio exterior;

g. traçar diretrizes da política do comércio exterior;

h. pronunciar-se sobre a conveniência da participação do Brasil em acordos ou convênios internacionais, relacionados com o comércio exterior;

i. adotar medidas de controle das operações de comércio exterior, quando necessárias ao interesse nacional;

j. baixar normas necessárias à implementação da política de comércio exterior, bem como orientar e coordenar sua expansão;

l. modificar, suspender ou suprimir exigências administrativas com a finalidade de facilitar e estimular a exportação;

m. decidir sobre normas, critérios e sistemas de classificação comercial dos produtos objeto do comércio exterior;

n. estabelecer normas para fiscalização de embarque, com vistas à redução de custos;

o. traçar a orientação a ser seguida nas negociações de acordos internacionais relacionados com o comércio exterior e acompanhar sua execução;

p. recomendar diretrizes que articulem o emprego do instrumento aduaneiro com objetivos gerais de política de comércio exterior, observados os interesses e a evolução das atividades industriais e agrícolas;

q. opinar, junto aos órgãos competentes, sobre fretes dos transportes internacionais relacionados com o comércio exterior, bem como sobre a política portuária;

r. estabelecer as bases da política de seguros no comércio exterior;

s. recomendar medidas tendentes a amparar produções exportáveis, considerando a situação específica dos diversos setores de exportação, bem como razões estruturais, conjunturais ou circunstanciais que afetem, negativamente, aquelas produções;

t. opinar, na esfera do Poder Executivo ou quando consultado por qualquer das Casas do Congresso Nacional, sobre projetos de lei que se relacionem com o comércio exterior ou adotem medidas que neste possam ter implicações;

u. formular as diretrizes básicas da política tarifária no campo das importações, visando adaptar o mecanismo aduaneiro às necessidades do desenvolvimento econômico e à proteção do trabalho nacional;

v. normatizar, supervisionar, orientar, planejar, controlar e avaliar as atividades aduaneiras.

Listados os campos de atuação da Secretaria de Comércio Exterior, não podemos deixar de registrar que ela é outro órgão constituído de poderes quase plenipotenciários, visto que, além de opinar, recomendar, pronunciar-se sobre assuntos relacionados com o comércio exterior, esse quase Ministério pode baixar normas, modificar, suspender ou suprimir exigências, traçar orientação, estabelecer as bases da política de seguros no comércio exterior, formular as diretrizes da política tarifária no campo das importações.

Essa Supersecretaria, que é responsável pelo controle comercial, tem como integrantes: DTIC – Departamento Técnico de Intercâmbio Comercial –, responsável pela divulgação de Normas e Diretrizes; o DTT – Departamento Técnico de Tarifas –, responsável pelo estabelecimento de Tarifas; e o DPPC – Departamento de Planejamento e Política Comercial –, responsável pela articulação das atividades de Comércio Exterior.

O Exportador ou Importador não precisa, em geral, contatar a Secretaria, pois isto é feito via bancos, despachantes, enfim, pelo pessoal que presta serviços na área de comércio exterior.

Divulgamos sua competência e composição para que o interessado saiba quem expede as instruções, controla, sugere, interfere na área governamental, no dia a dia do comércio exterior.

2.2.4 Secretaria da Receita Federal

Subordinada ao Ministério da Fazenda, a SRF tem atuação intensa na área de comércio exterior, sendo seu campo de competência (art. 170 do Decreto nº 99.244/90):

a. planejar, supervisionar, executar, controlar e avaliar as atividades de administração tributária federal;
b. propor medidas de aperfeiçoamento e regulamentação da legislação tributária federal e outras de política fiscal e tributária;
c. interpretar e aplicar a legislação fiscal e correlata, relacionada com sua área de atribuição, baixando os atos normativos e instruções para sua fiel execução;
d. acompanhar a execução da política tributária e fiscal e estudar os efeitos na economia do país;
e. dirigir, supervisionar, orientar e coordenar os serviços de fiscalização, cobrança, arrecadação, recolhimento e controle dos demais tributos e rendas da União, salvo quando tais atribuições forem cometidas a outros órgãos;
f. desenvolver sistema de coleta, elaboração e divulgação de informações econômico-fiscais, bem como desenvolver e manter sistema de processamento eletrônico de dados necessários a suas atividades;
g. articular-se com entidades da Administração Pública Federal direta, indireta e fundacional, bem assim com as demais entidades de Direito Público e Privado, visando à integração do Sistema Tributário Nacional, mediante convênios para a permuta de informações, métodos e técnicas de ação fiscal;
h. proceder ao julgamento de processos fiscais;
i. gerir o Fundaf – Fundo Especial de Desenvolvimento e Aperfeiçoamento das Atividades de Fiscalização, a que se refere o art. 6º do Decreto-lei nº 1.437, de 17-12-75, e administrar a armazenagem e destinação de mercadorias apreendidas.

A Secretaria da Receita Federal é um órgão onipresente na vida dos agentes econômicos brasileiros. Aperfeiçoando-se cada vez mais, valendo-se competentemente dos avanços da informática, a Receita Federal, em que pese a alegada falta de pessoal, tem conseguido suplantar aquela deficiência e aumentar as receitas dos impostos federais.

Presente nas exportações e importações, é responsável pelo desembaraço aduaneiro das mercadorias, operações que são efetivadas, a cada dia, com mais rapidez e menos burocracia.

Juntos, Secretaria da Receita Federal, Secretaria do Comércio Exterior e Banco Central do Brasil formam o triunvirato que exerce o maior poder sobre o comércio exterior brasileiro.

SISCOMEX – Sistema Integrado de Comércio Exterior, Sisbacen – Sistema de Informações Banco Central – e Serpro – Sistema Federal de Processamento de Dados formam parte operacional dessa presença, cujas atuações serão vistas mais tarde em capítulos próprios.

2.2.5 Banco Central do Brasil

Criado pela Lei nº 4.595/64, em substituição à Sumoc (Superintendência da Moeda e do Crédito), é o órgão executivo central do sistema financeiro nacional, cabendo-lhe a responsabilidade de cumprir e fazer cumprir as disposições que regulam o funcionamento do sistema e as normas expedidas pelo Conselho Monetário Nacional.

Competem-lhe as seguintes atribuições:

a. emitir papel-moeda e moeda metálica nas condições e limites autorizados pelo Conselho Monetário Nacional;
b. executar os serviços do meio circulante;
c. receber os recolhimentos compulsórios dos bancos comerciais e os depósitos voluntários das instituições financeiras e bancárias que operam no País;
d. realizar operações de redesconto e empréstimo às instituições financeiras dentro de uma orientação voltada para a política econômica do Governo ou como socorro a problemas de liquidez;
e. efetuar, como instrumento de política monetária, operações de compra e venda de títulos públicos federais;
f. regular a execução dos serviços de compensação de cheque e outros papéis;
g. emitir títulos de responsabilidade própria, de acordo com as condições estabelecidas pelo Conselho Monetário Nacional;
h. exercer o controle do crédito sob todas as suas formas;
i. exercer a fiscalização das instituições financeiras, punindo-as quando necessário;
j. autorizar o funcionamento, estabelecendo a dinâmica operacional de todas as instituições financeiras;
l. estabelecer as condições para o exercício de qualquer cargo de direção nas Instituições Financeiras Privadas;
m. vigiar a interferência de outras empresas nos mercados financeiros e de capitais;

n. controlar o fluxo de capitais estrangeiros, garantindo o correto funcionamento do mercado cambial, operando, inclusive, via ouro, moeda ou operações de crédito no exterior.

Constituem receitas do Banco Central:

a. juros de redescontos de empréstimos e de outras aplicações de seus recursos;
b. resultados de operações de câmbio, de compra e venda de ouro e quaisquer outras operações;
c. produto da arrecadação da taxa de fiscalização, prevista na Lei nº 4.595/64;
d. receitas eventuais, inclusive multa e mora, aplicadas por força da legislação em vigor.

O Banco Central do Brasil tem Delegacias Regionais instaladas nas principais capitais brasileiras. Em praças que operam em Câmbio e o Banco Central não possui Delegacia, o serviço referente à área cambial é feito pelo Banco do Brasil S.A., pelo Setor de Registro e Controle Cambial (Recon).

Pelas atividades que lhe são cometidas, percebe-se que o BCB é um xerife do mercado financeiro. Acompanha, baixa normas, fiscaliza, enfim, comanda as ações que são desencadeadas pelo sistema financeiro.

Discute-se muito sobre a necessidade de um Banco Central independente, à semelhança do Federal Reserves dos Estados Unidos ou o Bank of England, na Inglaterra.

É comum em nosso País os governantes lançarem mão do Banco Central para cobrir os rombos de caixa do Tesouro, mesmo porque as receitas teimam em não superar as despesas. Gastando-se mais do que se arrecada, não resta outra alternativa mais cômoda e de fácil implementação ao Governo do que emitir moeda sem lastro.

Nesse instante cumpre-nos fazer uma reparação: o Governo Federal não está sozinho nessa empreitada; alguns governos estaduais também exaurem seus bancos e, como não podem emitir, tomam empréstimos que jamais são pagos, comprometendo receitas futuras (em geral, o ICMS) que são dadas como garantias dos “papagaios” levantados.

E, com isso, alimenta-se a inflação, que corrói impiedosamente o poder de conversão de nossa moeda.

Todavia, por nossas raízes históricas e vivenciando as estripulias políticas do momento, não acreditamos que seja outorgada tão cedo àquela autarquia a independência que julgamos necessária, saneadora e conveniente.

3

Compra e Venda em Comércio Exterior (Incoterms)

As Regras dos Incoterms explicadas nas siglas formadas por três letras maiúsculas refletem as práticas comerciais dos contratos de venda de mercadorias. As Regras descrevem principalmente as tarefas, custos e riscos envolvidos na entrega da mercadoria pelo Vendedor ao Comprador.

As importações brasileiras, bem como as exportações, têm suas condições de compra e venda cursadas em quaisquer modalidades de "Incoterms" praticadas no comércio internacional (FOB, FAS, CIF, CFR etc., exceto DDP).

Incoterms, ou *International Commercial Terms*, publicado pela primeira vez em 1936, pela Câmara de Comércio Internacional (ICC), com sede em Paris, sofreu alterações e emendas em 1953, 1967, 1976, 1980, 1990, 2000 e 2010; esta última constitui a Publicação nº 7.15E e forma um conjunto de regras para serem usadas nos contratos internacionais. Por serem facultativos, os termos aplicam-se somente nas relações entre comprador e vendedor, não regulando as modalidades de transporte, uma vez que este é regulado pelo contrato entre comprador/vendedor e transportador.

As partes intervenientes nesses contratos frequentemente desconhecem as diferenças existentes entre as praxes comerciais de seus respectivos países. No comércio internacional, essa falta de uniformidade é constante fonte de atritos, provocando desentendimentos, questões e sentenças judiciais, com todo o desperdício de tempo e dinheiro que acarretam.

Com o propósito de colocar à disposição dos comerciantes, negociantes e *traders* um meio de superar as mais graves causas de atrito, na realidade os mais comuns, a Câmara de Comércio Internacional publicou, em 1936, a série de normas para interpretação dos referidos termos, conhecida pelo nome de Incoterms 1936. Como já frisamos, várias emendas e adições foram realizadas, datando a última de 2010; esta, procura o aperfeiçoamento dos termos que viessem facilitar a vida dos que operam em comércio exterior.

3.1 DIFERENÇAS ENTRE OS INCOTERMS 2000 E INCOTERMS 2010

A seguir as mais importantes diferenças entre as duas revisões:

- Deixaram de existir os termos DAF, DEQ, DES e DDU, e foram incorporados os termos DAT e DAP. Nesse caso, o termo DAT (*Deliver at Terminal*) substitui o termo DEQ; o termo DAP (*Deliver at Place*), substitui os termos DAF, DES e DDU.
- Os termos eram agrupados em quatro categorias, E, F, C e D, e tratavam da entrega da mercadoria e transferência de riscos.

Existem apenas duas categorias e tratam da modalidade do transporte.

A primeira regra se refere às mercadorias que são transportadas independentemente de via de transporte ou em mais de uma modalidade de transporte.

Nesta categoria podemos catalogar: EX W, FCA, CIP, CPT, DAT, DAP e DDP.

A segunda regra se refere àqueles termos cujo transporte é aquaviário – marítimo, rios, vias aquáticas internas etc. Nessa categoria listamos os demais termos: FOB, FAS, CIF e CFR.

Nessa categoria, o ponto de entrega e o local em que o comprador assume a mercadoria, ambos são portos.

Nesta revisão foi definida com muita clareza que a entrega da mercadoria no navio designado acontece quando a mesma é colocada no navio, isto é, deixou de existir aquela linha imaginária (transposição da amurada do navio). A mercadoria não só transpõe a amurada do navio como deve ser depositada/colocada a bordo do navio transportador.

Pela primeira vez indica-se os Incoterms para o comércio doméstico. Essa mudança ocorreu como consequência do aumento do fluxo global do comércio, a formação de blocos econômicos no mundo, diminuindo-se as exigências em fronteiras etc.

Por outro lado, os Estados Unidos, sem dúvida um ator de muito força nos negócios internacionais, têm manifestado interesse de usar os Incoterms ao invés do antigo Código Uniforme Comercial (lançado em 1952 nos Estados Unidos) para os termos de embarque e entrega.

Existe uma explicação para essa mudança de comportamento: o Código não é LEI e sim, como os Incoterms, uma recomendação, que pode tornar-se lei em cada Estado da federação norte-americana. Trocando o *Uniform Commercial Code* pelos Incoterms, os Estados Unidos reduzem a apenas um normativo os normativos de cinquenta estados.

Notas de Orientação – As Notas de Orientação não fazem parte dos Incoterms, mas estão inseridas previamente a cada termo discutido. Explicam as partes fundamentais de cada regra Incoterms, como deve ser usado, quando os riscos são transferidos entre as partes contratantes e como os custos são alocados entre Vendedor e Comprador.

Comunicação Eletrônica – Os Artigos A1 (Obrigação do Vendedor) e B1 (Obrigação do Comprador) dão o mesmo tratamento para os documentos, emitidos em papel ou eletronicamente, se de comum acordo Vendedor e Comprador e se os costumes assim o permitirem.

Cobertura do Seguro – Nos termos CIP e CIF, onde o seguro é obrigatório para o Vendedor, com o mínimo de cobertura estabelecido na Cláusula C do *Institute Cargo Clauses* (LMA/IUA-*Lhoyds Market Association – Institute Underwriting Association*), estabelecidos em Londres, Inglaterra.

3.1.1 *Security-related clearances and information required for such clearances*

Trata-se de informação nova para os Incoterms e decorrente dos novos dias que vivemos. Ocorre que os atos terroristas perpetrados por insurgentes de várias partes do Globo obrigaram as autoridades aduaneiras da Comunidade Europeia e dos Estados Unidos a tomarem medidas que visem inibir ações que possam prejudicar os cidadãos dessas comunidades.

Assim, passou-se a exigir dos Importadores – na verdade todos os envolvidos na cadeia de fornecimento –, no modal marítimo, que prestem determinadas informações antes do embarque da mercadoria no exterior e com destino aos Estados Unidos. É o Importer Security Filing (ISF). Essa medida visa impedir que a mercadoria embarcada seja uma ameaça à vida ou propriedade por razões outras que não sua natureza.

Nesse caso, o Vendedor deverá fornecer ao Comprador as informações contidas naquela exigência, conhecida como 10+2.

Nos embarques aéreos para a Europa ou via Europa, as aduanas locais estão a exigir determinados procedimentos para o preenchimento dos Master Airwaybill e House Airwaybill.

O ICS, que é o sistema de gestão de declarações eletrônicas protegidas para a importação de mercadorias no território aduaneiro da União Europeia atenderá as Normas de Segurança para o comércio internacional, defendido pela Organização Mundial do Comércio (OMC), para os movimentos de importação na União Europeia, em vigor desde 2011.

Objetivos do ICS:

- promover o Fluxo Eletrônico da Declaração Sumária de Entrada (ENS) das mercadorias destinadas à exportação para a União Europeia;
- garantir a transferência de dados da ENS em conformidade com as especificações técnicas e regulatórias dos 27 Estados-membros.
- enviar a autorização para a descarga de mercadorias no momento da chegada em território da União Europeia – MRN (Número de Referência do Movimento).

Assim, Vendedor e Comprador devem interagir para que as informações sejam fornecidas tempestivamente para que a entrega da mercadoria não sofra atraso. Os Agentes de Cargas e as Empresas Aéreas têm condições de ajudar Vendedor e Comprador no atendimento dessa exigência. Se não puderem, não souberem ou não quiserem informar, mudem de Companhia Aérea ou de Agente de Carga.

3.1.2 *Terminal Handling Charges*

A divisão dos custos THC não é tarefa fácil. Por isso, os Incoterms procuram alocar tais custos nas Obrigações A6/B6 nas Regras dos Incoterms, mas não é tarefa fácil no dia a dia de comércio exterior.

O Comprador e Vendedor devem acertar previamente quem responderá por essas despesas de modo a evitar discussões posteriores. Esses valores não são tão impactantes nos custos, mas a repetição de procedimentos incorretos (pagamento na origem e novo pagamento no destino) pode estremecer o relacionamento comercial.

Assim, na contratação do frete internacional tais despesas devem ser individualizadas e alocadas corretamente para evitar duplo custo e discussões estressantes. Fácil: abra os Incoterms e verifique, no termo negociado, qual é a obrigação de cada parte. Fácil. Simples.

Vendas Encadeadas, Combinadas ou Sequenciais

Vendas Encadeadas, Combinadas ou Sequenciais se referem às vendas que são efetuadas durante o período que a mercadoria demora para ser entregue ao seu Comprador final. Ocorre com as *commodities*. Quem está comprando/vendendo no meio da cadeia comprova sua entrega por procuração, isto é, pela troca de documentos. Não há transferência de mercadoria, mas de proprietário da mercadoria. O que se dá via documental. Para evitar mal-entendidos os Incoterms obrigam a procuração de mercadorias embarcadas para atender tais transferências.

3.1.3 Variações das Regras Incoterms 2010

As Regras não proíbem alterações nos termos contratados com base nos Incoterms 2010, mas tal atitude de alteração é desencorajada porque pode trazer surpresas desagradáveis às partes intervenientes.

Se mesmo assim for ânimo dos contratantes processarem alterações de comum acordo, as mesmas deverão constar do Contrato de Venda e as partes devem definir, clara e indiscutivelmente, as novas responsabilidades.

As novas Regras Incoterms 2010 alertam que tudo o que foi tratado anteriormente refere-se ao uso e interpretação das Regras Incoterms 2010, mas não faz parte das Regras.

Esse alerta também se aplica aos comentários expedidos pelo Autor, posto que tais explicações visam elucidar possíveis dúvidas e facilitar o entendimento das regras, que se seguem a estes comentários.

Antes de formalmente apresentarmos os novos Incoterms 2010, anotamos alguns esclarecimentos às aludidas Regras.

As obrigações do Vendedor estão grafadas por um número de 1 a 10, acompanhado da letra A; as obrigações do Comprador estão grafadas com um número de 1 a 10, acompanhado da letra B.

Essas obrigações estão sujeitas ao Contrato de Venda ou onde a lei pode ser aplicada, às partes intervenientes envolvidas (como as transportadoras, agentes de carga ou outras pessoas designadas pelo Vendedor ou Comprador), com um propósito específico na cadeia de operações de entrega da mercadoria adquirida, como, por exemplo, o pagamento do frete junto ao Armador contratado, o seguro, junto à Seguradora etc.

3.1.4 Procedimentos Aduaneiros

Exigências a serem atendidas para cumprir o regulamento aduaneiro podem incluir documentos, segurança, informações ou inspeções físicas.

Voltamos a lembrar, para exemplificar os cuidados na negociação e, principalmente, na condução da entrega do produto vendido/adquirido, as recentes medidas tomadas na União Europeia, representadas pelas informações a serem dadas, *a priori*, nos embarques de/para o Continente Europeu e que envolvem os 27 países da Zona do Euro.

3.1.5 Entrega

Há muitos significados para o termo, seja na lei, seja nas práticas comerciais. Nas Regras Incoterms 2010 é utilizado para indicar QUANDO o risco de perda ou estrago da mercadoria passa do Vendedor ao Comprador. Os termos são claros e precisos quanto ao MOMENTO.

3.1.6 Documentos de Entrega

As Regras Incoterms 2010 criaram o Artigo A8, indicando os documentos que comprovam a entrega, que para muitos termos das Regras se referem ao documento de transporte ou o seu correspondente em mensagem eletrônica. Entretanto, nos termos EX VW, FCA, FAS e FOB, o comprovante de entrega pode ser um simples recibo. Explica-se: nessas condições o frete é por conta e risco do Comprador.

As Regras alertam que esses documentos (de transporte) podem ter outras utilidades para Vendedor e Comprador, como, por exemplo, servirem de objeto de pagamento (numa negociação bancária o pagamento só se realiza contra entrega de documento de embarque), dentre outros.

3.1.7 Procedimentos ou Registros Eletrônicos

Se aplicável, se ajustado entre as partes ou se usual, os documentos eletrônicos têm a mesma função dos documentos de papel.

3.1.8 Embalagem

As Regras Incoterms 2010 estabelecem que:

a) a embalagem das mercadorias deve atender às exigências do Contrato de Venda; e,

b) a embalagem da mercadoria deve estar adequada para atender o transporte a ser utilizado.

As Regras não estabelecem nenhuma orientação quanto ao acondicionamento em contêineres. Qualquer negociação a esse respeito deve ser negociada e inserida no Contrato de Venda.

A *International Chamber of Commerce*, ou simplesmente Câmara de Comércio Internacional, recomenda, via Incoterms, as regras que devem pautar um contrato internacional. Queremos dizer com isso que não existe um modelo próprio que sirva de modelo para tudo e para todos.

Entendemos que existem duas figuras obrigatórias – comprador e vendedor – e o objeto do contrato: o bem ou serviço que se está comercializando.

As regras sugeridas definem condições indispensáveis quanto:

a. à transferência de posse, ou seja, quando e onde a mercadoria estará disponível ao comprador;

b. ao meio de transporte – quem irá escolhê-lo e quem deverá providenciá-lo;
c. transferência de riscos do Vendedor para o Comprador;
d. ao momento em que ocorrerá a transferência de custos e despesas adicionais de um para outro (comprador e vendedor).

Ao elaborar esse conjunto de normas, o Comitê de Termos Comerciais da Câmara baseou-se nos seguintes princípios:

a. as regras pretendem definir as obrigações das partes tão clara e precisamente quanto possível;
b. as regras devem documentar-se nos usos e costumes mais correntes no comércio internacional, para que possam obter ampla aceitação:

3.2 O QUE NÃO SE DEVE ESPERAR DOS INCOTERMS 2010

Os Incoterms não dispõem:

- sobre o pagamento ou a modalidade de pagamento que governa o contrato de compra e venda;
- sobre a propriedade da mercadoria;
- de possíveis falhas existentes no contrato de compra e venda entre as partes.

3.3 A REFERÊNCIA DOS INCOTERMS NOS CONTRATOS DE VENDA

Embora os Incoterms representem, há muito tempo, práticas e princípios, eles podem vir a fazer parte do contrato de compra e venda. Recomendam-se às partes que (a) incluam em seu contrato de venda, por exemplo, a expressão *Incoterms 2010, antecedida pelo local de entrega (exemplo: FOB SANTOS Incoterms 2010; CFR AMSTERDÃ Incoterms 2010)* e (b) verifiquem se não está sendo usado um modelo impresso de contrato em que esteja inserido outro Incoterms. Se isso ocorrer, não esquecer de sobrepor a expressão do local designado para entrega, seguida pela expressão *Incoterms 2010,* para evitar confusão com qualquer outra versão de Incoterms.

Voltamos a lembrar que qualquer Incoterms pode vir a ser usado.

Recapitulando: Escolheu-se o termo FOB. Indicou-se o local/porto da entrega da mercadoria SANTOS, indicou-se o Incoterms 2010.

No outro exemplo: indicou-se o termo de entrega CFR, local designado AMSTERDÃ e a indicação do Incoterms que vai regular o relacionamento dos intervenientes Incoterms 2010.

3.4 ARBITRAGEM DA CCI

As partes contratantes que pretendam ter a possibilidade de recorrer à arbitragem da CCI, no caso de uma disputa com seu parceiro, deverão expressa e claramente concordar quanto à arbitragem da CCI em seu contrato ou, no caso de não existir instrumento contratual, a concordância deverá aparecer na troca de correspondência que estabeleça o acordo entre elas.

O fato de incorporar um ou mais Incoterms em um contrato, ou na respectiva correspondência, não constitui por si só um acordo que tenha recurso à Arbitragem da CCI. A Câmara de Comércio Internacional recomenda apor-se a seguinte cláusula-padrão de arbitragem nos contratos:

"Todas as disputas oriundas em conexão com o presente contrato deverão ser finalmente decididas sob as Regras de Conciliação e Arbitragem da Câmara de Comércio Internacional, por um ou mais árbitros indicados de acordo com as mencionadas regras."

3.5 INCOTERMS E O CONTRATO DE TRANSPORTE

Como alertamos anteriormente, os intervenientes-negociadores, ao adotarem as regras do Incoterms em seus contratos, devem atentar que elas apenas se referem às relações entre vendedores e compradores e que nenhuma das cláusulas afeta, direta ou indiretamente, as relações de cada parte com o transportador, definidas no contrato de transporte.

Nos contratos de venda, as partes são aconselhadas a considerar esse problema por meio de dispositivos específicos expressos nos contratos de modo que fique claro, tanto quanto possível, de quanto tempo disporá o vendedor para carregar as mercadorias em um navio ou outros meios de conveniência fornecidos pelo comprador, e para que este receba as mercadorias diretamente do transportador no local de destino, e, mais, especificar a extensão em que o vendedor terá de assumir o risco e o custo das operações de carga sob os termos FCA, FAS, FOB e operações de descarga sob os termos CFR, CIF, CPT, CIP, DAT, DAP, e DDP.

3.6 VENDEDOR – OBRIGAÇÕES EM CADA TERMO

O Vendedor deve atentar para suas obrigações em cada termo Incoterms negociado, lembrando que deve ater-se às Obrigações gerais do Vendedor às Licenças, autorizações, habilitação de segurança e outras formalidades; Contratos de transporte e seguro; Entrega; Transferência de riscos; Divisão de custos; Notificação ao comprador; Documento de Entrega; Conferência, embalagem e marcação; Assistência em informações e despesas afins.

O comprador deverá atentar para suas obrigações, cabendo ressaltar as Obrigações gerais do Comprador; às Licenças, autorizações, habilitação de segurança e outras formalidades; Contratos de transporte e seguro; Assunção da entrega; Transferência de riscos; Divisão de custos; Notificação ao vendedor; Prova de entrega; Inspeção das mercadorias; Assistência em informações e despesas afins.

Conhecendo as Obrigações inerentes ao Vendedor e Comprador, apresentamos os Incoterms, começando pelos termos que se utilizam de qualquer tipo de transporte ou combinações de diferentes modalidades de transporte até a entrega da mercadoria ao Comprador.

3.7 Regras para Qualquer Meio ou Meios de Transporte *Ex Works (Insert Named Place of Delivery)* Incoterms 2010

A PARTIR DO LOCAL DE PRODUÇÃO (Local designado: Usina, Fábrica, Indústria, Armazém, Plantação etc., conforme pactuado em contrato)

FCA – *FREE CARRIER (NAMED PLACE OF DELIVERY)* Incoterms 2010 TRANSPORTADOR LIVRE (LOCAL DESIGNADO) Incoterms 2010

CPT – *CARRIAGE PAID TO... (... NAMED PLACE OF DESTINATION)* Incoterms 2010 TRANSPORTE PAGO ATÉ... (LOCAL DE DESTINO DESIGNADO) Incoterms 2010

CIP – *CARRIAGE AND INSURANCE PAID TO (NAMED PLACE OF DESTINATION)* Incoterms 2010 TRANSPORTE E SEGUROS PAGOS ATÉ... (LOCAL DE DESTINO DESIGNADO) Incoterms 2010

DAT – *DELIVERED AT TERMINAL (NAMED TERMINAL AT PORT OR PLACE OF DESTINATION)* Incoterms 2010 TERMINAL DESIGNADO NO PORTO OU LOCAL DE DESTINO Incoterms 2010

DAP – *DELIVERED AT PLACE (NAMED PLACE OF DESTINATION)* Incoterms 2010 LOCAL DE DESTINO DESIGNADO Incoterms 2010

DDP – *DELIVERED DUTY PAID (NAMED PLACE OF DESTINATION)* Incoterms 2010 ENTREGUE DIREITOS PAGOS (LOCAL DE DESTINO DESIGNADO) Incoterms 2010

Como faremos comentários sobre os Incoterms, no sentido de orientar os intervenientes nas operações de compra e venda no cenário internacional, apresentamos a seguir a Resolução nº 21, de 7 de abril de 2011, editada pela Câmara de Comércio Exterior e que internou no Brasil os Incoterms, para serem utilizados nas exportações e importações brasileiras.

Assim, deixamos claro que nossos comentários e orientações são expedidos à luz de uma Resolução emitida no Brasil, chancelada pelo Presidente do Conselho de Ministros da Câmara de Comércio Exterior.

A partir dessa Resolução, fizemos toda a interpretação dos termos Incoterms apresentada a seguir.

Na alínea I do art. 2º é esclarecido que tais termos foram editados pela International Chamber of Commerce (ICC), identificados na Publicação nº 7.15E, de 2010:

INCOTERMS EWX (EX WORKS – *named place of delivery*)

Na origem (local de entrega designado).

O Vendedor limita-se a colocar a mercadoria à disposição do Comprador no seu domicílio, no prazo estabelecido, não se responsabilizando pelo desembaraço para exportação nem pelo carregamento da mercadoria em qualquer veículo coletor.

Nota inserida na Resolução: Em virtude de o comprador estrangeiro não dispor de condições legais para providenciar o desembaraço para saída dos bens do País, fica subentendido que esta providência é adotada pelo vendedor, sob suas expensas e riscos, no caso de exportação brasileira.

Esse termo significa que o vendedor cumpre sua obrigação de entrega das mercadorias quando as coloca disponíveis em sua propriedade (instalações), isto é, fábrica, armazém, indústria, usina, plantação etc., ao comprador. Particularmente, ele não é responsável pelo carregamento das mercadorias a bordo do veículo fornecido pelo comprador, ou pelo desembaraço delas para exportação, a menos que haja acordo contrário. O comprador assume todos os riscos e custos envolvidos em retirar as mercadorias das instalações do vendedor até o destino convencionado.

Esse é o termo que representa menos responsabilidades e riscos ao vendedor. Assim, é o que oferece mais riscos e responsabilidade ao comprador.

Quando o comprador não puder atender a tais formalidades, a condição correta para esse contrato é o termo FCA.

RESPONSABILIDADES E OBRIGAÇÕES DO VENDEDOR

Inferimos que o Vendedor deverá fornecer as mercadorias e a fatura comercial, em conformidade com o contrato de venda e qualquer outra evidência de conformidade que seja exigida pelo contrato; deverá prestar ao comprador, a pedido, risco e às expensas deste, toda a assistência para a obtenção de qualquer licença de exportação ou outra autorização governamental oficial necessária para a exportação das mercadorias.

Quando necessário, o Vendedor deverá fornecer, a pedido do Comprador, riscos e despesas, qualquer informação em posse do Vendedor e solicitado para a habilitação segura da mercadoria.

Como o licenciamento da exportação é por conta do comprador, o vendedor poderá auxiliá-lo na obtenção dos documentos necessários, sendo reembolsado pelas despesas incorridas. Voltamos a lembrar: se não puder executar as tarefas inerentes ao termo, é mais interessante ao Comprador que a negociação se dê sob FCA; Contrato de transporte e de seguro: não há obrigatoriedade; o vendedor deverá colocar as mercadorias à disposição do comprador, no local de entrega designado, na data, ou dentro do período estipulado, ou, se não houver local ou prazo estipulados, no local e no prazo usuais para entrega dessas mercadorias; Vendedor assumirá todos os riscos de perda ou dano às mercadorias até o momento em que tenham sido colocadas à disposição do comprador; deve o vendedor pagar todos os custos relativos às mercadorias, até o momento em que tenham sido postas à disposição do comprador; notificar suficientemente o comprador sobre quando e onde as mercadorias serão postas a sua disposição; pagar os custos das operações de conferência (tais como qualidade, pesagem, contagem, medição), que sejam necessários para fins de colocar as mercadorias à disposição do comprador.

O vendedor deverá fornecer por sua própria conta a embalagem das mercadorias (a menos que seja habitual, para aquele mercado em particular, tornar as mercadorias contratuais disponíveis, desprovidas de embalagem), requeridas para seu transporte, na extensão em que as circunstâncias relacionadas ao transporte (modalidade, destino) sejam do conhecimento do vendedor, antes da conclusão do contrato de venda. As embalagens devem ser marcadas apropriadamente.

O comprador deve ter certeza de que o vendedor cumpriu todas as suas obrigações com respeito às condições da mercadoria. É muito importante, principalmente quando o comprador paga pelas mercadorias que ele ainda não recebeu. Entretanto, o vendedor não é obrigado a providenciar e pagar pela inspeção das mercadorias antes do embarque, a não ser que tal procedimento esteja estipulado no contrato de venda. As mercadorias devem estar adequadamente embaladas, principalmente se a viagem é longa e sujeita às intempéries climáticas. Todavia, se alguma embalagem especial for necessária, isso deve estar previsto no contrato de compra e venda. Prestar ao comprador, a pedido, risco e às expensas deste, toda a assistência para a obtenção de quaisquer documentos ou mensagens eletrônicas equivalentes, emitidas ou transmitidas no país de entrega e/ou de origem, que o comprador possa requerer para exportação e/ou importação das mercadorias e, quando necessário, para seu trânsito em outro país, inclusive àquelas relacionadas à habilitação de segurança da mercadoria; deverá fornecer ao comprador, quando solicitado, as informações necessárias para a obtenção do seguro.

Tendo em vista que o comprador deverá providenciar a exportação, o trânsito interno das mercadorias, ele poderá precisar do vendedor para conseguir alguma licença (de exportação, por exemplo), certificados de origem, sanitário, inspeção etc., e solicitará os préstimos do vendedor. Este poderá auxiliá-lo, porém qualquer despesa com tal assistência deverá ser reembolsada pelo comprador.

RESPONSABILIDADES E OBRIGAÇÕES DO COMPRADOR

Considerando as obrigações do vendedor acima relatadas, temos as obrigações do comprador na operação comercial: o Comprador deverá pagar o preço pactuado no contrato de venda; obter, por sua própria conta e risco, qualquer licença de exportação e importação ou outra autorização oficial e atender a todas as formalidades aduaneiras para exportação e importação das mercadorias e, quando necessário, para seu trânsito em outro país; contrato de transporte e seguro: não há obrigatoriedade. Aqui fazemos breve comentário: *O comprador, perante o vendedor, não é obrigado a contratar o transporte principal e o seguro, mas em seu próprio interesse o fará, se necessário. Na verdade, não é responsável pela apresentação de uma "prova" de transporte a partir do país do vendedor. Muito menos da apólice de seguro:* O comprador deverá assumir a entrega das mercadorias tão logo tenham sido postas a sua disposição; o comprador deverá assumir todos os riscos de perda ou dano às mercadorias, a partir do momento em que tenham sido colocadas a sua disposição; *o vendedor deverá notificar que a mercadoria está à disposição do comprador em determinado local a partir de uma data. Após esses eventos, os riscos passam a ser assumidos pelo comprador;* o Comprador deverá pagar todos os custos relacionados às mercadorias, a partir do momento em que tenham sido colocadas à disposição; deverá pagar todos os direitos, impostos ou outros encargos oficiais, bem como despesas do cumprimento de formalidades aduaneiras devidas pela exportação e pela importação das mercadorias e, quando necessário, para seu trânsito em outro país.

Sob o termo EXW, o comprador deverá desembaraçar as mercadorias para exportação. Assim, ele deverá pagar todas as despesas incidentes, tais como direitos, taxas alfandegárias, despesas com despachantes e outras despesas incidentes na exportação. Como explicitado na Resolução Camex, essas providências acabam ficando para o Exportador que terá tido o cuidado de colocar tais despesas na sua cotação de venda; o Comprador deve evidenciar apropriadamente, ao vendedor, que assumiu a entrega; o comprador deverá pagar, salvo acordo contrário, os custos de pré-inspeção de embarque (inclusive inspeção determinada pelas autoridades do país de exportação); o Comprador deverá pagar quaisquer despesas ligadas à inspeção, fiscalização das mercadorias, salvo se expresso de outra maneira no contrato de venda.

O vendedor poderá assistir o comprador em obter alguns documentos e mesmo prestação de serviços (arrumar o frete interno, por exemplo). Contudo, o comprador deverá reembolsar o vendedor por toda despesa que este tiver na assistência solicitada.

INCOTERMS FCA (*FREE CARRIER (named place of delivery)*

LIVRE NO TRANSPORTADOR (local de entrega designado)

O Vendedor completa suas obrigações e encerra sua responsabilidade quando entrega a mercadoria, desembaraçada para a exportação, ao transportador ou a outra pessoa indicada (designada) pelo Comprador, no local nomeado (designado) do país de origem.

FCA Terminal Aéreo/Viracopos/Campinas Incoterms 2010

Free Carrier significa que o vendedor cumpre sua obrigação de entrega quando tenha encaminhado as mercadorias, desembaraçadas para exportação, à custódia do transportador nomeado pelo comprador, no local ou ponto determinado.

Se o comprador não precisar esse ponto, o vendedor pode escolher, dentro do perímetro ou local estipulado, onde o transportador deverá assumir a custódia das mercadorias. Esse local poderá ser a sede do Vendedor.

Quando, de acordo com a prática comercial, requerer-se a assistência do vendedor na confecção do contrato de transporte (como no caso de transporte ferroviário ou aéreo), o vendedor deverá agir por conta e risco do comprador.

Esse termo pode ser utilizado em qualquer modalidade de transporte, inclusive o multimodal e Vendedor e Comprador devem claramente especificar o ponto de transferência (entrega) da mercadoria.

FCA TECA Aeroporto Internacional de Viracopos/Campinas significa que a mercadoria estará disponível para o comprador no representante do comprador (agente ou transportador aéreo), no Aeroporto Internacional de Viracopos, na cidade de Campinas, Estado de São Paulo.

Importante notar que é o representante do comprador – uma companhia aérea ou marítima por ele contratada para fazer o transporte – que assume a responsabilidade da custódia da mercadoria em seu nome.

RESPONSABILIDADES E OBRIGAÇÕES DO VENDEDOR

Fornecer as mercadorias e a fatura comercial, em conformidade com o contrato de venda e qualquer outra evidência de conformidade que seja exigida pelo contrato.

O vendedor deverá obter por sua própria conta e risco qualquer licença de exportação ou outra autorização oficial e cumprir todas as formalidades alfandegárias necessárias para a exportação das mercadorias.

O vendedor deverá desembaraçar as mercadorias para a exportação. Assim, quaisquer exigências feitas pelas autoridades governamentais deverão ser cumpridas pelo vendedor. Se algo atrasar ou não permitir sua saída para o exterior, os riscos e despesas deverão ser imputados a ele, vendedor. Não se aplica essa regra a acontecimentos desconhecidos ou fortuitos, não previstos. Por isso, o exportador deve examinar com muito cuidado a legislação aduaneira sobre a saída de seu produto. Assim, se algum procedimento for exigido (inspeção fitossanitária, por exemplo), ele poderá tomar as providências preventivas para evitar demora no ponto de embarque ao exterior.

Contratos de transporte e seguro: não há obrigatoriedade.

O vendedor deverá entregar as mercadorias à custódia do transportador ou de outra pessoa (agente de carga, por exemplo), indicado pelo comprador, ou escolhido pelo vendedor, no local ou ponto determinado (terminal de transporte, ou outro ponto de recepção), na data ou dentro do período pactuado para entrega.

O vendedor sujeita-se a todos os riscos de perda ou dano às mercadorias até o momento em que tenham sido entregues, de acordo com o termo FCA.

O vendedor deverá pagar todos os custos relativos às mercadorias até o momento exato em que tenham sido entregues.

O vendedor deve notificar suficientemente o comprador de que as mercadorias foram entregues.

O vendedor deverá pagar os custos das operações de conferência (qualidade, medição, pesagem, contagem) que sejam necessários para fins de entrega das mercadorias. As embalagens devem ser marcadas apropriadamente.

O vendedor deve prestar ao comprador, a pedido, risco e às expensas deste, toda a assistência para a obtenção de quaisquer documentos, ou habilitação segura emitidos no país de entrega e/ou origem, dos quais o comprador possa necessitar para importação das mercadorias e, quando necessário, para seu trânsito em outro país.

RESPONSABILIDADES E OBRIGAÇÕES DO COMPRADOR

O comprador deverá pagar o preço pactuado no contrato de venda.

O comprador deverá obter, por sua própria conta e risco, qualquer licença de importação ou outra autorização oficial e, onde aplicável, cumprir com as formalidades aduaneiras para a importação das mercadorias e, quando necessário, para seu trânsito em outro país.

O comprador deverá contratar a suas próprias expensas o transporte das mercadorias a partir do local determinado.

O comprador não é obrigado a fazer seguro.

O comprador deve assumir a entrega das mercadorias assim que disponível no local designado de entrega.

O comprador deverá assumir todos os riscos de perdas e danos à mercadoria a partir do momento em que a mesma foi posta à sua disposição.

O comprador deverá pagar todos os custos relacionados às mercadorias, a partir do momento em que tenham sido entregues de acordo com o termo FCA.

O comprador deverá notificar o Vendedor quanto ao nome do transportador designado e o meio de transporte.

O vendedor deverá provar a entrega da mercadoria no ponto combinado e o comprador deverá aceitar tal prova, desde que o vendedor tenha cumprido as exigências de entrega previstas no termo negociado.

O comprador deverá pagar as despesas de pré-inspeção de embarque, exceto quando haja mandado das autoridades do país de exportação.

CPT – *CARRIAGE PAID TO... (NAMED PLACE OF DESTINATION)* Incoterms 2010

TRANSPORTE PAGO ATÉ (LOCAL DE DESTINO DESIGNADO)

CPT Charles de Gaulle Airport/PARIS/FRANÇA Incoterms 2010

Além de arcar com obrigações e riscos previstos para o termo FCA, o Vendedor contrata e paga frete e custos necessários para levar a mercadoria até o local combinado.

CPT significa que o vendedor paga o frete pelo transporte das mercadorias até o destino designado. O risco por perda ou dano às mercadorias, bem como quaisquer despesas adicionais devidas a eventos que ocorram após terem sido as mercadorias entregues ao transportador, transferem-se do vendedor para o comprador quando as mercadorias são entregues à custódia do transportador.

O termo CPT exige que o vendedor proceda ao desembaraço das mercadorias para exportação.

CPT Charles de Gaulle Airport/PARIS/FRANÇA Incoterms 2010

Vendedor e Comprador definiram com precisão até onde ocorreram os custos. Aí duas coisas interessantes aconteceram: a responsabilidade pela contratação (custos) do frete foi do Vendedor, pagando-o até o Aeroporto no local de destino. Mas, os riscos foram transferidos ao Comprador no momento que o Vendedor entregou as mercadorias para o transportador aqui no Brasil.

O Vendedor não é responsável pelas despesas de descarregamento no local de destino.

Mais uma vez alertamos que o contrato de Venda deve ser o mais preciso em relação às despesas que podem ocorrer principalmente na coleta, transporte e entrega da mercadoria

RESPONSABILIDADES E OBRIGAÇÕES DO VENDEDOR

Fornecer as mercadorias e a fatura comercial, em conformidade com o contrato de venda.

O vendedor deve obter, a seu próprio risco e expensas, qualquer licença de exportação ou outra autorização oficial e cumprir, onde aplicável, todas as formalidades necessárias à exportação das mercadorias e seu trânsito em terceiros países antes de sua entrega no país/destino.

O vendedor deve contratar ou obter um contrato, para o transporte das mercadorias.

A mercadoria deverá ser entregue ao transportador contratado, de acordo com o contratado, na data pactuada ou dentro do período convencionado para a entrega.

O Vendedor pagará todos os custos relacionados às mercadorias, até que tenham sido entregues.

Pagará também as despesas de formalidades alfandegárias necessárias para exportação, bem como todos os direitos, impostos, ou outros encargos oficiais devidos em razão da exportação.

Infere-se que pagará as despesas com a passagem por terceiros países, desde que previsto no contrato de venda para o contrato de transporte.

Por que deverá pagar? Ora, se a entrega é, por exemplo, em Santiago do Chile e a venda é CPT Santiago (Transporte pago até Santiago), todas as despesas com a passagem da mercadoria pela Argentina serão pagas pelo Vendedor.

Aqui fazemos um alerta: A obrigação de comprar o frete até Santiago é do Vendedor, mas risco por perdas é do Comprador desde o momento da transferência da mercadoria para o Agente de Carga ou seu representante.

O Vendedor avisará o comprador de que as mercadorias foram entregues ao representante do transportador, permitindo ao comprador tomar as medidas normalmente necessárias que o habilitem a resgatar a mercadoria.

Fornecerá ao comprador, o documento usual de transporte (por exemplo, um conhecimento de embarque negociável, um conhecimento marítimo não negociável, um documento de cabotagem, um conhecimento aéreo, um manifesto ferroviário ou rodoviário, ou um documento de transporte multimodal).

O documento de transporte deve cobrir a mercadoria contratada e deve ser datado no período acertado para o embarque. Se pactuado contratualmente, o documento deverá permitir ao Comprador retirar as mercadorias junto ao Transportador no local de destino designado e permitir ao Comprador vender a mercadoria em trânsito pela transferência do documento ao Comprador subsequente ou por notificação ao Transportador.

Quando tal documento é emitido na forma negociável e em várias vias originais, um jogo completo de conhecimentos originais (via de regra são três vias originais) deve ser entregue ao Comprador.

O vendedor deve pagar os custos das operações de conferência, tais como qualidade, medição, pesagem, contagem, necessários à entrega das mercadorias.

O vendedor deverá providenciar a embalagem, a menos que seja usual para determinada mercadoria o seu transporte desprovida de embalagem. O Vendedor deve embalar a mercadoria apropriadamente para o tipo de transporte escolhido, a menos que o Comprador o notifique de embalagem específica, dentro das cláusulas contratuais. As embalagens devem ser marcadas apropriadamente.

O Vendedor deve prestar ao Comprador, a pedido, risco e às expensas deste, toda a assistência na obtenção de quaisquer documentos ou habilitação de segurança.

O vendedor deve prestar ao Comprador, a pedido, risco e às expensas deste, toda a assistência para a obtenção de quaisquer documentos, ou habilitação segura emitidos no país de entrega e/ou origem, dos quais o comprador possa necessitar para importação das mercadorias e, quando necessário, para seu transporte até o destino final.

RESPONSABILIDADES E OBRIGAÇÕES DO COMPRADOR

Como já comentado em outros termos, o Comprador deverá pagar o preço pactuado no contrato de venda.

O comprador deve obter por sua própria conta e risco qualquer licença de importação ou outra autorização oficial e cumprir, onde aplicável, todas as formalidades para a importação das mercadorias e para o trânsito das mesmas através de qualquer país.

Entende-se porque a obrigação é do Comprador e não do Vendedor. Embora o Vendedor pagou pelo frete da mercadoria que transitará por terceiro país (em nosso exemplo a Argentina), a sua OBRIGAÇÃO cessou quando ele comprou o frete e seu RISCO terminou quando entregou a mercadoria para o Agente Transportador. A partir daí o RISCO é do Comprador. A OBRIGAÇÃO de obter permissão para transitar em terceiros países é dele.

Nesse termo, o Comprador não é obrigado a contratar o frete (que é por conta do Vendedor) e não é obrigado a contratar seguro. Mas, se o risco de perder a mercadoria é seu, sugere-se que o Comprador faça o seguro internacional. Mas ele não é obrigado.

Aceitar as entregas das mercadorias quando estiverem disponíveis.

O Comprador assumirá todos os riscos de perda ou dano às mercadorias, a partir do momento em que tenham sido entregues. Entregues a quem? Ao Agente transportador. Engana-se aquele que pensa que o risco é transferido no local de destino. O RISCO do Vendedor acaba quando ele entrega ao Agente Transportador. O RISCO do Comprador começa quando o Agente recebe a carga. Não confundam: A OBRIGAÇÃO de comprar o frete é do Vendedor, PORÉM, o seu RISCO termina quando ele entrega ao agente Transportador. A OBRIGAÇÃO do Vendedor e seu consequente RISCO não acompanha a mercadoria até Santiago.

O comprador arcará com os custos relativos às mercadorias, desde o momento em que tenham sido entregues, a menos que tais custos e encargos tenham sido incluídos no frete ou recolhidos pelo vendedor, ao contratar o transporte. Pagará todos os custos e encargos relativos às mercadorias enquanto em trânsito até sua chegada ao local de destino designado, bem como os custos de descarga.

O Comprador pagará todos os direitos, impostos e outros encargos oficiais, bem como os custos em cumprir as formalidades alfandegárias devidos em razão da importação e, quando necessário, para seu trânsito através de outro país.

O Comprador aceitará o documento de transporte se estiver em conformidade com o contrato.

Pagar, salvo acordo em contrário, as despesas de pré-inspeção de embarque, exceto quando houver obrigatoriedade exigível pelas autoridades do país exportador.

Quando necessário, o Comprador deverá fornecer, a pedido e por conta do Vendedor, qualquer documento ou informação, mesmo aquelas referentes à habilitação de segurança, que o Vendedor venha a precisar para o transporte e exportação das mercadorias e para o transporte através de terceiros países.

CIP – *CARRIAGE AND INSURANCE PAID TO (NAMED PLACE OF DESTINATION)* Incoterms 2010

TRANSPORTE E SEGUROS PAGOS ATÉ (LOCAL DE DESTINO DESIGNADO) Incoterms 201

CIP PARIS/FRANÇA Incoterms 2010

Valemo-nos da Resolução Camex para enunciar o termo CIP.

Além de arcar com obrigações e riscos previstos para o termo FCA, o Vendedor contrata e paga frete, custos e seguro relativos ao transporte da mercadoria até o destino combinado.

Vamos discutir esse Incoterms a seguir.

O comprador deve observar que, à luz de CIP, o vendedor é apenas obrigado a obter o seguro com cobertura mínima.

O termo CIP exige do vendedor o desembaraço das mercadorias para exportação. Essa condição pode ser usada para qualquer tipo de transporte, inclusive o multimodal.

CIP Paris, França significa que o exportador brasileiro cotou sua exportação com o preço da mercadoria, mais frete internacional e mais o seguro da mercadoria, do Aeroporto de Guarulhos, São Paulo, por exemplo, até Paris, França.

Assim como ocorre nos termos CPT, CFR ou CIF, o Vendedor cumpre suas obrigações quando a mercadoria é entregue ao Transportador e não quando chega ao destino. Essa situação já foi vivida nos termos anteriormente relacionados (CPT), quando dissemos que o risco ocorria em um evento e os custos em outro.

Esses dois pontos críticos devem ser cuidadosamente considerados pelos intervenientes Vendedor e Comprador. Às vezes essa modalidade não é entendida pelos comerciantes e pode trazer confusão, e pior, disputas judiciais.

Ocorre que o Comprador pode imaginar que comprando CIP Paris, seu risco começa em Paris, onde coleta sua mercadoria. Ledo engano. Os custos foram cobertos até Paris, mas o risco foi transferido ainda em São Paulo (em nosso exemplo).

Tais situações precisam estar claramente tipificadas nos Contratos de Venda para que contendas comerciais, com viés de brigas judiciais, não venham a coroar o negócio efetuado.

Lembrando e repetindo: cuidado na elaboração do Contrato de Venda. Os detalhes (Regras Incoterms 2010) são muito importantes.

RESPONSABILIDADES E OBRIGAÇÕES DO VENDEDOR

O Vendedor deverá fornecer as mercadorias e a fatura comercial, em conformidade com o contrato de venda.

O vendedor deve obter a seu próprio risco e expensas qualquer licença de exportação.

O Vendedor é responsável pela contratação do seguro e do frete Internacional.

Lembramos que o termo CIP significa Transporte e Seguro pagos até Paris.

O Vendedor entregará as mercadorias ao transportador contratado na data fixada ou dentro do período combinado.

O Vendedor assume todos os riscos de perda ou dano às mercadorias, até o exato momento em que tenham sido entregues, de acordo com o pactuado contratualmente.

O Vendedor arcará com todos os custos relativos às mercadorias até o momento em que as mesmas tenham sido entregues bem como o frete e os custos de embarque das mercadorias e quaisquer despesas pelo descarregamento no local de destino, que são por conta do vendedor conforme contrato de transporte.

O Vendedor deve avisar o Comprador de que as mercadorias foram entregues, bem como prestar outras informações que sejam necessárias para que o comprador possa resgatar as mercadorias.

O Vendedor deverá entregar, por suas próprias expensas ao Comprador, o documento usual de transporte (por exemplo, um conhecimento de embarque negociável, um conhecimento marítimo não negociável, um documento de cabotagem, um conhecimento aéreo, um manifesto ferroviário ou rodoviário, ou um documento de transporte multimodal).

O documento de transporte deve cobrir a mercadoria contratada e deve ser datado no período acertado para o embarque. Se pactuado contratualmente, o documento deverá permitir ao Comprador retirar as mercadorias junto ao Transportador no local de destino designado e permitir ao Comprador vender a mercadoria em trânsito pela transferência do documento ao Comprador subsequente ou por notificação ao Transportador.

Quando tal documento é emitido na forma negociável e em várias vias originais, um jogo completo de conhecimentos originais (via de regra são três vias originais) deve ser entregue ao Comprador.

O Vendedor deve pagar os custos das operações de conferência, tais como qualidade, medição, pesagem, contagem, necessários à entrega das mercadorias.

O Vendedor deve providenciar a embalagem da mercadoria, a menos que seja usual para determinada mercadoria o seu transporte desprovida de embalagem. O

Vendedor deve embalar a mercadoria apropriadamente para o tipo de transporte escolhido, a menos que o Comprador o notifique de embalagem específica, dentro das cláusulas contratuais. As embalagens devem ser marcadas apropriadamente.

O Vendedor deve prestar ao Comprador, a pedido, risco e às expensas deste, toda a assistência na obtenção de quaisquer documentos ou habilitação de segurança.

O Vendedor deve prestar ao Comprador, a pedido, risco e às expensas deste, toda a assistência para a obtenção de quaisquer documentos, ou habilitação segura emitidos no país de entrega e/ou origem, dos quais o comprador possa necessitar para importação das mercadorias e, quando necessário, para seu transporte até o destino final.

O Vendedor deve reembolsar o Comprador por todos os custos e despesas incorridos pelo comprador no fornecimento de prestação de assistência.

RESPONSABILIDADES E OBRIGAÇÕES DO COMPRADOR

Evidentemente, a primeira obrigação do Comprador é pagar a mercadoria de acordo com o preço pactuado no contrato de venda.

O Comprador deve obter por sua própria conta e risco qualquer licença de importação ou outra autorização oficial e cumprir, onde aplicável, todas as formalidades para a importação das mercadorias e para o trânsito das mesmas através de qualquer país.

Tendo em vista a contratação do termo CIP (Transporte e Seguro pagos até Paris), o Comprador não será responsável pela contratação do Frete Internacional e Seguro, tais obrigações estão cometidas pelo vendedor.

O Comprador deve aceitar a entrega das mercadorias, recebê-las do transportador no local designado.

O Comprador deve arcar com todos os riscos de perda ou danos às mercadorias a partir do momento em que as mesmas tenham sido entregues conforme acima.

O Comprador deve pagar todos os custos relativos às mercadorias a partir do momento em que as mesmas tenham sido entregues conforme disposto acima, a menos que tais custos e despesas sejam por conta do vendedor conforme contrato de transporte.

O Comprador deve aceitar o documento de transporte se o referido documento estiver em conformidade com o contrato pactuado entre as partes.

O Comprador deve pagar os custos de qualquer inspeção pré-embarque, exceto aquelas exigidas pelas autoridades do país da exportação.

O comprador deverá fornecer, a pedido e por conta do Vendedor, qualquer documento ou informação, mesmo aquelas referentes à habilitação de segurança, que o Vendedor venha a precisar para o transporte e exportação das mercadorias e para o transporte através de terceiros países.

DAT – *DELIVERED AT TERMINAL (NAMED TERMINAL AT PORT OR PLACE OF DESTINATION)* Incoterms 2010

ENTREGA NO TERMINAL DESIGNADO NO PORTO OU LOCAL DE DESTINO Incoterms 2010

DAT CHARLES DE GAULLE TERMINAL/PARIS/FRANÇA Incoterms 2010

Segundo a Resolução Camex, o Vendedor completa suas obrigações e encerra sua responsabilidade quando a mercadoria é colocada à disposição do Comprador, na data ou dentro do período acordado, num terminal de destino nomeado/designado (cais, terminal de contêineres ou armazém, entre outros), descarregada do veículo transportador mas não desembaraçada para importação.

Assim, a entrega sob essa nova modalidade de Incoterms 2010 ocorrerá quando a mercadoria, descarregada do veículo transportador, estiver disponível ao Comprador no terminal designado, no porto ou no local de destino.

A cotação acima – DAT CHARLES DE GAULLE TERMINAL/PARIS/FRANÇA – significa que o Vendedor colocará a mercadoria à disposição de seu Comprador (ou seu representante) no terminal de cargas aéreas do Aeroporto Charles de Gaulle, em Paris, capital da França. No momento em que a mercadoria for descarregada e armazenada no Terminal, terminam os riscos do Vendedor e começam os riscos do Comprador.

O terminal pode ser um local coberto ou não, como, por exemplo, o cais, o armazém, o pátio de contêineres ou um terminal rodoviário, ferroviário ou aéreo. Por isso, Vendedor e Comprador devem determinar exatamente o ponto de entrega, no Terminal, no local de destino.

Se os intervenientes pactuaram contratualmente que o risco deva ser transferido em outro local que não o Terminal, nas situações acima elencadas, deverão optar por outro termo, escolhendo o DAP ou DDP.

DAT exige que o Vendedor seja responsável pelas formalidades de exportação, quando aplicável, mas não tem nenhuma responsabilidade pelo desembaraço aduaneiro de importação no destino.

RESPONSABILIDADES E OBRIGAÇÕES DO VENDEDOR

Como já visto em outros termos, o Vendedor deverá entregar a mercadoria, conforme pactuado, desembaraçar a mercadoria para exportação, com especial cuidado na documentação, pagar pelo frete internacional e pelas despesas de descarregamento no destino. Não está obrigado a fazer o seguro.

O Vendedor arcará com todos os riscos de perda ou dano às mercadorias até o momento em que elas tenham sido entregues no destino. Diferente do que vimos até agora, o RISCO do Vendedor segue com a mercadoria até o destino designado.

O Vendedor será o responsável por todos os custos incidentes na operação até que a mercadoria esteja disponível (descarregada) no destino.

O Vendedor deve avisar o Comprador sobre o despacho das mercadorias, bem como prestar quaisquer outras informações que sejam necessárias para que o comprador possa apossar-se das mercadorias.

O Vendedor deve fornecer ao comprador a ordem de entrega e/ou o documento de transporte habitual, como, por exemplo, um *bill of lading* negociável, um conhecimento marítimo *sea waybill* não negociável, um documento de transporte de cabotagem, um conhecimento aéreo *air waybill*, uma nota de consignação ferroviária, uma nota de consignação rodoviária ou um documento de transporte multimodal, que possam ser necessários ao recebimento das mercadorias.

O Vendedor deve pagar os custos das operações de conferência, tais como qualidade, medição, pesagem, contagem, necessários à entrega das mercadorias, assim como qualquer custo de inspeção pré-embarque exigida pelas autoridades no país da exportação.

O vendedor deve providenciar a embalagem (a menos que seja usual para determinado mercado tornar as mercadorias descritas no contrato desprovidas de embalagem) necessária à entrega das mercadorias. As embalagens devem ser marcadas apropriadamente.

O Vendedor deve prestar ao Comprador toda a assistência para a obtenção de quaisquer documentos, ou habilitação segura emitidos no país de entrega e/ou origem, dos quais o Comprador possa necessitar para importação das mercadorias e, quando necessário, para seu transporte até o destino final.

RESPONSABILIDADES E OBRIGAÇÕES DO COMPRADOR

O Comprador deverá pagar o preço pactuado no contrato de venda.

O Comprador deve prestar ao vendedor, a pedido, risco e expensas deste, toda a assistência na obtenção, onde aplicável, qualquer licença de importação ou outra autorização oficial necessária à importação das mercadorias.

O Comprador não é responsável pela contratação do Frete Internacional e Seguro.

O Comprador deverá assumir a entrega das mercadorias tão logo tenham sido colocadas à sua disposição.

O Comprador assumirá todos os custos a partir do momento que a mercadoria é colocada à sua disposição, de acordo com este Incoterms negociado. Por exemplo, custos de armazenagem, de remoção, os impostos etc.

O Comprador deve, sempre que ele estiver encarregado de determinar o prazo dentro de um período pactuado e/ou ponto para recebimento no local designado, avisar o Vendedor a respeito.

O Comprador acatará o documento de entrega, fornecido conforme combinado.

O Comprador pagará os custos de pré-inspeção de embarque, exceto aqueles exigidos pelas autoridades do país de exportação.

O Comprador deve prestar ao vendedor, em tempo razoável, todas as informações seguras para permitir ao Vendedor cumprir as exigências do termo negociado (prazo de entrega, por exemplo).

O Comprador deve reembolsar o Vendedor por todas as despesas incorridas pelo Vendedor em fornecer ou prestar assistência na obtenção de documentos solicitados pelo Comprador e não exigidos na condição negociada, mas de interesse do Comprador.

O Comprador deverá fornecer, a pedido e por conta do Vendedor, qualquer documento ou informação, mesmo aquelas referentes à habilitação de segurança, que o Vendedor venha a precisar para o transporte e exportação das mercadorias e para o transporte através de terceiros países.

Essa exigência, tornada essencial nos Incoterms 2010, é reflexão do clima de insegurança em que vive o mundo atualmente, graças às ameaças terroristas.

É muito importante que Vendedor/Exportador e Comprador/Importador estejam cientes das regras normatizadas pelos Incoterms 2010 de modo a evitarem mal-entendidos e discussões que podem causar prejuízo a um ou aos dois envolvidos. E, como frisamos, o conteúdo completo encontra-se na Publicação nº 715E, de 2010, da Câmara Internacional de Comércio (ICC).

DAP – *DELIVERED AT PLACE (NAMED PLACE OF DESTINATION)* Incoterms 2010

ENTREGA NO LOCAL (LOCAL DE DESTINO DESIGNADO) Incoterms 2010

DAP PARIS/FRANÇA Incoterms 2010

Valemo-nos da Resolução nº 21, de 7 de abril de 2011, da Camex para conceituar DAP (Local de destino designado).

O Vendedor completa suas obrigações e encerra sua responsabilidade quando coloca a mercadoria à disposição do Comprador na data ou dentro do período acordado, num local de destino indicado/designado que não seja um terminal, pronta para ser descarregada do veículo transportador e não desembaraçada para a importação.

ENTREGA NO LOCAL, significa que o Vendedor entrega a mercadoria quando a mesma é colocada à disposição do Comprador no veículo transportador pronta para descarregar, no local de destino designado. O Vendedor assume todos os riscos pelo transporte da mercadoria até o local designado para a entrega (pronta para descarregamento, no veículo transportador).

Os contratantes – Vendedor e Comprador – devem procurar precisar exatamente onde é o ponto de entrega e passagem de responsabilidade pelos riscos. Se o Vendedor incorrer em alguma despesa pela descarga da mercadoria no destino e tal despesa não foi prevista no contrato de Venda, ele não poderá ressarcir-se junto ao comprador.

DAP exige do Vendedor o desembaraço aduaneiro para a exportação, quando aplicável. Porém, o Vendedor não é responsável pelo desembaraço na importação, nem pelas despesas ocorridas no evento e muito menos pelas exigências que tal desembaraço venha a solicitar ao Comprador.

Entretanto, é muito difícil precisar os custos e riscos na chegada ao destino. Muitas empresas de transporte já embutem essas despesas de descarregamento na formatação de seu custo de transporte. Assim, recomendamos que se faça a transação utilizando-se do termo DAT, porque neste caso a mercadoria já está descarregada do veículo transportador, colocada no pátio e conduzida para ser armazenada no Terminal (portuário, aeroviário, aquaviário, ferroviário etc.).

RESPONSABILIDADES E OBRIGAÇÕES DO VENDEDOR

Lembramos que o Vendedor deve entregar a mercadoria conforme pactuado em contrato, devendo promover o desembaraço de exportação em seu país. Documentos necessários à segurança serão por ele providenciados.

O Vendedor contratará o Frete Internacional até o local designado. Não é obrigado a fazer o seguro.

O Vendedor deve colocar as mercadorias à disposição do comprador ou outra pessoa designada pelo comprador, em qualquer meio de transporte de chegada, não descarregado, no local de destino designado, na data ou dentro do período pactuado para entrega.

O Vendedor deve avisar o Comprador sobre o envio das mercadorias, bem como prestar quaisquer outras informações que sejam necessárias para que o comprador possa apossar-se das mercadorias.

O Vendedor deve fornecer ao Comprador a ordem de entrega e/ou o documento de transporte habitual, como por exemplo, um *bill of lading* negociável, um conhecimento marítimo *sea waybill* não negociável, um documento de transporte de cabotagem, um conhecimento aéreo *air waybill*, uma nota de consignação ferroviária, uma nota de consignação rodoviária ou um documento de transporte multimodal, que possam ser necessários ao recebimento das mercadorias.

O Vendedor deve providenciar a embalagem (a menos que seja usual para determinado mercado tornar as mercadorias descritas no contrato desprovidas de embalagem) necessária à entrega das mercadorias. As embalagens devem ser marcadas apropriadamente.

O Vendedor deve prestar ao Comprador, a pedido, toda a assistência para a obtenção de quaisquer documentos, ou habilitação segura emitidos no país de entrega e/ou origem, dos quais o comprador possa necessitar para importação das mercadorias e, quando necessário, para seu transporte até o destino final.

RESPONSABILIDADES E OBRIGAÇÕES DO COMPRADOR

Ao Comprador cabe pagar o preço da mercadoria pactuado no contrato de venda, bem como providenciar os documentos necessários à internação da mercadoria no país de destino, respondendo pelas formalidades aduaneiras.

O Comprador não é responsável pelo Frete Internacional e Seguro.

Deverá assumir a entrega das mercadorias tão logo tenham sido colocadas à sua disposição.

O Comprador assumirá todos os riscos de perda ou dano às mercadorias, a partir do momento em que tenham sido colocadas à sua disposição.

O Comprador deverá pagar todos os custos pelo descarregamento da mercadoria do veículo transportador do ponto de chegada, a menos que esses custos tenham sido pagos pelo Vendedor em cumprimento ao contrato de transporte.

O Comprador deverá pagar todos os custos com o desembaraço aduaneiro, bem como os impostos e demais custos incidentes na importação da mercadoria.

O Comprador deve determinar o prazo dentro de um período pactuado e/ou ponto para recebimento no local designado, avisar com antecedência o Vendedor a respeito.

O Comprador deve aceitar o pedido de entrega ou o documento de transporte apropriado.

O Comprador deverá pagar, salvo acordo em contrário, os custos de pré-inspeção de embarque, exceto aquela determinada pelas autoridades do país de exportação.

O Comprador deverá fornecer, a pedido do Vendedor, qualquer documento ou informação, mesmo aqueles referentes à habilitação de segurança, que o Vendedor venha a precisar para o transporte e exportação das mercadorias e para o transporte através de terceiros países. O Vendedor deverá ressarcir o Comprador por esses custos.

DDP – *DELIVERED DUTY PAID (NAMED PLACE OF DESTINATION)* Incoterms 2010

ENTREGUE DIREITOS PAGOS (LOCAL DESTINO DESIGNADO) Incoterms 2010

DDP *BUYER'S COMPANY*/PARIS/FRANÇA

A Resolução Camex conceitua esse termo como: O Vendedor completa suas obrigações e encerra sua responsabilidade quando a mercadoria é colocada à disposição do Comprador, na data ou dentro do período acordado, no local de destino designado no País importador, não descarregada do meio de transporte. O Vendedor, além do desembaraço, assume todos os riscos e custos, inclusive impostos, taxas e outros encargos incidentes na importação.

Se o termo EXW (*Ex Works* – na fábrica, na usina, no moinho etc.) representa a mínima obrigação para o vendedor, DDP – Entregue Direitos (Aduaneiros) Pagos representa a máxima obrigação.

RESPONSABILIDADES E OBRIGAÇÕES DO VENDEDOR

O Vendedor deve fornecer as mercadorias e a fatura comercial, em conformidade com o contrato de venda, conforme exigido em contrato.

O vendedor deve providenciar qualquer licença de exportação e importação e outros documentos e cumprir todas as formalidades necessárias à exportação das mercadorias e ao seu trânsito através de qualquer país.

O Vendedor deve contratar o transporte das mercadorias até o local de destino.

O Vendedor deve colocar as mercadorias à disposição do Comprador ou outra pessoa designada pelo Comprador, em qualquer meio de transporte de chegada, não descarregado, no local de destino designado, na data ou dentro do período pactuado para entrega.

O vendedor estará sujeito a todos os riscos de perda ou dano às mercadorias até o momento em que elas tenham sido entregues.

Os custos passarão a ser por conta do Comprador assim que a mercadoria tiver sido colocada à disposição do Comprador, isto é, desembaraçada, com todos os direitos pagos.

O Vendedor deve avisar o Comprador sobre o despacho das mercadorias, bem como prestar quaisquer outras informações relevantes e necessárias para o Comprador apossar-se das mercadorias.

O Vendedor deve fornecer ao comprador o documento de transporte que habilite o Comprador a receber a mercadoria.

O Vendedor deve pagar os custos das operações de conferência, tais como qualidade, medição, pesagem, contagem, necessários à entrega das mercadorias.

O Vendedor deve providenciar a embalagem (a menos que seja usual para determinado mercado tornar as mercadorias descritas no contrato desprovidas de embalagem) necessária à entrega das mercadorias. As embalagens devem ser marcadas apropriadamente.

O Vendedor deve fornecer ao Comprador todos os documentos que permitam coletar a mercadoria e levá-la até o seu destino final. Numa importação em outra modalidade de Incoterms – por exemplo, CIP Guarulhos São Paulo – o Importador teria a Declaração de Importação, o Comprovante de Importação, a Nota Fiscal Eletrônica, que lhe permite transitar pelas estradas paulistas com a mercadoria. Como o Brasil não adota o DDP, não há o que solicitar ao Vendedor, porque tal operação não é exequível.

RESPONSABILIDADE E OBRIGAÇÕES DO COMPRADOR

O Comprador deverá pagar o preço pactuado no contrato de venda e prestar assistência ao exportação na obtenção de qualquer documento necessário à importação da mercadoria.

Nesse termo – DDP – o Comprador não está obrigado à contratação do frete Internacional e Seguro.

Deverá responsabilizar-se pela mercadoria tão logo o Exportador seja liberado pela Alfândega. Nesse momento assume todos os riscos. A partir daí assume todos os custos. Quais? As despesas com o transporte interno, por exemplo, retirando a mercadoria da Alfândega e levando-a para sua Empresa.

O Comprador deve aceitar a prova de entrega, após a liberação aduaneira.

O Comprador deve prestar ao Vendedor todas as informações seguras para permitir ao Vendedor embarcar em tempo hábil a mercadoria (cumprir com A10).

O Comprador deve reembolsar o Vendedor por todas as despesas incorridas pelo Vendedor em fornecer ou prestar assistência na obtenção de documentos.

O Comprador deverá fornecer, a pedido e por conta do Vendedor, qualquer documento ou informação, mesmo aqueles referentes à habilitação de segurança, que o Vendedor venha a precisar para o transporte e exportação das mercadorias e para o transporte através de terceiros países

REGRAS PARA TRANSPORTE MARÍTIMO OU AQUAVIÁRIO INTERNO

FAS – *FREE ALONGSIDE SHIP (NAMED PORT OF SHIPMENT)* Incoterms 2010 LIVRE NO COSTADO DO NAVIO (PORTO DE EMBARQUE DESIGNADO) Incoterms 2010, FAS SANTOS Incoterms 2010.

FOB *(FREE ON BOARD) (NAMED PORT OF SHIPMENT)* Incoterms 2010

LIVRE A BORDO/POSTO A BORDO (PORTO DE EMBARQUE DESIGNADO) Incoterms 2010. FOB SANTOS Incoterms 2010.

CFR – *COST AND FREIGHT (... NAMED PORT OF DESTINATION)* Incoterms 2010 CUSTO E FRETE (PORTO DE DESTINO) Incoterms 2010. CFR AMSTERDÃ Incoterms 2010.

CIF – *COST, INSURANCE AND FREIGHT (NAMED PORT OF DESTINATION)* Incoterms 2010 CUSTO, SEGURO E FRETE (PORTO DE DESTINO DESIGNADO) Incoterms 2010. CIF AMSTERDÃ Incoterms 2010.

FAS – *FREE ALONGSIDE SHIP (NAMED PORT OF SHIPMENT)* Incoterms 2010 LIVRE NO COSTADO DO NAVIO (PORTO DE EMBARQUE DESIGNADO) Incoterms 2010. FAS SANTOS Incoterms 2010.

Segundo a Resolução Camex, no Incoterms FAS, o Vendedor encerra sua obrigação no momento em que a mercadoria é colocada, desembaraçada para exportação, ao longo do costado do navio transportador indicado pelo Comprador, no cais ou em embarcações utilizadas para carregamento da mercadoria, no porto de embarque designado pelo Comprador.

FAS Santos significa que a mercadoria adquirida está à disposição do comprador estrangeiro no costado do navio indicado, no porto de Santos. Todas as despesas para colocar a bordo do navio correrão por conta do Comprador.

RESPONSABILIDADES E OBRIGAÇÕES DO VENDEDOR

Similarmente aos outros termos já analisados, o Vendedor deverá fornecer a mercadoria de acordo com o Contrato de Venda pactuado e providenciar o desembaraço de exportação. Infere-se pois que o Vendedor providenciará toda a documentação necessária à fiscalização aduaneira no porto de embarque.

Se a contratação é FAS, isto é, mercadoria colocada no costado do navio, a responsabilidade por contratação de Frete Internacional e Seguro não é sua. Sua obrigação termina quando coloca a mercadoria conforme indicado acima (no costado do navio, porto de embarque designado, no caso, Porto de Santos).

A entrega, transferência de riscos e divisão de custos ocorrem quando a mercadoria é disponibilizada para ser carregada no costado do navio. Ou seja, o Vendedor é responsável pelo transporte até a colocação no local pactuado (costado do navio, porto designado).

O Vendedor deverá, com custos e riscos por conta do Comprador, informar ao Adquirente que as mercadorias foram entregues no costado do navio ou se o navio deixou de coletar as mercadorias no tempo acordado.

O Vendedor deverá fornecer ao Comprador o documento usual de transporte comprobatório da entrega das mercadorias. Se necessário e solicitado pelo Comprador e às suas expensas dar toda a assistência para a obtenção do documento contratual de transporte (por exemplo, conhecimento de embarque negociável, conhecimento marítimo não negociável, documento de transporte de cabotagem, ou documento de transporte multimodal).

O Vendedor deve providenciar, as suas próprias expensas, a embalagem necessária à entrega das mercadorias. As embalagens devem ser marcadas apropriadamente.

O vendedor deve prestar ao Comprador, a pedido, risco e às expensas deste, toda a assistência para a obtenção de quaisquer documentos, ou habilitação segura, dos quais o comprador possa necessitar para o transporte das mercadorias ao destino final e, quando necessário, para seu transporte do destino final designado.

RESPONSABILIDADES E OBRIGAÇÕES DO COMPRADOR

O Comprador deverá pagar o valor da mercadoria conforme pactuado no contrato de venda. A pedido do Vendedor deverá fornecer qualquer documento, como, por exemplo, licença de importação ou outra autorização oficial necessária à importação das mercadorias e o seu transporte através de terceiros países.

O Comprador deverá efetuar a compra do frete Internacional (se não foi feito pelo Vendedor a seu pedido). Não é responsável ou obrigado a contratar Seguro.

O Comprador deve assumir a entrega tão logo a mercadoria tenha sido colocada à sua disposição.

A transferência de riscos e dos custos ocorrem quando a mercadoria é colocada à disposição do Comprador, isto é, no costado do navio. A partir daí todos os custos são por sua conta. Despesas, como, por exemplo, colocação da mercadoria a bordo do navio.

O Comprador deve avisar o Vendedor sobre o nome do navio, local de carregamento e prazo de entrega solicitado. Tudo isso deve ser definido no Contrato de Venda. O comprador deverá aceitar o comprovante de entrega fornecido pelo Vendedor.

Nesse termo, o Comprador deve pagar os custos de qualquer inspeção pré-embarque, exceto aquela determinada pelas autoridades do país da exportação.

O Comprador deve prestar ao vendedor, em tempo razoável, todas as informações seguras para permitir ao Vendedor cumprir com a entrega no prazo e local designado.

FOB *(FREE ON BOARD) (NAMED PORT OF SHIPMENT)* Incoterms 2010

LIVRE A BORDO/POSTO A BORDO (PORTO DE EMBARQUE DESIGNADO) Incoterms 2010

FOB SANTOS Incoterms 2010

De acordo com a Resolução Camex, FOB é o termo em que: "o Vendedor encerra suas obrigações e responsabilidades quando a mercadoria, desembaraçada para a exportação, é entregue, arrumada, a bordo do navio no porto de embarque, ambos indicados pelo Comprador, na data ou dentro do período acordado".

É condição de venda das mais utilizadas nas práticas de comércio internacional. FOB significa tão somente o preço da mercadoria, sem o frete e seguro, com a indicação do *porto* de embarque.

Significa que o Vendedor deve entregar a mercadoria a bordo de um navio indicado e em um porto designado pelo Comprador, evidenciado por um documento negociável em nome do Comprador ou *to order*, para permitir as vendas encadeadas.

Diferente do termo usado na Revisão de 2000, que previa a transposição da amurada do navio, o novo FOB determina que a mercadoria deve estar acomodada a bordo para ser considerada entregue e os riscos se transferirem do Vendedor ao Comprador.

Quando a colocação a bordo não indica a transferência de responsabilidade, como no tráfego *roll on-roll off* ou por *container* (cofre), o uso do termo FCA é o mais apropriado.

RESPONSABILIDADES E OBRIGAÇÕES DO VENDEDOR

O Vendedor deverá fornecer as mercadorias e a fatura comercial, em conformidade com o contrato de venda e qualquer outra evidência de conformidade que seja exigida pelo contrato ou *to order* (se for o caso de uma venda em cadeia).

O Vendedor deverá obter por sua própria conta e risco qualquer licença de exportação ou outra autorização oficial e cumprir todas as formalidades alfandegárias necessárias para a exportação das mercadorias.

O Vendedor não tem obrigação de contratar o Frete Internacional, porém se solicitado poderá fazê-lo, por conta e risco do Comprador.

O Vendedor não é obrigado a fazer o seguro da mercadoria, mas deverá prestar informações ao Comprador, se solicitado.

O Vendedor deverá entregar as mercadorias a bordo do navio designado pelo Comprador, no ponto de embarque indicado, se houver, indicado pelo Comprador, o porto de embarque ou as mercadorias entregues *to order*.

A obrigação do vendedor de colocar a mercadoria a bordo do navio no tempo acordado é a essência do termo FOB. Através dos séculos, a amurada do navio tem assumido a linha imaginária de fronteiras entre países. Com o advendo dos Incoterms 2010 isso não mais existe. Prática de séculos, foi abolida. Isso foi feito porque o termo FOB divide a responsabilidade e riscos do vendedor e do comprador, com a colocação a bordo e não a transposição da amurada do navio. A estivação (acomodação) da mercadoria é algo que deverá ser feito após a passagem pela amurada; portanto, por conta do Vendedor.

Como é o caso da transferência de risco de perdas e danos às mercadorias, todos os Incoterms seguem a mesma regra de que a divisão de custos ocorre no ponto de entrega. Os custos ocorridos antes do cumprimento das obrigações por conta do Vendedor, indicam que as despesas são por sua conta, enquanto os custos ocorridos depois da entrega são por conta do comprador. **Especial cuidado, portanto, com o ponto de entrega**.

O Vendedor deve avisar corretamente o Comprador de que as mercadorias foram entregues ou que o navio não estava disponível para o embarque na data fixada ou no prazo estipulado.

Isto significa que o vendedor deve avisar convenientemente que a mercadoria encontra-se a bordo do navio. Da mesma maneira, notificará se o navio falhar na coleta da mercadoria.

O Vendedor deve fornecer ao Comprador, o documento usual de transporte comprobatório da entrega das mercadorias.

O Vendedor deverá pagar os custos referentes às operações de conferência, tais como qualidade, medição, pesagem, contagem, que sejam necessárias para fins de entrega das mercadorias.

As mercadorias devem também ser embaladas adequadamente.

O Vendedor deve, quando aplicável e em tempo razoável, prestar ao Comprador, a pedido, risco e às expensas deste, toda a assistência para a obtenção de quaisquer documentos, ou habilitação segura, dos quais o comprador possa necessitar para o transporte das mercadorias ao destino final e, quando necessário, para seu transporte do destino final designado.

O Vendedor deve reembolsar o Comprador por todos os custos e despesas incorridos pelo Comprador no fornecimento de prestação de assistência.

RESPONSABILIDADES E OBRIGAÇÕES DO COMPRADOR

O Comprador deverá pagar o preço combinado no contrato de venda.

O Comprador deverá contratar o frete internacional. Não há obrigação de contratar Seguro.

O Comprador deve assumir a entrega das mercadorias assim que elas forem colocadas a bordo no navio indicado pelo Comprador, no porto de embarque designado.

A entrega, a transferência de riscos e custos, como nos demais Incoterms definem-se no momento em que a mercadoria é transferida em razão do termo negociado. Neste caso, o momento é aquele em que a mercadoria é entregue, arrumada, acomodada, a bordo de navio indicado, no porto designado. Aí, o Vendedor cessa seus riscos e seus custos. Nesse momento, o Comprador assume os riscos e os custos da operação.

O Comprador deverá avisar corretamente o Vendedor quanto ao nome do navio, local de carregamento e prazo de entrega exigido.

A falta do Comprador em notificar o Vendedor sobre o nome do navio, porto de embarque e prazo de entrega exigido poderá causar o risco de perdas e danos à mercadoria.

O Comprador deverá aceitar a prova de entrega apresentada pelo Vendedor, se o documento for adequado.

O Comprador deverá pagar, salvo acordo contrário, os custos de pré-inspeção de embarque, exceto quando houver exigibilidade pelas autoridades do país de exportação.

O Comprador deve prestar ao Vendedor, em tempo razoável, todas as informações seguras para permitir ao Vendedor cumprir o pactuado no Contrato de Venda.

CFR – *COST AND FREIGHT (... NAMED PORT OF DESTINATION)* Incoterms 2010

CUSTO E FRETE (PORTO DE DESTINO) Incoterms 2010

CFR AMSTERDÃ Incoterms 2010

Recorremos à Resolução Camex para conceituar o termo: "Além de arcar com obrigações e riscos previstos para o termo FOB, o Vendedor contrata e paga frete e custos necessários para levar a mercadoria até o porto de destino designado."

"Custo e Frete" significa que o vendedor deve pagar os custos e o frete necessário para levar as mercadorias até o porto de destino designado. Todavia, o risco de perda ou dano às mercadorias, bem como quaisquer custos adicionais, devidos a eventos que ocorram após terem elas sido entregues a bordo do navio, são transferidos do vendedor ao comprador no momento em que as mercadorias são colocadas a bordo do navio.

A condição CFR determina que o vendedor desembarace as mercadorias para exportação. Esse termo só pode ser usado para transporte marítimo e de cabotagem.

Exemplo: CFR AMSTERDÃ Incoterms 2010, significa que o vendedor é responsável pelo contratação do frete até o porto de Amsterdã. Seus riscos terminaram com a entrega da mercadoria a bordo, no porto de embarque.

RESPONSABILIDADES E OBRIGAÇÕES DO VENDEDOR

O Vendedor deve fornecer as mercadorias e a fatura comercial, em conformidade com o contrato de venda negociado.

O Vendedor também deverá providenciar quaisquer autorizações e licenciamentos que permitam o desembaraço e exportação da mercadoria.

O Vendedor é obrigado a contratar o transporte ou fazer a entrega *to order*. O contrato de transporte deve ser feito nas condições usuais pelo Vendedor e às suas expensas.

O Vendedor não é obrigado a fazer o seguro.

A entrega da mercadoria e a transferência de risco ocorrem quando o Vendedor entrega a mercadoria a bordo de navio designado, no porto indicado. Embora o CFR seja o destino, em nosso exemplo CFR Amsterdã, a responsabilidade de comprar o frete até Amsterdã é do Vendedor, mas o seu risco termina quando coloca a mercadoria acomodada a bordo do navio.

A divisão dos custos também se dá com a entrega da mercadoria a bordo. Qualquer custo que ocorrer após a entrega a bordo é por conta do Comprador.

Como ocorreu em outros termos já vistos, o Vendedor deve avisar o Comprador que as mercadorias foram colocadas a bordo do navio, conforme pactuado no Contrato de Venda.

O Vendedor, deverá fornecer ao Comprador o documento usual de transporte para o porto de destino pactuado.

Esse documento (por exemplo, conhecimento de embarque negociável, conhecimento de embarque não negociável ou conhecimento de transporte de cabotagem) deve cobrir as mercadorias contratuais, ser datado dentro do período acordado para embarque, habilitar o comprador a reclamar as mercadorias ao transportador no destino e, salvo acordo contrário, possibilitar ao Comprador vender as mercadorias em trânsito, por meio da transferência do documento a um comprador subsequente (pelo conhecimento de embarque negociável), ou por notificação ao transportador.

Quando tal documento de transporte for emitido em vários originais, um jogo completo (*full set*) de originais deve ser apresentado ao Comprador.

O Vendedor deverá pagar os custos referentes às operações de conferência, tais como qualidade, medição, pesagem, contagem, que sejam necessárias para fins de entrega das mercadorias.

O Vendedor deverá fornecer a embalagem que seja necessária para o transporte das mercadorias.

O Vendedor deverá prestar ao Comprador, a pedido, risco e às expensas deste, toda a assistência para a obtenção de quaisquer documentos, ou habilitação segura, dos quais o comprador possa necessitar para o transporte das mercadorias ao destino final e, quando necessário, para seu transporte do destino final designado.

RESPONSABILIDADES E OBRIGAÇÕES DO COMPRADOR

O Comprador deverá pagar o preço da mercadoria conforme pactuado no contrato de venda; deverá obter as licenças de importação, se necessárias, para a internação da mercadoria importada em seu país e quaisquer outros documentos que lhe couber produzir/solicitar.

Nesse termo, o Comprador não está obrigado a contratar o frete e o seguro. A contratação do frete, como vimos, é de responsabilidade do Vendedor. O Seguro é opcional.

O Comprador assumirá a responsabilidade pelos riscos da mercadoria quando for colocada a bordo na origem e os custos advindos a partir desse momento. Os custos com o frete até o destino continua por conta do vendedor. Antes, até a colocação da mercadoria acomodada a bordo do navio, os custos corriam por conta de Vendedor. Depois da entrega, no navio, passa a ser do Comprador.

O Comprador deverá avisar o Vendedor quanto à data de embarque/prazo de embarque, e o ponto para recebimento da mercadoria no porto de destino designado, dando ao Vendedor informações em tempo hábil.

O Comprador deverá aceitar a prova de entrega da mercadoria desde que em conformidade com o contrato de venda pactuado.

O Comprador pagará os custos de pré-inspeção de embarque, exceto quando houver exigibilidade pelas autoridades do país de exportação.

O Comprador deve prestar ao Vendedor todas as informações seguras para permitir ao Vendedor cumprir com suas obrigações de embarque (avisar em tempo hábil o prazo de embarque, por exemplo), ajudá-lo na obtenção de alguma autorização ou licença para o embarque.

CIF – *COST, INSURANCE AND FREIGHT (NAMED PORT OF DESTINATION)* Incoterms 2010

CUSTO, SEGURO E FRETE (PORTO DE DESTINO DESIGNADO) Incoterms 2010

CIF AMSTERDÃ Incoterms 2010

A Resolução Camex conceitua o termo como: "Além de arcar com obrigações de riscos previstos para o termo FOB, o Vendedor contrata e paga frete, custos e seguro relativos ao transporte da mercadoria até o porto de destino combinado."

Custo, Seguro e Frete significa que o vendedor entrega a mercadoria a bordo do navio ou providencia um documento *to order*. O risco de perda ou dano da mercadoria é passado assim que a mercadoria é colocada a bordo do navio. O Vendedor, como colocado no enunciado acima, deve pagar as despesas com o frete para levar a mercadoria ao destino designado.

O Vendedor deve contratar também o Seguro com cobertura contra riscos de perdas ou danos durante a viagem, em favor do Comprador. Como já ocorreu em outras revisões do Incoterms (a revisão de 2000, por exemplo), o Comprador deve estar ciente que a obrigação do Vendedor é contratar o Seguro com a cobertura mínima. Se o Comprador desejar ter seguro extra, deverá entender-se com o Vendedor a esse respeito ou providenciar, por sua conta, esse seguro extra.

Quando CPT, CIP, CFR ou CIF são utilizados, o Vendedor cumpre suas obrigações de entrega quando coloca a mercadoria a bordo do navio como explicado na Regra escolhida e não quando a mercadoria chega ao local de destino.

Esse termo tem dois pontos críticos: a passagem dos riscos e dos custos ocorrem em pontos diferentes. Embora os contratos especifiquem o porto de destino, não costumam citar o porto de embarque, que é o local onde os riscos passam do Vendedor ao Comprador. Se o porto de embarque é assunto interessante (custos operacionais mais baixos) as partes devem precisar o mais provável porto de embarque.

O porto de destino deve ser identificado corretamente no contrato de venda, posto que a despesa de frete até o porto final é por conta do Vendedor. O Vendedor é estimulado a escolher precisamente o porto de destino. Se alguma despesa de descarregamento no destino for imputada ao Vendedor este não poderá repassá-la ao Comprador, exceto se previsto em contrato.

O Vendedor deve entregar a mercadoria a bordo do navio ou providenciar um documento (*to order*) que permita a transferência para um novo Comprador. A referência *to order* se justifica pelas múltiplas vendas (cadeias de venda ou vendas encadeadas) que podem ocorrer com a mesma mercadoria, notadamente as *commodities*. Esse documento facilita a transação, puramente comercial e ainda na transferência física da mercadoria.

O termo CIF não é apropriado, portanto não é indicado quando a mercadoria é entregue ao Transportador antes de ser colocada no navio. É o caso das mercadorias acondicionadas em contêineres, quando a mercadoria é entregue no terminal. Nesse caso, recomenda-se utilizar outro termo, como, por exemplo, a Regra CIP Incoterms 2010.

CIF exige, quando aplicável, que o Vendedor faça o desembaraço aduaneiro. O Vendedor não é obrigado a cumprir as formalidades de importação no destino.

Exemplo: CIF AMSTERDÃ Incoterms 2010, significa que o Vendedor paga todos os custos e demais despesas até a chegada do navio no porto de Amsterdã. A partir desse ponto, as despesas correm por conta do Comprador. Os riscos foram passados lá atrás, no porto de embarque.

RESPONSABILIDADES E OBRIGAÇÕES DO VENDEDOR

Conforme vimos em outros termos, o Vendedor deve fornecer a mercadoria com o pactuado em contrato, fornecendo a Fatura Comercial de acordo com o combinado. Deverá providenciar o desembaraço de exportação e cuidar de toda documentação exigida para exportação no seu país. Quaisquer documentos necessários para a saída do país da mercadoria deve ser por ele providenciada.

O Vendedor é obrigado a contratar o frete desde o ponto de entrega, até o local de entrega no porto de destino designado.

O Vendedor deve obter, às suas custas, seguro da carga pelo menos com a cobertura mínima fornecida.

O Seguro deverá cobrir no mínimo 110% do contrato e deverá ser feito na moeda do contrato.

O Seguro cobrirá as mercadorias desde o ponto de entrega previsto na entrega, até o porto de destino indicado.

O Vendedor deverá entregar as mercadorias a bordo do navio no porto de embarque ou disponibilizá-la *to order*.

O Vendedor, nesse termo negociado, arcará com todos os riscos de perda ou dano às mercadorias até o momento em que elas tenham sido entregues a bordo do navio no porto de embarque designado.

O Vendedor é responsável pelos custos da contratação do frete e do seguro; pagará todas as despesas havidas no processo de exportação.

O Vendedor deverá avisar o Comprador de que as mercadorias foram colocadas a bordo do navio.

O Vendedor fornecerá ao Comprador o documento usual de transporte para o porto de destino pactuado.

Esse documento (por exemplo, conhecimento de embarque negociável, conhecimento de embarque não negociável ou conhecimento de transporte de cabotagem) deve cobrir as mercadorias contratuais, ser datado dentro do período acordado para embarque, habilitar o comprador a reclamar as mercadorias ao transportador no destino e, salvo acordo contrário, possibilitar ao comprador vender as mercadorias em trânsito, por meio da transferência do documento a um comprador subsequente (pelo conhecimento de embarque negociável), ou por notificação ao transportador.

Quando tal documento de transporte for emitido em vários originais, um jogo completo (*full set*) de originais deve ser apresentado ao Comprador.

O Vendedor pagará os custos referentes às operações de conferência, tais como qualidade, medição, pesagem, contagem, que sejam necessárias para fins de entrega das mercadoria.

O Vendedor deverá fornecer, por sua própria conta, a embalagem que seja necessária para o transporte das mercadorias.

O Vendedor deve, prestar ao Comprador, a pedido, risco e às expensas deste, toda a assistência para a obtenção de quaisquer documentos, ou habilitação segura, dos quais o comprador possa necessitar para o transporte das mercadorias ao destino final e, quando necessário, para seu transporte do destino final designado.

RESPONSABILIDADES E OBRIGAÇÕES DO COMPRADOR

O Comprador deverá pagar o preço da mercadoria conforme combinado no Contrato de Venda firmado entre as partes. Deverá providenciar todos os documentos (licenciamento, autorizações etc.) necessários ao desembaraço aduaneiro para que a mercadoria possa sair do país.

O Comprador não tem obrigação de contratar o frete internacional e o seguro das mercadorias. Se a condição de entrega é CIF Amsterdã, quem suporta todas as despesas e custos para colocar a mercadoria no porto de Amsterdã é o Vendedor.

O Comprador deverá assumir a entrega das mercadorias desde que colocadas a bordo e recebê-la do transportador no porto de destino.

O Comprador assumirá todos os riscos de perda ou dano às mercadorias a partir do momento que as mercadorias foram recebidas a bordo do navio.

O Comprador deverá pagar todos os custos relacionados com as mercadorias a partir do momento em que tenham sido colocadas a bordo do navio, no porto de embarque indicado.

O Comprador, no destino, pagará as despesas de descarregamento, tais como as havidas com barcaças e capatazias, a menos que tais despesas sejam por conta do Vendedor, conforme pactuado contratualmente,

O Comprador deverá avisar o Vendedor quanto à data de embarque/prazo de embarque, e o ponto para recebimento da mercadoria no porto de destino designado.

O Comprador deverá acatar a prova de entrega, se de acordo com o contrato.

O Comprador, a exemplo de outros termos que também o exigiam, deverá pagar, salvo acordo contrário, os custos de pré-inspeção de embarque, exceto quando houver exigibilidade pelas autoridades do país de exportação.

O Comprador deverá, onde aplicável, fornecer em tempo hábil, a pedido e por conta do Vendedor, qualquer documento ou informação, mesmo aquelas referentes à habilitação de segurança, que o Vendedor venha a precisar para o transporte e exportação das mercadorias e para o transporte através de terceiros países.

4

Política Brasileira de Importação

No Capítulo 2, vimos como se estrutura o Sistema Brasileiro de Comércio Exterior, com a apresentação dos principais órgãos governamentais envolvidos nas operações. Ao longo da apresentação deste capítulo, o leitor tomará conhecimento dos caminhos que o conduzirão a implementar uma importação. Veremos, a seguir, os aspectos administrativos/operacionais das importações.

A partir de 1º-1-1997, tivemos uma revolução na condução das importações brasileiras, implementadas com a divulgação dos Comunicados Decex nºs 19/1996 e 22/1996 e Portaria Secex nº 21/1996.

Finalmente, as autorizações para as importações de mercadorias passaram a ser obtidas por meio do Sistema Eletrônico, chamado Siscomex Importação, no módulo especificamente criado para o Licenciamento de Importação, quando a mercadoria estiver sujeita a controles administrativos. As demais mercadorias passaram, a partir de então, a ser licenciadas automaticamente, isto é, por ocasião do desembaraço aduaneiro, quando da formulação da Declaração de Importação.

Neste capítulo, abordamos com mais detalhes a solicitação e emissão do licenciamento para importação de mercadoria e dedicamos um apêndice para demonstração das telas que formam o Módulo Importador – Licenciamento.

Entretanto, convém darmos o primeiro passo na rotina de importação, apresentando a seguir as normas administrativas que regem o registro e credenciamento, habilitando o interessado a transacionar na área internacional.

A empresa ou pessoa física interessada em importar deverá informar-se previamente sobre a mercadoria, condições de compra, viabilidade de venda no país, possibilidade de adquirir produto nacional em condições iguais ou mais vantajosas, antes de cadastrar-se como importador.

Alinhamos a seguir as instruções administrativas pertinentes.

4.1 REGISTRO DE IMPORTADOR E EXPORTADOR

4.1.1 Registro

A inscrição no Registro de Exportadores e Importadores da SCE (REI) é condição básica para empresas, entidades e pessoas físicas atuarem como importadores e/ou exportadores.

Aqueles já inscritos no Cadastro, anteriormente à implantação do SISCOMEX (Sistema Integrado de Comércio Exterior), terão a inscrição mantida, não sendo necessária nenhuma providência adicional.

Nos casos não abrangidos pelo parágrafo anterior, os importadores serão inscritos automaticamente ao realizar a primeira operação de importação (art. 1º, § 2º, da Portaria Secex nº 21/96, de 12-12-1996).

A pessoa física somente pode exportar/importar mercadorias em quantidades que não revelem prática de comércio e desde que não se configure habitualidade.

4.1.2 Credenciamento e habilitação

A inscrição no REI credenciará o importador/exportador a operar diretamente no Siscomex, observadas as normas de acesso e segurança do sistema.

Os bancos autorizados a operar em câmbio e as sociedades corretoras que atuam na intermediação de operações cambiais serão credenciados a elaborar e transmitir para o sistema operações sujeitas a licenciamentos não automáticos, por conta e ordem de importadores por eles expressamente autorizados.

Os órgãos da administração direta e indireta que atuam como anuentes no comércio exterior serão credenciados a acessar o SISCOMEX para manifestar-se acerca das operações relativas a produtos de sua área de competência, quando previsto em legislação específica.

O Departamento de Operações de Comércio Exterior (Decex) informará, por meio de Comunicado público, as normas e os procedimentos para credenciamento e habilitação no sistema para o processamento dos licenciamentos de importação.

A área internacional, pela sua própria dinâmica, sujeita os agentes nela envolvidos a um constante aprimoramento de seus conhecimentos, rígido controle de suas operações e a uma vigília constante sobre os acontecimentos, em nível nacional e mundial, para que não tenha problemas e aborrecimentos, às vezes em forma de prejuízo pecuniário e mesmo de imagem, que possam afetar negativamente a *performance* empresarial.

Dentro dessa dinâmica, dizemos que a Portaria Decex nº 08/91, que normatizava as importações, foi cancelada e substituída pela Portaria Secex nº 21/96, reforçada pelo Comunicado Decex nº 01/97, de 22-1-1997.

Assim, em apenas 45 dias, tivemos mudanças radicais na política executora das importações brasileiras. Desapareceu a Guia de Importação e em seu lugar surgiu o Licenciamento Não Automático.

O Comunicado Decex nº 01/97, em conjunto com o Decex nº 02/97, apresenta a nova formatação das operações de importações brasileiras.

Essas operações passam a ser feitas diretamente pelo importador ou seu preposto, por intermédio do SISCOMEX (Sistema Integrado de Comércio Exterior), tendo em vista o disposto no Decreto nº 660/92, de 25-9-1992 e, para as importações, em atendimento à Portaria Interministerial MF/MICT nº 291, de 12-12-1996.

4.1.3 RADAR – Habilitação Administrada pela Receita Federal do Brasil (Ministério da Fazenda)

A Instrução Normativa RFB nº 1.288, de 31 de agosto de 2012, e o Ato Declaratório Executivo Coana nº 33, de 28 de setembro de 2012, e alterações posteriores, estabelecem os procedimentos de habilitação para operação no Siscomex e de credenciamento de representantes de pessoas físicas e jurídicas para a prática de atividades relacionadas ao despacho aduaneiro.

O procedimento de habilitação pode ocorrer em quatro modalidades, conforme o tipo e a atuação do interveniente, quais sejam:

I – Para Pessoa Jurídica:

Expressa :

1. pessoa jurídica constituída sob a forma de sociedade anônima de capital aberto, com ações negociadas em bolsa de valores ou no mercado de balcão, bem como suas subsidiárias integrais;
2. pessoa jurídica autorizada a utilizar o Despacho Aduaneiro Expresso (Linha Azul), nos termos da Instrução Normativa SRF nº 476, de 13 de dezembro 2004;
3. empresa pública ou sociedade de economia mista;
4. órgãos da administração pública direta, autarquia e fundação pública, órgão público autônomo, organismo internacional e outras instituições extraterritoriais;

5. pessoa jurídica habilitada para fruir dos benefícios fiscais previstos na Lei nº 12.350, de 20 de dezembro de 2010; e
6. pessoa jurídica que pretende atuar exclusivamente em operações de exportação;

- Ilimitada: no caso de pessoa jurídica cuja estimativa da capacidade financeira a que se refere o art. 4º da IN RFB nº 1.288/2012 e seus parágrafos seja superior a US$ 150.000,00 (cento e cinquenta mil dólares dos Estados Unidos da América); ou
- Limitada: no caso de pessoa jurídica cuja estimativa da capacidade financeira a que se refere o art. 4º da IN RFB nº 1.288/2012 e seus parágrafos seja igual ou inferior a US$ 150.000,00 (cento e cinquenta mil dólares dos Estados Unidos da América); ou:

II – Para Pessoa Física, no caso de habilitação do próprio interessado, inclusive quando qualificado como produtor rural, artesão, artista ou assemelhado.

De acordo com o art. 10 da IN RFB nº 1.288/2012, as pessoas físicas ou jurídicas estão dispensadas do procedimento de habilitação para realizarem operações não sujeitas a registro no Siscomex ou aquelas que a legislação faculte a transmissão da declaração simplificada por servidor da RFB, mesmo que a declaração seja transmitida por representante nomeado pelo interessado.

Por essa razão, nos casos de, por exemplo, bagagem desacompanhada de viajantes, não é necessário que o interessado esteja habilitado no Siscomex, pois, de acordo com o parágrafo 2º do artigo 7º e o parágrafo 3º do artigo 33 da Instrução Normativa SRF nº 611/2006, a declaração simplificada de importação ou de exportação pode ser registrada por servidor aduaneiro que atue na unidade da RFB onde será processado o despacho aduaneiro.

Também estão dispensadas do procedimento de habilitação as operações realizadas por intermédio dos Correios ou de empresa de transporte expresso internacional (Courier).

- **Habilitação de Responsável Legal**

A atuação da pessoa jurídica em operações de comércio exterior (importação, exportação, trânsito aduaneiro e internação da Zona Franca de Manaus) depende de análise prévia pela RFB de suas informações cadastrais e fiscais. Autorizada a operar no comércio exterior, a RFB cadastra a empresa e efetua a habilitação do seu responsável legal (dirigente, diretor, sócio-gerente).

Esta pessoa física habilitada credencia os representantes da empresa (prepostos ou despachantes aduaneiros) diretamente no Siscomex.

- Credenciamento de Representante Legal

Após a habilitação do responsável legal pela pessoa jurídica junto à RFB, esta poderá credenciar no Siscomex as pessoas físicas que atuarão como representantes da empresa para a prática dos atos relacionados com o despacho aduaneiro. O requerimento de credenciamento de representantes no SISCOMEX pode ser obtido no Anexo Único do ADE Coana nº 33, de 2012.

No caso de pessoa física, o credenciamento de seu representante pode ser feito pelo próprio interessado, se ele for habilitado a utilizar o Siscomex, ou mediante solicitação à unidade da RFB de despacho aduaneiro.

Conforme determina o art. 11 da IN RFB nº 1.288/2012, poderá ser credenciado a operar o Siscomex como representante de pessoa física ou jurídica, no exercício das atividades relacionadas com o despacho aduaneiro:

I – despachante aduaneiro;
II – dirigente ou empregado da pessoa jurídica representada;
III – empregado de empresa coligada ou controlada da pessoa jurídica representada; e
IV – funcionário ou servidor especificamente designado, nos casos de órgão da administração pública direta, autarquia e fundação pública, órgão público autônomo, organismo internacional e outras instituições extraterritoriais.

Consequentemente, somente essas mesmas pessoas podem ser credenciadas como representantes do interessado para atuar em seu nome no Siscomex.

Fonte: Receita Federal do Brasil.

4.1.4 Sistema Integrado de Comércio Exterior de Serviços, Intangíveis e Outras Operações que Produzam Variações no Patrimônio (Siscoserv)

O Siscoserv é um sistema informatizado, desenvolvido para o aprimoramento das ações de estímulo, formulação, acompanhamento e aferição das políticas públicas relacionadas a serviços e intangíveis, bem como para a orientação de estratégias empresariais de comércio exterior de serviços e intangíveis.

Esse Sistema guarda conformidade com as diretrizes do Acordo Geral sobre Comércio de Serviços (GATS) da Organização Mundial do Comércio (OMC), aprovado pelo Decreto Legislativo nº 30, de 15 de dezembro de 1994, e promulgado pelo Decreto nº 1.355, de 30 de dezembro de 1994.

O público-alvo do Siscoserv são os residentes e domiciliados no Brasil que realizam operações de comercialização de serviços, intangíveis e outras operações que produzem variações no patrimônio das entidades, com residentes ou domiciliados no exterior, dentre as quais as operações de exportação e importação de serviços.

ORIGEM DO SISCOSERV

A Secretaria de Comércio e Serviços do Ministério do Desenvolvimento, Indústria e Comércio Exterior (SCS/MDIC) e a Secretaria da Receita Federal do Brasil do Ministério da Fazenda (RFB/MF) assinaram no dia 17 de dezembro de 2008 Acordo de Cooperação Técnica com objetivo de definir responsabilidades quanto ao desenvolvimento e à produção do Siscoserv. Ambas as Secretarias são gestoras do Siscoserv.

A Lei nº 12.546, de 14 de dezembro de 2011, em seus artigos 25 a 27, institui a obrigação de prestar ao MDIC, para fins econômico-comerciais, informações relativas às transações entre residentes ou domiciliados no País e residentes ou domiciliados no exterior que compreendam serviços, intangíveis e outras operações que produzam variações no patrimônio das pessoas físicas, das pessoas jurídicas ou dos entes despersonalizados. Essa prestação de informação não compreende as operações de compra e venda efetuadas exclusivamente com mercadorias.

Para fins de registro no Siscoserv e para possibilitar um melhor direcionamento das políticas públicas neste setor, os serviços, os intangíveis e as demais operações serão classificados com base na Nomenclatura Brasileira de Serviços, Intangíveis e outras Operações que Produzam Variações no Patrimônio (NBS). A NBS e as Notas Explicativas da Nomenclatura Brasileira de Serviços, Intangíveis e Outras Operações que Produzam Variações no Patrimônio (NEBS) tiveram sua instituição autorizada pelo artigo 24 da Lei nº 12.546/2011 e foram publicadas pelo Decreto nº 7.708, de 02 de abril de 2012. Sua elaboração teve por base a Central Product Classification (CPC 2.0), classificador utilizado em todos os acordos comerciais firmados e em negociação pelo Brasil.

A Portaria Conjunta RFB/SCS nº 1.908, de 19 de julho de 2012, instituiu o Siscoserv, e prevê conjuntamente os prazos, limites e condições para os registros instituídos no contexto do MDIC, pela Lei nº 12.546/2011 e Portaria MDIC nº 113/2012, e no contexto da RFB, pela IN RFB 1.277/2012.

A referida Portaria também prevê o cronograma para registro por Capítulos da NBS:

> Nomenclatura Brasileira de Serviços, Intangíveis e outras Operações que Produzam Variações no Patrimônio (NBS), bem como as suas respectivas Notas Explicativas (NEBS), elemento subsidiário para a interpretação da Nomenclatura. A NBS é o classificador nacional para a identificação dos serviços e intangíveis como Produtos e viabiliza a adequada elaboração, fiscalização e avaliação de políticas públicas de forma integrada. Visando a competitividade do setor, propicia a harmonização de ações voltadas ao

fomento empreendedor, à tributação, às compras públicas, ao comércio exterior, entre outras.

Fonte: Ministério do Desenvolvimento, Indústria e Comércio Exterior.

4.2 IMPORTAÇÃO *ONLINE*

A implantação do Siscomex Importação objetiva:

a. agilização e desburocratização das operações administrativas (emissão de licenciamento) e operações (desembaraço alfandegário) na área de comércio exterior;
b. simplificação e padronização das operações de importação;
c. eliminação de documentos e formulários (lembrete importante: isso não quer dizer que o importador jogará no lixo os documentos que ampararam as importações; guarde-os para alguma ação fiscalizadora, pelo menos por cinco anos);
d. automatização e unificação de controles, por meios eletrônicos e *online*;
e. geração de estatísticas tempestivas;
f. agilização das operações de câmbio;
g. sinergização das ações das entidades governamentais envolvidas no processo.

Esse novo procedimento facilitou muito a vida do importador, pois a maioria das mercadorias estão sujeitas ao Licenciamento Automático, mediante o simples registro da Declaração da Importação, quando submetidas ao desembaraço aduaneiro.

4.3 LICENCIAMENTO DAS IMPORTAÇÕES

O sistema administrativo das importações brasileiras compreende as seguintes modalidades:

I – importações dispensadas de Licenciamento;
II – importações sujeitas a Licenciamento Automático; e
III – importações sujeitas a Licenciamento Não Automático.

Como regra geral, as importações brasileiras estão dispensadas de licenciamento, devendo os importadores tão somente providenciar o registro da Declaração de Importação (DI) no Siscomex, com o objetivo de dar início aos procedimentos de Despacho Aduaneiro junto à unidade local da Secretaria da Receita Federal (SRF).

No parágrafo único do art. 7º, Seção I, da Portaria nº 35 da Secex, estão relacionadas as importações dispensadas de licenciamento:

I – sob os regimes de entrepostos aduaneiro e industrial;

II – sob o regime de admissão temporária, inclusive de bens amparados pelo Regime Aduaneiro Especial de Exportação e Importação de Bens Destinados às Atividades de Pesquisa e de Lavra das Jazidas de Petróleo e de Gás Natural (Repetro);

III – sob os regimes aduaneiros especiais nas modalidades de loja franca, depósito afiançado, depósito franco e depósito especial alfandegado;

IV – de partes, peças e demais componentes aeronáuticos voltados à manutenção de aeronaves, novos ou recondicionados, de interesse de empresas autorizadas pela Agência Nacional de Aviação Civil (Cotac);

V – com redução da alíquota de imposto de importação decorrente da aplicação de "ex-tarifário" [Resolução nº 8, de 23-3-2001, da Câmara de Comércio Exterior (Camex)];

VI – mercadorias industrializadas, destinadas a consumo no recinto de congressos, feiras e exposições internacionais e eventos assemelhados, observado o contido no art. 70 da Lei nº 8.383, de 30-12-1991;

VII – peças e acessórios, abrangidas por contrato de garantia;

VIII – doações, exceto de bens usados;

IX – filmes cinematográficos;

X – retorno de material remetido ao exterior para fins de testes, exames e/ou pesquisas, com finalidade industrial ou científica;

XI – amostras;

XII – arrendamento mercantil (*leasing*), arrendamento simples, aluguel ou afretamento;

XIII – investimento de capital estrangeiro;

XIV – produtos e situações que não estejam sujeitos a licenciamento automático e não automático.

Estão sujeitas a Licenciamento Automático as seguintes importações (Seção II da Portaria nº 35 da Secex):

I – de produtos relacionados no Tratamento Administrativo do Siscomex; também disponíveis no endereço eletrônico do Mdic, para simples consulta, prevalecendo o constante do aludido Tratamento Administrativo;

II – as efetuadas ao amparo do regime aduaneiro especial de *drawback*.

Estão sujeitas a Licenciamento Não Automático as seguintes importações (Seção III da Portaria nº 35 da Secex):

I – de produtos relacionados no Tratamento Administrativo do Siscomex e também disponíveis no endereço eletrônico do Mdic para simples consulta, prevalecendo o constante do aludido Tratamento Administrativo, onde estão indicados os órgãos responsáveis pelo exame prévio do licenciamento não automático, por produto;

II – as efetuadas nas situações abaixo relacionadas:

a) sujeitas à obtenção de cotas tarifária e não tarifária;

b) ao amparo dos benefícios da Zona Franca de Manaus e das Áreas de Livre Comércio;

c) sujeitas à anuência do Conselho Nacional de Desenvolvimento Científico e Tecnológico (CNPq);

d) sujeitas ao exame de similaridade;

e) de material usado;

f) originárias de países com restrições constantes de Resoluções da ONU;

g) substituição de mercadoria, nos termos da Portaria MF nº 150, de 26-7-1982.

Quando for obrigatório o Licenciamento Não Automático, exceto para as situações anteriormente esclarecidas, o embarque no exterior só poderá ocorrer após a emissão do competente Licenciamento; portanto, o importador deverá orientar o vendedor (exportador) no exterior para providenciar o embarque da mercadoria após a sua autorização. Quando? Após estar de posse da licença (no caso, Licenciamento Não Automático).

Lembramos que cada Licença de Importação só poderá ser utilizada para um embarque e para um desembaraço.

Para sua garantia, o importador solicitará que o número seja aposto no Conhecimento de Embarque, na Fatura Comercial, *Packing List* e em outros documentos que comporão o dossiê de sua importação.

4.4 LICENCIAMENTO NÃO AUTOMÁTICO – ANUÊNCIA

Apresentamos no anexo deste capítulo telas de preenchimento do Licenciamento Não Automático.

O importador, via SISCOMEX, acessará a Secex para efeito de prestação das informações necessárias ao Licenciamento Não Automático. Tais informações serão aproveitadas para fins de processamento do despacho aduaneiro da mercadoria, de forma automática ou mediante a indicação, pelo importador, do respectivo número da licença de importação, no momento de formular a declaração de Importação (Portaria MF/MICT nº 291/96).

Lembramos que, tanto no Licenciamento Automático como no Não Automático, o importador deverá observar os seguintes requisitos:

a. preenchimento correto das telas no módulo próprio;
b. os preços declarados deverão guardar correspondência com os vigentes no mercado internacional, na data da compra.

Esse cuidado é para evitar o superfaturamento, que pode caracterizar, dependendo de quem importa, uma remessa disfarçada de lucros, remessa fraudulenta de divisas etc.

c. respeito ao regime cambial vigente à época da anuência;
d. observação de outras instruções emanadas de órgãos do governo que devem ser ouvidos prévia ou posteriormente ao embarque e desembaraço da mercadoria e que dizem respeito ao produto.

É delegada à Secretaria de Comércio Exterior (SCE) competência para exercer prévia ou posteriormente a fiscalização de preços, pesos, medidas, classificação, qualidade e tipos nas operações de importação, respeitadas as atribuições de competência das repartições aduaneiras.

Assim, o importador deverá guardar no dossiê da importação, seja sujeita ou não ao Licenciamento Prévio, todos os documentos que tiver à disposição e que permitam à Secex ou a SRF verificar a veracidade de suas informações. Tais documentos podem ser representados pela fatura *pro forma*, por telegramas, contratos, fac-símiles trocados entre as partes, contratos etc.

Tal providência em muito facilitará o serviço executado pelo órgão emitente da Licença de Importação (LI) e agilizará o processo de autorização.

Exigindo aquele órgão outras informações, fixará prazo para fornecimento dos dados solicitados, que poderão estar relacionados ao produto (preço, peso, qualidade, prazo de pagamento etc.). Se não cumprido o prazo determinado, o pedido será cancelado.

Pela delonga que pode ocorrer, sugerimos que os pedidos de informações sejam prontamente atendidos pela empresa interessada. Lembrem-se de que um pequeno *chip* pode inviabilizar o funcionamento de um equipamento sofisticado, provocando paradas prejudiciais à produção, com reflexos negativos no faturamento da empresa.

A Licença de Importação fixará prazo máximo para validade de embarque. De modo geral, o Licenciamento Não Automático terá validade de 60 (sessenta) dias para o embarque da mercadoria no exterior ou para fins de solicitação de despacho aduaneiro, conforme o prazo.

Até o registro da declaração de importação, o importador poderá solicitar alteração do Licenciamento Não Automático, inclusive prorrogação da validade, mediante sua substituição no sistema, sujeito a novo exame pelo Secex/Decex, ouvidos os demais órgãos anuentes, se for o caso.

Entretanto, quando a alteração efetuada não se referir à validade, será mantida a validade do licenciamento original.

Não serão autorizadas substituições que descaracterizem a operação originalmente licenciada, bem como a descrição da mercadoria deverá conter o maior número de características identificadoras possível, como: tipo, cor, acessórios e outras informações relativas ao produto (Portaria Secex nº 35, de 24-11-2006).

Cuidado especialíssimo: correta classificação do produto a importar.

Neste momento, fazemos um esclarecimento: NCM é uma sigla que significa Nomenclatura Comum do Mercosul/Sistema Harmonizado, baseada no Sistema Harmonizado de Designação e Codificação de Mercadorias (SH).

Assim, o licenciamento deverá ser feito em conformidade com a NCM e a Tipi (Tabela de Incidência do Imposto sobre Produtos Industrializados), tabelas essas que guardam estreita correlação classificatória. A NCM, como é usualmente chamada, contém toda a classificação das mercadorias e serve tanto à importação como à exportação. Para aqueles que não estão acostumados com o comércio exterior, recomendamos que pesquisem a NCM com auxílio da Tipi, para orientá-los na classificação tarifária do produto a importar.

A NCM é baseada no Sistema Harmonizado (SH), conforme já citamos, a que o Brasil aderiu em 1986. Na verdade foi a implementação do art. VII do Acordo Geral sobre Tarifas Aduaneiras e Comércio (Código de Valoração Aduaneira, que veremos adiante) de que trata o Decreto nº 4.543, de 26-12-2002.

Alguns produtos, para terem trâmite no processo de licenciamento de importação, podem depender de manifestação de outros órgãos governamentais. Citamos alguns: sangue humano; órgãos, tecidos e substâncias humanas; material nuclear, herbicidas; sêmen bovino etc. Ficamos por aqui. Outras informações: consultar a Secex do Banco do Brasil.

Verifiquem as características e as excepcionalidades do produto a importar para que o processo de licenciamento não sofra retardamento com consequências onerosas.

A permanência definitiva no país de mercadoria importada, sem o amparo de licença de importação, por meio de regimes especiais, previstos na legislação aduaneira, será autorizada mediante a emissão de licença de importação, observadas as normas gerais aplicadas no processamento das importações.

4.5 *DRAWBACK*

O *drawback* é um incentivo à exportação relacionado diretamente com a importação de mercadoria, que será utilizada na fabricação, complementação ou acondicionamento de outra exportada.

É um incentivo que já é largamente utilizado pelos exportadores, porém, por tratar-se de uma operação de importação, alocamos no capítulo dedicado às compras externas. Seu embasamento legal está assentado no art. 78 do Decreto-lei nº 37, de 1966, e no art. 1º da Lei nº 8.402, de 1992. Esse incentivo, que jamais deve ser confundido com favor fiscal, poderá ser concedido sob as formas de:

a. *Suspensão*: a concessão do regime é condicionada ao adimplemento do compromisso de exportar, no prazo estipulado, produtos na quantidade e valor determinado, industrializados com a utilização das mercadorias a serem importadas.
b. *Isenção*: é condição para a concessão do regime a comprovação das exportações já realizadas de produto, em cuja fabricação foram utilizadas mercadorias importadas, em quantidade e valor determinados.

No caso de produção de mercadorias destinadas à produção de bens de capital de longo ciclo de fabricação, o regime poderá ser concedido por prazo compatível com o de fabricação e exportação daqueles bens.

Aplicação do Regime: o controle será feito mediante planilha específica. Ao solicitar o favor do regime, o importador receberá um documento, chamado de Ato Concessório, do qual constarão os principais itens a serem cumpridos.

Comprovação das Exportações: a empresa beneficiária do regime, na modalidade de suspensão, deverá comprovar as exportações compromissadas, até 30 dias após o término do prazo de exportação, na forma estabelecida no Ato Concessório.

Inadimplemento do Compromisso de Exportar: havendo inadimplemento do compromisso de exportar, em razão da não utilização ou utilização parcial das mercadorias importadas, a beneficiária deverá, conforme o caso, com observância da legislação pertinente e dentro do prazo previsto no art. 11 da Portaria MEFP nº 594, de 25-8-1992:

a. providenciar a devolução ao exterior ou a reexportação das mercadorias não utilizadas;
b. requerer a destruição das mercadorias imprestáveis ou das sobras;
c. destinar as mercadorias remanescentes para consumo interno, quando os tributos suspensos deverão ser pagos com os acréscimos legais.

Liquidação do Compromisso de Exportação: a baixa do compromisso de exportar ocorrerá quando:

a. comprovar-se a efetiva exportação dos produtos previstos no ato concessório, nas quantidades, valores e prazos nele fixados;
b. com a adoção de uma ou mais das hipóteses levantadas no tópico Inadimplemento do Compromisso de Exportar;

c. da liquidação ou da impugnação de débito eventualmente lançado contra beneficiária inadimplente do regime.

A Portaria nº 35, de 24-11-2006, expedida pela Secretaria de Comércio Exterior (Ministério do Desenvolvimento, Indústria e Comércio Exterior), traça as novas diretrizes para as operações de *drawback*. Na essência pouco mudou, mas, enfim, trata-se do documento mais recente que orienta e disciplina tais operações na parte administrativa do Comércio Exterior. No site <www.mdic.gov.br> o interessado encontrará a referida Portaria na íntegra.

4.6 SIMILARIDADE – EX-TARIFÁRIO E IMPORTAÇÃO DE BEM USADO

Similaridade: Conceito – considera-se similar ao estrangeiro o produto nacional em condições de substituir o importado, observando-se as seguintes normas básicas (Decreto-lei nº 37/66, art. 18; Decreto nº 4.543, de 26-12-2001, art. 190):

I – qualidade equivalente e especificações adequadas ao fim a que se destine;

II – preço não superior ao custo de importação, em moeda nacional, da mercadoria estrangeira, calculado o custo com base no preço CIF (*Cost, Insurance and Freight*), acrescido dos tributos que incidem sobre a importação e outros encargos de efeito equivalente; e,

III – prazo de entrega normal ou corrente para o mesmo tipo de mercadoria.

Todavia, não será aplicável o conceito de similaridade conforme o disposto quando importar fracionamento da peça ou máquina, com prejuízo da garantia de seu bom funcionamento ou retardamento substancial no prazo de entrega ou montagem (Decreto-lei nº 37/66, art. 18, § 3º).

A Portaria Decex nº 8, de 13-5-1991, no art. 19 esclarece que estão sujeitas ao prévio aviso de similaridade as importações amparadas por benefícios fiscais (isenção ou redução do imposto de importação), inclusive as realizadas pela União, pelos Estados, pelo Distrito Federal, pelos Territórios, pelos Municípios e pelas respectivas autarquias.

É interessante que o importador verifique se pode ou não apelar para o estudo de similaridade (ou não similaridade) para solicitar alguma redução ou mesmo isenção de impostos a pagar. O pedido da espécie deve ser encaminhado à Secretaria de Comércio Exterior, órgão lotado no Ministério do Desenvolvimento, da Indústria e do Comércio Exterior, e que, à luz do disposto no Regulamento Aduaneiro, aprovado pelo Decreto nº 4.543, de 26-12-2002, decidirá sobre o pleito.

A isenção ou redução do imposto, conforme as características de produção e de comercialização e a critério da Secretaria de Comércio Exterior (Secex), decidirá com fulcro na Subseção II, da Seção VII, Capítulo VII, Título II, Livro II do referido Decreto nº 4.543/2002, considerando:

a. mediante comprovação da inexistência de produção nacional e, havendo produção, mediante a prova, anterior ao desembaraço aduaneiro, de aquisição de quota determinada do produto nacional na respectiva fonte, ou comprovação de recusa, incapacidade ou impossibilidade de fornecimento em prazo e a preço normal;
b. por meio de estabelecimento de quotas tarifárias globais e/ou por período determinado, que não ultrapasse um ano, ou quotas percentuais em relação ao consumo nacional.

Apuração de Similaridade: a apuração da similaridade será efetuada pela Secretaria do Comércio Exterior, que poderá solicitar a colaboração de outros órgãos governamentais e de entidades de classe (Decreto nº 4.543/2002, art. 193, § 1º dispõe sobre a solicitação à colaboração de outros órgãos governamentais e de entidades de classe – Decreto-lei nº 37, de 1966, art. 19 – para auxiliar na apuração da similaridade).

Se o órgão apurador da similaridade não tiver elementos próprios para decidir, serão exigidas dos interessados as informações adequadas, a fim de demonstrar que a indústria nacional não teria condições de fabricação ou de oferta do produto a importar. Poderão ser aceitos como elementos de prova os resultados de concorrências públicas, tomadas de preço, ofertas ou condições de fornecimento do produto ou informações firmadas pelas entidades máximas da classe representativa da atividade em causa.

Excluem-se da condição de exame de similaridade:

a. bagagem de viajantes;
b. importações efetuadas por missões diplomáticas e repartições consulares de caráter permanente e seus integrantes;
c. as amostras comerciais e os bens contidos em remessas postais internacionais, sem valor comercial;
d. os materiais de reposição e conserto para uso de embarcações ou aeronaves estrangeiras;
e. as sementes, espécies vegetais para plantio e animais reprodutores;
f. as partes, peças, acessórios, ferramentas e utensílios;
g. outras, conforme disposto no art. 201 do Decreto nº 4.543, de 26-12-2002.

4.6.1 EX-TARIFÁRIO

O regime de Ex-Tarifário consiste na redução temporária da alíquota do imposto de importação de bens de capital (BK) e de informática e telecomunicação (BIT), assim grafados na Tarifa Externa Comum do Mercosul (TEC), quando não houver a produção nacional equivalente. Ou seja, representa uma redução no custo do investimento.

A importância desse regime consiste em três pontos fundamentais:

1. viabiliza aumento de investimentos em bens de capital (BK) e de informática e telecomunicação (BIT) que não possuam produção equivalente no Brasil;
2. possibilita aumento da inovação por parte de empresas de diferentes segmentos da economia, com a incorporação de novas tecnologias inexistentes no Brasil, com reflexos na produtividade e competitividade do setor produtivo – conforme preconizado nas diretrizes do Plano Brasil Maior (PBM);
3. produz um efeito multiplicador de emprego e renda sobre segmentos diferenciados da economia nacional.

A concessão do regime é dada por meio de Resolução Camex nº 66/2014 da Câmara de Comércio Exterior (Camex), após análise, pelo Comitê de Análise de Ex-Tarifários (CAEx), dos pareceres elaborados pela Secretaria do Desenvolvimento da Produção/MDIC.

Procedimentos para concessão de regime Ex-tarifário

Os pleitos para concessão do regime especial de Ex-Tarifário deverão ser encaminhados à Secretaria do Desenvolvimento da Produção, acompanhados de informações relativas:

- à empresa ou entidade de classe pleiteante;
- aos dados técnicos sobre o produto;
- à previsão de importação;
- aos investimentos e objetivos vinculados ao pleito.

Legislação sobre Ex-Tarifário

A Resolução Camex nº 66, de 14-8-2014 (*DOU* 15-8-2014) é a norma vigente que dispõe sobre a redução temporária da alíquota do imposto de importação de bens de capital (BK) e de informática e telecomunicação (BIT), assim grafados na Tarifa Externa Comum do Mercosul (TEC), quando não houver a produção nacional equivalente.

4.6.2 IMPORTAÇÃO DE BEM USADO

A norma que trata das regras administrativas para as importações de material usado é a Portaria Secex nº 23, de 14-7-2011. As regras gerais são as mesmas aplicadas às demais operações de importação, as quais são tratadas no seguinte endereço na página eletrônica do MDIC: <www.mdic.gov.br » Co-

mércio Exterior » Operações de Comércio Exterior – Decex » Dicas Decex » Importação » Informações Gerais de Importação>. As regras específicas para as importações de material usado estão baseadas principalmente na Portaria Decex nº 08, de 13-5-1991.

A importação de material usado para o Brasil, em regra, é proibida. Excetuam-se dessa proibição somente os produtos e operações listados a seguir. De acordo com o disposto na Portaria Secex nº 23/2011 (com base na Portaria Decex nº 08/1991) e no Regulamento Aduaneiro (Decreto nº 6.759/2009), é permitida a importação de material usado para os seguintes produtos ou operações:

I – Máquinas, equipamentos, aparelhos, instrumentos, ferramentas, moldes e contêineres para utilização como unidade de carga, na condição de usados, desde que não sejam produzidos no país, ou não possam ser substituídos por outros, atualmente fabricados no território nacional, capazes de atender aos fins a que se destina o material a ser importado;

II – Máquinas, equipamentos, aparelhos e instrumentos destinados à reconstrução no país por empresas que atendam normas técnicas de padrão internacional, que após o processamento atinjam estágio tecnológico não disponível no país, tenham garantia idêntica à de análogos novos e agreguem insumos de produção local;

III – Partes, peças e acessórios recondicionados, para manutenção de máquinas e equipamentos, desde que o processo de recondicionamento tenha sido efetuado pelo próprio fabricante, ou por empresa por ele credenciada e os bens a importar contem com a mesma garantia de produto novo e não sejam produzidos em território nacional;

IV – Bens culturais, observado o disposto no § 3º do art. 42 na Portaria Secex nº 23/2011 (vide Questão 7);

V – Veículos antigos, com mais de 30 anos de fabricação, para fins culturais e de coleção, classificados na posição 8703 e 8711;

VI – Automóveis de passageiros quando de propriedade de portadores de necessidades especiais residentes no exterior há no mínimo dois anos, desde que tenham sido por eles adquiridos há mais de cento e oitenta dias da data do registro da licença de importação, conforme critérios definidos pela Secex;

VII – Automóvel de propriedade de diplomata brasileiro ou de outros servidores públicos que cumpram os requisitos estabelecidos nos artigos 187 e 188 do Decreto nº 6.759/2009 e no Ato Declaratório Executivo SRF nº 16/2011;

VIII – Embarcações para transporte de carga e passageiros, aprovadas pelo Departamento de Marinha Mercante do Ministério dos Transportes;

IX – Aeronaves e outros aparelhos aéreos ou espaciais e outros motores, aparelhos e instrumentos de uso aeronáutico;

X – Embarcações de pesca, condicionadas à autorização prévia da Secretaria Especial da Agricultura e Pesca da Presidência da República;

XI – Partes, peças e acessórios recondicionados, para a reposição ou manutenção de produtos de informática e telecomunicações, desde que o processo de recondicionamento tenha sido efetuado pelo próprio fabricante, ou por terceiros, por ele credenciados;

XII – Partes, peças e acessórios usados, de produto de informática e telecomunicações, para reparo, conserto ou manutenção, no País, desde que tais operações sejam realizadas pelo próprio fabricante do produto final, ou por terceiros por ele credenciados;

XIII – Máquinas, equipamentos, aparelhos, instrumentos, ferramentas, moldes e contêineres, bem como seus componentes, peças, acessórios e sobressalentes, importados sob regime de *drawback*, modalidade suspensão, exceto as operações especiais *drawback* para embarcação para entrega no mercado interno (Lei nº 8.402, de 8-1-1992) e *drawback* para fornecimento no mercado interno (Lei nº 8.032, de 12-4-1990, art. 5º);

XIV – Moldes, classificados na posição 8480 da NCM/TEC e ferramentas classificadas na posição 8207 da NCM/TEC, desde que tenham sido manufaturadas sob encomenda e para fim específico;

XV – Bens destinados à pesquisa científica e tecnológica até o limite global anual a que se refere a Lei nº 8.010, de 29-3-1990;

XVI – Importação ao amparo de acordos internacionais firmados pelo país;

XVII – Importação amparada em programas Befiex;

XVIII – Importação sob o regime de admissão temporária, exceto vagões ferroviários compreendidos nas subposições 8605 e 8606 da Nomenclatura Comum do MERCOSUL (NCM);

XIX – Importação de bens havidos por herança, pertencentes ao *de cujus* na data do óbito, desde que acompanhados de comprovação legal;

XX – Remessas postais, sem valor comercial;

XXI – Transferências de unidades fabris/linhas de produção, vinculadas a projetos específicos de interesse da economia nacional aprovados pela Secretaria de Comércio Exterior – Secex;

XXII – Retorno ao país de máquinas, equipamentos, veículos, aparelhos e instrumentos, bem como suas partes, peças, acessórios e componentes, de fabricação nacional, que tenham sido exportadas para execução de obras contratadas no exterior nos termos do Decreto-lei nº 148, de 3-9-1975;

XXIII – Nacionalização de unidades de carga, código NCM 8609.00.00, seus equipamentos e acessórios, usados, desde que se trate de contêineres rígidos, padrão ISO/ABNT (*International Organization for Standardization*/Associação Brasileira de Normas Técnicas), utilizados em tráfego intercontinental mediante a fixação com dispositivos que permitem transferência de um modal de transporte para outro, de comprimento nominal de 20, 40 ou 45 pés, e seus equipamentos e acessórios.

XXIV – Bens de consumo usados, sem cobertura cambial, sob a forma de doação, diretamente realizadas pela União, Estados, Distrito Federal, Territórios, Municípios, autarquias, entidades da administração pública indireta, instituições educacionais, científicas e tecnológicas, e entidades beneficentes, reconhecidas como de utilidade pública e sem fins lucrativos, para uso próprio e para atender às suas finalidades institucionais, sem caráter comercial;

XXV – Importação ao amparo de reduções de alíquotas de tributos relativas ao Programa de Apoio ao Desenvolvimento Tecnológico da Indústria de Semicondutores (PADIS), conforme previstas no art. 3º da Lei nº 11.484, de 31 de maio de 2007.

Salientamos que de acordo com o disposto na disposto nos arts. 57 e 59-A da Portaria Secex nº 23/2011, a importação definitiva (nacionalização) de bens de consumo usados para o Brasil é proibida, exceto nas seguintes operações:

- Importação de quaisquer bens, sem cobertura cambial, sob a forma de doação, diretamente realizada pela União, Estados, Distrito Federal, Territórios, Municípios, autarquias, entidades da administração pública indireta, instituições educacionais, científicas e tecnológicas, e entidades beneficentes, reconhecidas como de utilidade pública e sem fins lucrativos, para uso próprio e para atender às suas finalidades institucionais, sem caráter comercial;
- Importação ao amparo de reduções de alíquotas de tributos relativas ao Programa de Apoio ao Desenvolvimento Tecnológico da Indústria de Semicondutores (PADIS), conforme previstas no art. 3º da Lei nº 11.484, de 31 de maio de 2007.

Por oportuno, esclarecemos que há necessidade de licenciamento para a importação de material usado.

A importação de material usado está sujeita a licenciamento não automático pelo Departamento de Operações de Comércio Exterior – Decex, previamente ao embarque da mercadoria no exterior.

No entanto, em algumas situações expressamente previstas em norma, a importação de material usado está dispensada de licenciamento.

A importação está dispensada de licenciamento referente ao tratamento administrativo de material usado nas seguintes situações:

I – Admissão temporária ou reimportação, de recipientes, embalagens, envoltórios, carretéis, separadores, *racks*, *clip locks*, termógrafos e outros bens retornáveis com finalidade semelhante destes, destinados ao transporte, acondicionamento, preservação, manuseio ou registro de variações de temperatura de mercadoria importada, exportada, a importar ou a exportar, quando reutilizáveis e não destinados à comercialização;

II – Importação de aeronaves e outros aparelhos aéreos ou espaciais, turborreatores, turbopropulsores e outros motores, aparelhos, instrumentos, ferramentas e bancadas de teste de uso aeronáutico, bem como suas partes, peças e acessórios, excetuados os pneus, observados os seguintes procedimentos:

a. para os produtos aeronáuticos contidos no Capítulo 88 e nos Subitens 8407.10.00, 8411.11.00, 8411.12.00, 8411.21.00, 8411.22.00 e 8411.91.00 da NCM, o importador deverá marcar a condição da mercadoria "Material Usado" diretamente na adição da DI; e

b. para os demais produtos aeronáuticos, é dispensada a marcação da condição da mercadoria "Material Usado" na adição da DI, podendo, a critério da RFB, ser incluída a seguinte declaração no campo "Informações Complementares" da DI: "Material de uso aeronáutico – operação dispensada de Licenciamento na forma da Portaria Secex nº 23/2011".

III – Nacionalização ou transferência de regime aduaneiro de máquinas e equipamentos que tenham ingressado no País ao amparo do regime aduaneiro especial de admissão temporária para utilização econômica na condição de novas. Nestas situações, é dispensada a marcação da condição da mercadoria "Material Usado" na adição da DI, podendo, a critério da RFB, ser incluída a seguinte declaração no campo "Informações Complementares" da DI: "Operação dispensada de Licenciamento na forma da Portaria Secex nº 23/2011."

IV – Bens admitidos em regime aduaneiro especial de admissão temporária ao amparo do art. 4º da Lei nº 12.350, de 20 de dezembro de 2010, e do art. 5º da Lei nº 12.780, de 9 de janeiro de 2013. Nestas situações, também é dispensada a marcação da condição da mercadoria "Material Usado" na adição da DI, podendo, a critério da RFB, ser incluída a seguinte declaração no campo "Informações Complementares" da DI: "Operação dispensada de Licenciamento Não Automático no tratamento material usado, na forma do § 5º do art. 43 da Portaria Secex nº 23/2011".

Importante salientar que, caso a importação pleiteada esteja sujeita a licenciamento por outro motivo que não seja pela condição de "Material Usado" (por exemplo, por envolver um produto ou uma operação sujeitos a licenciamento independentemente desse produto ser novo ou usado), prevalece a regra do tratamento mais restritivo. Neste caso, a importação deverá estar amparada por uma LI, na qual, nas situações previstas nos itens *I* e *II-a*, a condição da mercadoria "Material Usado" deverá estar marcada, enquanto nas situações previstas nos itens *II-b*, *III* e *IV*, a condição da mercadoria "Material Usado" não deverá estar marcada.

Orienta-se observar as informações sobre licenciamento de importação apresentadas na página eletrônica do MDIC: <www.mdic.gov.br » Comércio Exterior » Operações de Comércio Exterior – Decex » Dicas Decex » Importação » Informações Gerais de Importação>.

Legislação para importação de Bens Usados no Brasil:

A norma que trata das regras administrativas para as importações de material usado é a Portaria Secex nº 23, de 14-7-2011. As regras gerais são as mesmas aplicadas às demais operações de importação, as quais são tratadas no seguinte endereço na página eletrônica do MDIC: <www.mdic.gov.br » Comércio Exterior » Operações de Comércio Exterior – Decex » Dicas Decex » Importação » Informações Gerais de Importação>. As regras específicas para as importações de material usado estão baseadas principalmente na Portaria Decex nº 08, de 13-5-1991.

Nota do Autor: Essas informações sobre Similaridade, Ex-Tarifário e Importação de Bens Usados foram colhidas em Dezembro/2014 junto ao MDIC. Portanto, convém que o interessado visite o endereço eletrônico indicado acima para atualizar suas informações quando for pleitear qualquer importação catalogada neste assunto.

4.7 CONTRATAÇÃO DE FRETE E SEGURO

Emitido o Licenciamento (se for o caso), ou já tendo fechado o negócio, para importação dispensada do Licenciamenrto Prévio, o importador orientará seu fornecedor (exportador) a enviar-lhe as mercadorias adquiridas.

Entretanto, deverá providenciar numa Companhia Seguradora a aquisição de uma apólice de seguro que proteja o bem adquirido, desde a origem até a chegada ao país.

Da mesma forma, deverá procurar o representante de um armador, isto é, uma Companhia de Transporte Marítimo, no caso (ou aérea, se o transporte for por esse meio) e, se a condição de compra for Incoterms CIF (Custo, Frete e Seguro), providenciar o afretamento externo.

Normalmente, esses serviços são prestados pelos despachantes aduaneiros, detentores de conhecimento e experiência na condução dessas operações.

4.8 DESEMBARAÇO ALFANDEGÁRIO E A NACIONALIZAÇÃO

O que caracteriza a nacionalização da mercadoria é o desembaraço desta para consumo ou utilização no mercado interno, seja para transformação ou matéria-prima para outro produto, seja para constituir-se ativo fixo da empresa importadora.

Para que haja perfeita compreensão da matéria, apresentamos a seguir os conceitos que envolvem o território aduaneiro, conforme legislação delineada no Decreto nº 4.543, de 26-12-2002. O território aduaneiro compreende todo o território nacional.

Todavia, no aspecto de jurisdição fiscal, temos a seguinte abrangência:

I – Zona Primária, que compreende:
   a. a área, terrestre ou aquática, contínua ou descontínua, ocupada pelos portos alfandegados;
   b. a área terrestre ocupada pelos aeroportos alfandegados;
   c. a área adjacente aos pontos de fronteira alfandegados.

II – Zona Secundária, que compreende a parte restante do território aduaneiro, nela incluídas as águas territoriais e o espaço aéreo.

4.9 DESPACHO ADUANEIRO DE IMPORTAÇÃO

O despacho aduaneiro de importação é o procedimento fiscal mediante o qual é verificada a exatidão dos dados declarados pelo importador em relação à mercadoria importada, aos documentos apresentados e à legislação vigente, com vistas a seu desembaraço aduaneiro e será processado por meio do SISCOMEX (Sistema Integrado de Comércio Exterior) (Instrução Normativa SRF nº 69/96).

O despacho aduaneiro de importação inicia-se com o registro pelo SISCOMEX da Declaração de Importação (DI), na repartição fiscal competente. Nesse momento, o importador recolhe os impostos devidos, habilitando-se, cumprindo outras formalidades (pagamentos de taxas, emolumentos, despesas de capatazia, remoção etc.), a tomar posse efetiva da mercadoria.

A conferência aduaneira tem por finalidade identificar o importador, verificar a mercadoria, determinar seu valor e classificação, e constatar o cumprimento de todas as obrigações, fiscais e outras, exigíveis em razão da importação.

Concluída a conferência sem exigência fiscal ou outra, dar-se-á o desembaraço aduaneiro da mercadoria, que é o ato final do despacho aduaneiro em virtude do qual é autorizada a entrega da mercadoria ao importador.

4.10 DESPACHO ANTECIPADO

Representa as mercadorias que poderão ser registradas antes de sua chegada na Unidade da Secretaria da Receita Federal. É o caso, por exemplo, da importação de matéria-prima para o fertilizante a ser utilizado na agricultura. A mercadoria vem a granel, nos porões do navio, e o registro do despacho aduaneiro pode ser feito antes de sua chegada no terminal portuário.

É uma medida que visa agilizar os trâmites burocráticos e liberar rapidamente a importação do produto ao interessado.

Aplica-se aos seguintes casos:

I – mercadoria transportada a granel, cuja descarga se realize diretamente para terminais de oleodutos, silos ou depósitos próprios, ou veículos apropriados;

II – mercadoria inflamável, corrosiva, radiotiva ou que apresente características de periculosidade;

III – plantas e animais vivos, frutas frescas e outros produtos facilmente perecíveis ou suscetíveis de danos causados por agentes externos;

IV – papel para impressão de livros, jornais e periódicos;

V – órgão da administração pública, direta ou indireta, federal e estadual ou municipal, inclusive autarquias, empresas públicas, sociedades de economia mista e fundações públicas; e

VI – mercadoria transportada por via terrestre, fluvial ou lacustre.

4.11 DECLARAÇÃO SIMPLIFICADA DE IMPORTAÇÃO

É o despacho aduaneiro emitido de maneira simplificada, tendo em vista as características da importação (Instrução Normativa nº 611, de 18-1-2006). A Declaração Simplificada de Importação (DSI) será formulada pelo importador ou seu representante em microcomputador conectado ao Sistema Integrado de Comércio Exterior (SISCOMEX).

A DSI será utilizada no despacho aduaneiro de bens:

I – importados por pessoa física, com ou sem cobertura cambial, em quantidade e frequência que não caracterize destinação comercial, cujo valor não ultrapasse US$ 3.000,00 (três mil dólares dos Estados Unidos da América) ou o equivalente em outra moeda;

II – importados por pessoa jurídica, com ou sem cobertura cambial, cujo valor não ultrapasse US$ 3.000,00 (três mil dólares dos Estados Unidos da América) ou o equivalente em outra moeda;

III – recebidos, a título de doação, de governo ou organismo estrangeiro por:

   a. órgão ou entidade integrante da administração pública direta, autárquica ou fundacional, de qualquer dos Poderes da União, dos Estados, do Distrito Federal e dos Municípios; ou
   b. instituição de assistência social;

IV – submetidos ao regime de admissão temporária, nas hipóteses previstas no art. 4º da Instrução Normativa SRF nº 285, de 14-1-2003;

V – reimportados no mesmo Estado ou após conserto, reparo ou restauração no exterior, em cumprimento do regime de exportação temporária; e

VI – que retornem ao país em virtude de:

   a. não efetivação da venda no prazo autorizado, quando enviados ao exterior em consignação;
   b. defeito técnico, para reparo ou substituição;
   c. alteração nas normas aplicáveis à importação do país importador; ou
   d. guerra ou calamidade pública.

VII – contidos em remessa postal internacional cujo valor não ultrapasse US$ 3.000,00 (três mil dólares dos Estados Unidos da América) ou o equivalente em outra moeda;

VIII – contidos em encomenda aérea internacional cujo valor não ultrapasse US$ 3.000,00 (três mil dólares dos Estados Unidos da América) ou o equivalente em outra moeda, transportada por empresa de transporte internacional expresso porta a porta, nas seguintes situações:

   a. a serem submetidos ao regime de admissão temporária, nas hipóteses de que trata o inciso IV acima;
   b. reimportados, nas hipóteses de que trata o inciso V deste artigo; ou
   c. a serem objeto de reconhecimento de isenção ou de não incidência de impostos; ou
   d. destinados a revenda.

IX – integrantes de bagagem desacompanhada;

X – importados para utilização na Zona Franca de Manaus (ZFM) com os benefícios do Decreto-lei nº 288, de 28-2-1967, quando submetidos a despacho aduaneiro de internação para o restante do território nacional, até o limite de US$ 3.000,00 (três mil dólares dos Estados Unidos da América) ou o equivalente em outra moeda; e

XI – industrializados na ZFM com os benefícios do Decreto-lei nº 288, de 1967, quando submetidos a despacho aduaneiro de internação para o restante do território nacional, até o limite de US$ 3.000,00 (três mil dólares dos Estados Unidos da América) ou o equivalente em outra moeda.

No caso de bens integrantes de remessa postal internacional cujo valor não ultrapasse US$ 500 (quinhentos dólares dos Estados Unidos da América) ou o equivalente em outra moeda, submetidos ao Regime de Tributação Simplificada (RTS), o despacho aduaneiro será processado mediante o pagamento do imposto de importação incidente, lançado pela autoridade aduaneira por meio da Nota de Tributação Simplificada (NTS), instituída pela Instrução Normativa nº 101, de 11-11-1991, sem outra formalidade aduaneira.

Será admitido o registro de DSI por solicitação da Empresa Brasileira de Correios e Telégrafos (ECT) ou de empresa de transporte internacional expresso, quando se tratar das importações a que se referem, respectivamente, os incisos VII e VIII supracitados.

Quando se tratar de importação eventual efetuada por pessoa física, a DSI poderá ser transmitida para registro por servidor da Secretaria da Receita Federal (SRF) lotado na unidade onde será processado o despacho aduaneiro, mediante função própria do Siscomex.

O registro da DSI somente será efetivado:

I – se verificada a regularidade cadastral do importador;

II – após o licenciamento da operação de importação, conforme estabelecido pelos órgãos competentes;

III – após a chegada da carga;

IV – após o recolhimento dos impostos e outros direitos incidentes sobre a importação, se for o caso;

V – se não for constatada nenhuma irregularidade impeditiva do registro.

O registro somente será efetuado:

I – após a manifestação favorável da autoridade competente pelo controle específico a que esteja sujeita a mercadoria, se for o caso, efetuada no campo próprio da declaração ou em documento específico por ela emitido;

II – mediante a requisição do Ministério das Relações Exteriores, formulada na própria declaração, quando se tratar de importação realizada por missão diplomática ou semelhante.

O registro da DSI caracteriza o início do despacho aduaneiro de importação.

A DSI será instruída com os seguintes documentos:

I – via original do conhecimento de carga ou documento equivalente;

II – via original da fatura comercial, quando for o caso;

III – Darf que comprove o recolhimento dos impostos, quando for o caso;

IV – nota fiscal de saída, quando for o caso; e

V – outros, exigidos em decorrência de Acordos Internacionais ou de legislação específica.

Os documentos referidos anteriormente serão mantidos em poder do importador pelo prazo previsto na legislação, devendo ser apresentados à fiscalização aduaneira quando solicitados.

Os bens submetidos a despacho aduaneiro com base em DSI poderão ser desembaraçados:

I – sem conferência aduaneira, hipótese em que ficam dispensados o exame documental, a verificação física e o exame do valor aduaneiro; ou

II – com conferência aduaneira, hipótese em que a mercadoria somente será desembaraçada e entregue ao importador após a realização do exame documental e da verificação física e, se for o caso, do exame do valor aduaneiro.

A conferência aduaneira de mercadoria objeto de DSI selecionada deverá ser concluída no prazo máximo de um dia útil, contado do dia seguinte ao da entrega da declaração e dos documentos que a instruem, salvo quando a conclusão depender de providência a ser cumprida pelo importador.

A verificação da mercadoria será realizada na presença do importador ou de seu representante.

A entrega da mercadoria ao importador somente será realizada após o respectivo desembaraço aduaneiro.

Após o desembaraço aduaneiro, os documentos instrutivos da DSI registrada no SISCOMEX serão devolvidos ao importador, que deverá mantê-los em seu poder pelo prazo previsto na legislação.

Embasamento Legal: A Instrução Normativa nº 611, de 18-1-2006, estabelece os procedimentos para o Desembaraço Simplificado de Importação; a Instrução Normativa nº 680, de 2-12-2006, que disciplina o despacho aduaneiro de importação, cancelou o art. 55 da IN nº 611 (que trata de cancelamento de Declaração de Importação). Novamente recomendamos que consultem aquelas Instruções antes de optarem pela Importação Simplificada. Fonte: <www.receita.fazenda.gov.br>; clicar em Legislação, clicar em Por Ato Legal, Ano, Normativos; a seguir, clicar Instruções Normativas.

4.12 COMPROVANTE DE IMPORTAÇÃO

O Comprovante de Importação, instituído pela Instrução Normativa SRF nº 69/1996, é emitido em via única; será expedido após o registro do desembaraço da mercadoria pelo sistema.

Nas unidades da SRF onde ainda não estiver implantado o Mantra, a entrega da mercadoria ao importador será feita mediante a apresentação, pelo importador, do Comprovante de Importação emitido pelo SISCOMEX.

4.13 REVISÃO ADUANEIRA

É o ato pelo qual a autoridade fiscal, após o desembaraço da mercadoria, reexamina o despacho aduaneiro, com a finalidade de verificar a regularidade da importação (ou exportação) quanto aos aspectos fiscais, e outros, inclusive o cabimento de benefício fiscal aplicado.

4.14 ABANDONO DE MERCADORIA

Considera-se abandonada a mercadoria que permanecer em recinto alfandegado sem que o seu despacho comece no decurso dos seguintes prazos (Decreto-lei nº 1.455/1976, art. 23, incisos II e III):

I – 90 (noventa) dias da descarga ou abertura da mala postal;

II – 60 (sessenta) dias da notificação aduaneira para que seja processado o despacho da mercadoria (art. 572 do Decreto nº 4.543/2002);

III – 45 (quarenta e cinco) dias após esgotar-se o prazo de permanência em regime de entreposto aduaneiro ou em recinto alfandegado de zona secundária (Decreto-lei nº 1.455, de 1976, art. 23, inciso II, alínea *d*; e de sua chegada ao país, trazida do exterior como bagagem, acompanhada ou desacompanhada, sujeita ao regime de importação comum (Decreto-lei nº 1.455, de 1976, art. 23, inciso III).

4.15 SISTEMA TRIBUTÁRIO NAS OPERAÇÕES DE IMPORTAÇÃO

As importações sofrem tributação por ocasião da liberação para o mercado interno, com a nacionalização das mesmas. O Imposto de Importação é o primeiro gravame a ser calculado e, sucessivamente, quando forem devidos, os Impostos de Produtos Industrializados, o de Circulação de Mercadorias e Serviços, e demais taxas, que veremos a seguir.

Para que seja apurado o valor a ser pago, utiliza-se um dos métodos dispostos no Acordo de Valoração Aduaneira, conforme Decreto nº 4.543/2002.

4.15.1 Valoração aduaneira

O Decreto Legislativo nº 30, de 15-12-1994, que promulgou o Acordo sobre a implementação do art. VII do Acordo Geral sobre Tarifas Aduaneiras e Comércio (Código de Valoração Aduaneira), define a base de cálculo do Imposto de Importação, estabelecendo seis métodos para identificar o valor aduaneiro:

Primeiro Método: o valor aduaneiro (base de cálculo) de mercadoria importada será o *valor da transação*, isto é, o preço efetivamente pago ou a pagar pela mercadoria, em uma venda para exportação para o país de importação (art. 1º do Acordo).

Segundo Método: se o valor aduaneiro da mercadoria importada não puder ser determinado segundo as disposições do Primeiro Método, será ele o valor de transação de mercadoria *idêntica* vendida para exportação, para o mesmo país de importação e exportada no mesmo tempo que a mercadoria objeto de valoração, ou em tempo aproximado (art. 2º do Acordo).

Terceiro Método: se o valor da mercadoria importada não puder ser determinado segundo as disposições dos dois métodos anteriores, será ele o valor de transação de mercadoria *similar* ao vendido para exportação para o mesmo país de importação e exportada no mesmo tempo que a mercadoria objeto de valoração, ou em tempo aproximado (art. 3º do Acordo).

Quarto Método: se nenhum dos métodos puder ser aplicado, conforme descrito, o valor aduaneiro será o consignado como o de *revenda* (art. 5º do Acordo).

Quinto Método: o Valor Aduaneiro da mercadoria importada, segundo este método, basear-se-á num *valor computado*. O valor computado (art. 6º do Acordo) será a soma de:

a. o custo ou valor dos materiais e da fabricação ou processamento, empregados na produção das mercadorias importadas;
b. um montante para lucros e despesas gerais;
c. o custo ou valor das demais despesas necessárias para aplicar a opção de valoração escolhida pela parte.

Sexto Método: se o Valor Aduaneiro da mercadoria importada não puder ser determinado com base nos métodos anteriores, tal valor será determinado usando-se *critérios razoáveis* (art. 7º do Acordo).

Cabe salientar que os métodos devem ser aplicados rigorosamente como disposto, isto é, primeiro deve ser aplicado o Primeiro Método e assim sucessivamente até chegar ao "valor aduaneiro da mercadoria importada", que significa o valor da mercadoria para fins de incidência de direitos aduaneiros *ad valorem* sobre mercadorias importadas. Entende-se que "país de importação" designa o país ou território aduaneiro de importação; e "produzidas" inclui cultivadas, manufaturadas e extraídas. Isso significa que o país de importação é o *país de procedência* e o país onde o produto foi produzido, cultivado, manufaturado ou extraído é o *país de origem*.

Salientamos a diferença entre mercadorias *idênticas* e *mercadorias* similares; *idênticas* são iguais em tudo, inclusive nas características físicas, qualidade e reputação comercial; *similares* são as que, embora não se assemelhem em todos os aspectos, têm características e composição material semelhantes, o que lhes permite cumprir as mesmas funções e ser permutáveis comercialmente. Somente podem ser consideradas "idênticas" ou "similares" mercadorias produzidas no mesmo país que as mercadorias objeto de valoração.

4.15.2 Imposto de Importação

O Imposto de Importação, segundo o art. 1º do Decreto-lei nº 2.472/1988, que deu nova redação ao mesmo artigo do Decreto-lei nº 37/1966, incide sobre mercadoria estrangeira e tem, como fato gerador, sua entrada no território nacional.

Considera-se estrangeira, para efeito de incidência do imposto (art. 93 do Decreto-lei nº 37/66):

a. a mercadoria desnacionalizada, que vier a ser importada;
b. a mercadoria nacional ou nacionalizada:
    b.1. reimportada, quando descumpridas as condições do regime de exportação temporária;
    b.2. que, após o processo de beneficiamento ou transformação realizado no exterior, resultar em espécie diversa da prevista no processo de exportação temporária.

Considera-se desnacionalizada a mercadoria nacional ou nacionalizada exportada a título definitivo.

Não incidência do imposto

a. mercadoria estrangeira que, corretamente declarada, chegar ao país por erro manifesto ou comprovado de expedição, e que for redestinada para o exterior;
b. mercadoria estrangeira idêntica, em igual quantidade e valor, e que se destine à reposição de outra anteriormente importada que se tenha revelado, após o despacho aduaneiro, defeituosa ou imprestável para o fim a que se destinava, desde que satisfeitas as condições estabelecidas pelo Ministro da Fazenda;

c. mercadoria estrangeira que tenha sido objeto de pena de perdimento.

Perdimento, segundo o art. 106 do Decreto-lei nº 37/1966, é a multa que se aplica pela violação da legislação aduaneira, suscitada pelas seguintes situações (entre outras capituladas no artigo mencionado: mercadoria oculta a bordo do veículo transportador ou na zona primária, qualquer que seja o processo utilizado; existente a bordo do veículo transportador, sem registro em manifesto, em documento de efeito equivalente ou em outras declarações, estrangeira, encontrada em abandono; estrangeira, chegada ao país com falsa declaração de conteúdo; transferida a terceiro, sem o pagamento dos tributos aduaneiros e outros gravames etc.).

Fator Gerador (de pagamento do Imposto de Importação)

O fato gerador do imposto é a entrada da mercadoria estrangeira no território aduaneiro (Decreto-lei nº 37/1966). Território Aduaneiro compreende todo o território nacional (art. 2º Decreto nº 4.543, de 26-12-2002).

Portanto, o pagamento do Imposto de Importação se dará com a efetiva entrada da mercadoria no país, exceto nas condições a seguir relacionadas (não constituição de fato gerador).

Ocorrência do fato gerador

Será exigido o recolhimento do Imposto de Importação:

I – na data do registro da Declaração de Importação de mercadoria despachada para consumo, inclusive a:
  a. ingressada no país em regime suspensivo de tributação;
  b. contida em remessa postal internacional ou conduzida por viajante, se aplicado no caso o regime de importação comum;

II – no dia do lançamento respectivo, quando se tratar de:
  a. mercadoria contida em remessa postal internacional não compreendida na alínea *b* do inciso anterior;
  b. bens compreendidos no conceito de bagagem, acompanhada ou não;
  c. mercadoria constante de manifesto ou documento equivalente, cuja falta ou avaria for apurada pela autoridade aduaneira.

Não constitui fato gerador

Não será fato determinante de recolhimento de impostos, quando a entrada no país ou território aduaneiro configurar as seguintes circunstâncias:

I – mercadoria em regime de exportação temporária;

II – mercadorias que retornem ao país nas seguintes condições:

a. enviadas em consignação e não vendidas nos prazos autorizados;
b. por defeito técnico que exija sua devolução para reparo ou substituição;
c. por motivo de modificações na sistemática de importação por parte do país importador;
d. por motivo de guerra ou calamidade pública;
e. por quaisquer outros fatores alheios à vontade do exportador;

III – do pescado capturado fora das águas territoriais do país, por empresa localizada em seu território, desde que satisfeitas as exigências que regulam a atividade pesqueira.

Base de cálculo (art. 75 do Decreto nº 4.543/2002)

I – quando a alíquota for específica, a quantidade de mercadoria, expressa na unidade de medida estabelecida;

II – quando a alíquota for *ad valorem*, o valor aduaneiro apurado segundo as normas do art. VII do Acordo Geral sobre Tarifas Aduaneiras e Comércio (GATT).

Alíquotas aplicáveis

A alíquota, prevista na Tarifa Externa Comum, é o aspecto do fato gerador que, incidindo sobre a base de cálculo, permite a apuração do valor do imposto (art. 90 do Decreto nº 4.543/2002):

a. são específicas, quando a importância em dinheiro que incide sobre uma unidade de medida prevista em lei pode referir-se à metragem, peso etc.
b. *ad valorem* são as que incidem sobre determinado valor;
c. mistas – as que resultam da combinação de ambas.

Para cálculo do Imposto de Importação, além do preço da mercadoria, deverão ser adicionados o frete do transporte e o seguro.

Exemplo prático do cálculo do Imposto de Importação

Consideramos o produto aparelho para alarme para proteção contra roubo ou incêndio, posição 85.31.10.90 da TEC cuja alíquota de Imposto de Importação seja 20%:

85.31 – Aparelhos elétricos de sinalização acústica ou visual (por exemplo: campainhas, sirenas, quadros indicadores, aparelhos de alarme para proteção contra roubo ou incêndio), exceto os das posições 85.12 ou 85.30.

85.31.10 – Aparelhos elétricos de alarme, para proteção contra roubo ou incêndio e aparelhos semelhantes.

90 – outros.

a. Valor Fiscal Aduaneiro (a base do fato gerador inclui frete e seguro), perfazendo	US$ 200.000,00
b. Taxa de conversão	US$/MN$: 1,00
c. Contravalor em Moeda Nacional	MN$ 200.000,00
d. Valor do Imposto (20% sobre item *c*)	MN$ 40.000,00
e. Total desembolsado (até o momento) na importação	MN$ 240.000,00

Nota: MN$ – Moeda Nacional.

4.15.3 Imposto sobre Produtos Industrializados (IPI)

Considera-se industrializado o produto que tenha sido submetido a qualquer operação que lhe modifique a natureza ou finalidade, ou o aperfeiçoe para consumo.

Incidência: segundo Vittorio Cassone, na obra *Direito tributário*, p. 224, Editora Atlas, o imposto de produtos industrializados se dá pela conjugação do inciso IV e parágrafo 3º, inciso II, do art. 153 da Constituição Federal, incidindo sobre operações relativas a produtos industrializados.

Será: (1) seletivo, em função da essencialidade do produto; (2) não cumulativo, compensando-se o que for devido em cada operação com o montante cobrado nos anteriores; e (3) não incidirá sobre produtos industrializados destinados ao exterior.

São isentos do Imposto de Produtos Industrializados os produtos capitulados no art. 135 do Decreto nº 4.543/2002, no que se refere ao inciso I e às alíneas *a* a *o* e *q* a *t* do inciso II, desde que satisfeitos os requisitos e condições exigidos para concessão do benefício análogo relativo ao Imposto de Importação. Isso significa dizer que, não havendo pagamento de Imposto de Importação, não haverá pagamento do Imposto sobre Produtos Industrializados.

Sempre que o Imposto de Importação dispensado vier a ser exigido, exigir-se-á também o IPI.

Fato gerador

1. o desembaraço aduaneiro, quando de procedência estrangeira; e,
2. a saída do produto do estabelecimento industrial, ou equiparado a industrial.

Exemplo prático do cálculo do Imposto sobre Produtos Industrializados

Valemo-nos do exercício citado na seção destinada ao Imposto de Importação, ou seja, aparelhos para alarme para proteção contra roubo ou incêndio, posição 85.31.10.90 na TEC.

Alíquota aplicável: 15%

a. Valor fiscal aduaneiro	MN$ 200.000,00
b. Mais Imposto de Importação (já calculado)	MN$ 40.000,00
c. Base do cálculo (*a* + *b*)	MN$ 240.000,00
Imposto sobre Produtos Industrializados Calculado (15% s/c)	MN$ 36.000,00
Total desembolsado (até o momento) na Importação	MN$ 276.000,00

Percebemos que nossa importação já está onerada em MN$ 76.000,00, proveniente do Imposto de Importação no valor de MN$ 40.000,00, mais o IPI no valor de MN$ 36.000,00.

4.15.4 Contribuição para o PIS/Pasep e da Cofins na importação

Instituídas pela Lei nº 10.865, de 30-4-2004, a Contribuição para os Programas de Integração Social e de Formação do Patrimônio do Servidor Público incidente na Importação de Produtos Estrangeiros ou Serviços (PIS/Pasep-Importação) e a Contribuição Social para o Financiamento da Seguridade Social devida pelo Importador de Bens Estrangeiros ou Serviços do Exterior (Cofins-Importação), com base nos arts. 149, § 2º, inciso II, e 195, inciso IV, da Constituição Federal, observado o disposto no seu art. 195, § 6º.

Por ser uma matéria controversa e sujeita a alterações periódicas, recomendamos aos leitores que se reportem às instruções contidas no *site* da Secretaria da Receita Federal <http://www.receita.fazenda.gov.br>, título Legislação, subtítulo Por Assunto e neste Cofins/PIS, para se informarem sobre as instruções atualizadas sobre o bem ou serviços que desejem importar (sujeitos, não sujeitos, não incidência, isenção etc.).

São considerados serviços prestados no exterior aqueles prestados por pessoa física ou pessoa jurídica residente ou domiciliada no exterior, nas seguintes hipóteses:

I – executados no país; ou

II – executados no exterior, cujo resultado se verifique no país.

Consideram-se também estrangeiros:

I – bens nacionais ou nacionalizados exportados, que retornem ao país, salvo se:

a. enviados em consignação e não vendidos no prazo autorizado;
b. devolvidos por motivo de defeito técnico para reparo ou para substituição;
c. por motivo de modificações na sistemática de importação por parte do país importador;
d. por motivo de guerra ou de calamidade pública; ou
e. por outros fatores alheios à vontade do exportador;

II – os equipamentos, as máquinas, os veículos, os aparelhos e os instrumentos, bem como as partes, as peças, os acessórios e os componentes, de fabricação nacional, adquiridos no mercado interno pelas empresas nacionais de engenharia e exportados para a execução de obras contratadas no exterior, na hipótese de retornarem ao país.

As contribuições previstas na Lei nº 10.865/2004 não incidem sobre:

I – bens estrangeiros que, corretamente descritos nos documentos de transporte, chegarem ao país por erro inequívoco ou comprovado de expedição e que forem redestinados ou devolvidos para o exterior;

II – bens estrangeiros idênticos, em igual quantidade e valor, e que se destinem à reposição de outros anteriormente importados que se tenham revelado, após o desembaraço aduaneiro, defeituosos ou imprestáveis para o fim a que se destinavam, observada a regulamentação do Ministério da Fazenda;

III – bens estrangeiros que tenham sido objeto de pena de perdimento, exceto nas hipóteses em que não sejam localizados, tenham sido consumidos ou revendidos;

IV – bens estrangeiros devolvidos para o exterior antes do registro da declaração de importação, observada a regulamentação do Ministério da Fazenda;

V – pescado capturado fora das águas territoriais do país por empresa localizada no seu território, desde que satisfeitas as exigências que regulam a atividade pesqueira;

VI – bens aos quais tenha sido aplicado o regime de exportação temporária;

VII – bens ou serviços importados pelas entidades beneficentes de assistência social, nos termos do § 7º do art. 195 da Constituição Federal, observado o disposto no art. 10 da Lei nº 10.865;

VIII – bens em trânsito aduaneiro de passagem, acidentalmente destruídos;

IX – bens avariados ou que se revelem imprestáveis para os fins a que se destinavam, desde que destruídos, sob controle aduaneiro, antes de despachados para consumo, sem ônus para a Fazenda Nacional; e

X – o custo do transporte internacional e de outros serviços, que tiverem sido computados no valor aduaneiro que serviu de base de cálculo da contribuição.

A operação de comércio exterior realizada mediante utilização de recursos de terceiro presume-se por conta e ordem deste, para fins de aplicação do disposto no *caput* (parágrafo único do art. 250 do Decreto nº 4.543/2002 e Medida Provisória nº 66, de 2002, art. 29).

O pagamento das contribuições deverá ser efetuado na data do registro da declaração de importação no SISCOMEX (art. 252 do Decreto nº 4.543/2002 e Lei nº 9.532/1997, art. 54).

BASE DO CÁLCULO

A base do cálculo será:

I – o valor aduaneiro, assim entendido, para os efeitos desta Lei, é o valor que servir ou que serviria de base para o cálculo do Imposto de Importação, acrescido do valor do Imposto sobre Operações Relativas à Circulação de Mercadorias e sobre Prestação de Serviços de Transporte Interestadual e Intermunicipal e de Comunicação (ICMS) incidente no desembaraço aduaneiro e do valor das próprias contribuições.

ALÍQUOTAS:

I – PIS/Pasep-Importação: –1,65% (um inteiro e sessenta e cinco centésimos por cento); e

II – Cofins-Importação: –7,6% (sete inteiros e seis décimos por cento);

Nota: Há várias exceções (produtos farmacêuticos, adubos e fertilizantes etc.), motivo por que recomendamos consultar a legislação específica quando estiverem planejando a importação.

Os profissionais da área (Despachantes Aduaneiros) estão aptos a prestar tais informações.

4.15.5 Da Contribuição de Intervenção no Domínio Econômico – Combustíveis

A Contribuição de Intervenção no Domínio Econômico – Combustíveis (Cide – Combustíveis) foi criada pela Lei nº 10.336, de 19-12-2001, e incide sobre a importação de petróleo e seus derivados, gás natural e seus derivados, e álcool etílico combustível (Decreto nº 4.543/2002, art. 253, e Lei nº 10.336, de 19-12-2001, art. 1º).

A Cide – Combustíveis tem como fato gerador as operações de importação de (Decreto nº 4.543/2002, art. 254, e Lei nº 10.336, de 2001, art. 3º):

I – gasolinas e suas correntes;

II – diesel e suas correntes;

III – querosene de aviação e outros querosenes;

IV – óleos combustíveis (*fuel-oil*);

V – gás liquefeito de petróleo, inclusive o derivado de gás natural e de nafta; e

VI – álcool etílico combustível.

Para os efeitos dos incisos I e II, consideram-se correntes os hidrocarbonetos líquidos derivados de petróleo e os hidrocarbonetos líquidos derivados de gás natural utilizados em mistura mecânica para a produção de gasolinas ou de diesel, de conformidade com as normas estabelecidas pela Agência Nacional de Petróleo (Lei nº 10.336, de 2001, art. 3º, § 1º).

É contribuinte da Cide – Combustíveis o importador, pessoa física ou jurídica, dos combustíveis líquidos relacionados no art. 254 do Decreto nº 4.543/2002 (Decreto nº 4.543/2002, art. 255, e Lei nº 10.336, de 2001, art. 2º).

É responsável solidário pela Cide – Combustíveis o adquirente de mercadoria de procedência estrangeira, no caso de importação realizada por sua conta e ordem, por intermédio de pessoa jurídica importadora (Decreto nº 4.543/2002, art. 256, e Lei nº 10.336, de 2001, art. 11).

O Decreto nº 4.565, de 1º-1-2003, reduziu as alíquotas para efeito de recolhimento do PIS/Pasep e da Cofins, de acordo com o disposto na Lei nº 10.336/2001, art. 8º.

4.15.6 Imposto sobre Circulação de Mercadorias e Prestação de Serviços

O ICMS é um imposto estadual, de abrangência nacional.

Fato gerador

Operações relativas à circulação de mercadorias e às prestações de serviços de transporte interestadual e intermunicipal e de comunicação, ainda que as operações e as prestações iniciem-se no exterior. Incide também sobre a entrada de mercadoria importada do exterior, ainda que se trate de bem destinado a consumo ou a ativo fixo do estabelecimento, assim como sobre o serviço prestado no exterior.

A base do fato gerador é o montante do Custo da Mercadoria (mais frete e seguro internacionais), mais o Imposto de Importação, mais o Imposto sobre Produtos Industrializados.

Portanto, continuemos o exercício anterior, calculando agora o ICMS:

a. Valor fiscal aduaneiro (custo + frete + seguro)	MN$ 200.000,00
b. Imposto de importação	MN$ 40.000,00
c. Imposto sobre Produtos Industrializados	MN$ 36.000,00
d. PIS-Importação (R$ 336.585,33 – II e IPI)	MN$ 4.299,66
e. Cofins-Importação (R$ 336.585,33 – II e IPI)	MN$ 19.804,49
f. Base do Cálculo (a + b + c + d + e)	MN$ 300.104,15
g. ICMS calculado (base reajustada)[1]	MN$ 60.585,36

Base Reajustada: o imposto é calculado com seu valor adicionado à base do cálculo. Para chegarmos a esse valor, dividimos o Montante já encontrado de Valor Fiscal Aduaneiro (R$ 200.000,00) + Imposto de Importação (R$ 40.00,00) + Imposto sobre Produto Industrializado (R$ 36.000,00), que perfaz o valor de R$ 276.000,00 (que é a nossa base para cálculo do ICMS). Como o ICMS é calculado sobre ele mesmo, dividimos o M = R$ 276.000,00 por 0,82 (1,00 inteiro menos 0,18, que é a alíquota do ICMS) e encontramos a base R$ 336.585,36. Aí calculamos o valor do ICMS: 18% de R$ 336.585,36 é R$ 60.585,36.

É o chamado Imposto Reajustado.

Total desembolsado (até o momento) na importação MN$ 360.689,51

Verifica-se que a importação já está onerada em MN$ 160.689,51, ou em 80,34%.

O ICMS tem percentuais diferentes nos Estados brasileiros. Em geral, a alíquota se situa em 17% ou 18%. Utilizamos, no caso, a alíquota de 18%.

4.15.7 Adicional ao Frete para a Renovação da Marinha Mercante (AFRMM)

O AFRMM é um adicional ao frete cobrado pelas empresas brasileiras e estrangeiras de navegação que operam em porto brasileiro, de acordo com o conhecimento de embarque e o manifesto de carga, pelo transporte de carga de qualquer natureza (art. 2º do Decreto-lei nº 2.404, de 23-12-1987). O objetivo de

[1] A alíquota é de 18%, porém o ICMS, desde janeiro/2002, passou a fazer parte do valor fiscal para efeito de cálculo da cobrança, o que passou a onerar ainda mais o importador, pois é pagamento de imposto sobre imposto.

tal arrecadação é apoiar o desenvolvimento da marinha mercante brasileira e a indústria de construção naval.

Fato gerador e base do cálculo

O AFRMM é devido na entrada no porto de descarga e é calculado sobre o frete, à razão de (art. 3º do Decreto-lei nº 2.404/1987, modificado pela Lei nº 8.032/1990):

1. 25% (vinte e cinco por cento), na navegação de longo curso;
2. 10% (dez por cento), na navegação de cabotagem;
3. 5% (cinco por cento), na navegação lacustre e fluvial.

Exemplo de incidência do AFRMM

Importação no valor de US$ 200.000,00, com a seguinte composição:

	Custo da Mercadoria:	US$ 150.000,00
	Frete:	US$ 40.000,00
	Seguro:	US$ 10.000,00
	Taxa Cambial:	MN$ = US$ (1 × 1)
a)	Custo CIF	MN$ 200.000,00
b)	Frete US $ 40.000,00 × MN$ 1,00	MN$ 40.000,00
c)	AFRMM (25% sobre frete: MN$ 40.000,00)	MN$ 10.000,00
d)	Mais impostos já calculados (II + IPI + ICMS)	MN$ 136.585,36
e)	Contribuições (PIS e Cofins)	MN$ 24.104,15
f)	Total desembolsado (até o momento) com a importação	MN$ 370.689,51

Atenção: O frete não foi adicionado, porque já está embutido no item *a*.

O Decreto-lei nº 2.404/1987, na Seção III, lista as isenções dos pagamentos do AFRMM:

1. mercadorias que sejam objeto das operações previstas nos regimes estabelecidos no art. 78 do Decreto-lei nº 37/1966: suspensão ou isenção de tributos incidentes em produtos que serão posteriormente exportados, condicionada aos referidos regimes aduaneiros especiais;
2. mercadorias submetidas a transbordo ou baldeação em portos brasileiros, quando destinadas à exportação e provenientes de outro porto brasileiro; e
3. mercadorias que estejam expressamente definidas em lei como isentas do Adicional ao Frete para Renovação da Marinha Mercante (AFRMM).

4.16 TAXAS DE ARMAZENAGEM E DE CAPATAZIA

4.16.1 Portuárias

As demais despesas incidentes na importação de mercadorias são as de capatazia e armazenagem. Capatazia refere-se aos gastos com a movimentação de mercadorias pelo pessoal da administração do porto.

A armazenagem refere-se aos custos incidentes na mercadoria depositada nos armazéns, pátios, depósitos etc., de propriedade dos administradores dos portos, podendo ser:

a. armazenagem interna;
b. armazenagem externa;
c. em armazéns gerais;
d. armazém especial.

4.16.2 Aeroportuárias

Na movimentação de cargas em dependências dos aeroportos, temos as despesas de capatazia nos Terminais de Carga Aérea (Teca) e as de armazenagem.

Deve ser consultado um agente de cargas ou despachante aduaneiro antes de fecharmos a importação para que sejam levantados os preços cobrados nos diversos aeroportos e portos nacionais, considerando que os custos variam de um para outro local de descarga/desembaraço.

Às vezes, é melhor para um importador de São Paulo desembaraçar o produto em Paranaguá ou no Rio de Janeiro, dependendo da carga a ser movimentada.

4.17 CONTRIBUIÇÃO PROVISÓRIA SOBRE MOVIMENTAÇÃO OU TRANSMISSÃO DE VALORES E DE CRÉDITOS E DIREITOS DE NATUREZA FINANCEIRA (CPMF)

Essa contribuição foi criada provisoriamente (apenas por 13 meses) pela Lei nº 9.311, de 24-10-1996. A alíquota à época era de 0,20% sobre o valor movimentado. Sistematicamente prorrogada, a contribuição, que deveria ser PROVISÓRIA, tornou-se PERMANENTE, e é cobrada à alíquota de 0,38%.

Calculando o custo sobre a importação que foi exercitada anteriormente, temos uma despesa de R$ 1.408,62 (0,38% sobre R$ 370.689,51).

Esperamos que o P da sigla CPMF seja mesmo PROVISÓRIA e não PERPÉTUA, como teima em querer permanecer.

O que podemos afirmar com certeza é a prorrogação da Contribuição Provisória sobre Movimentação Financeira (CPMF) e a vigência da lei que a instituiu, com alíquota de 0,38%, até o ano de 2007.

4.18 INTERMEDIAÇÃO NOS SERVIÇOS ADUANEIROS

Compreende-se por atividades relacionadas com o despacho aduaneiro (art. 718 do Decreto nº 4.543/2002) de mercadorias importadas e exportadas, bem assim quaisquer outras relativas às operações de comércio exterior elencadas a seguir e que, consistem, basicamente em:

I – preparação do despacho aduaneiro;

II – subscrição das declarações que embasam o despacho aduaneiro;

III – acompanhamento dos papéis e documentos nas repartições aduaneiras;

IV – assistência à verificação de mercadoria;

V – assistência à retirada de amostras para exames técnicos ou perícias;

VI – assistência à vistoria aduaneira;

VII – recebimento de notificação ou de intimação;

VIII – recebimento de bens;

IX – acompanhamento da movimentação de bens e veículos nos recintos e áreas alfandegadas.

Apêndice A
SISCOMEX Importação (Licenciamento)

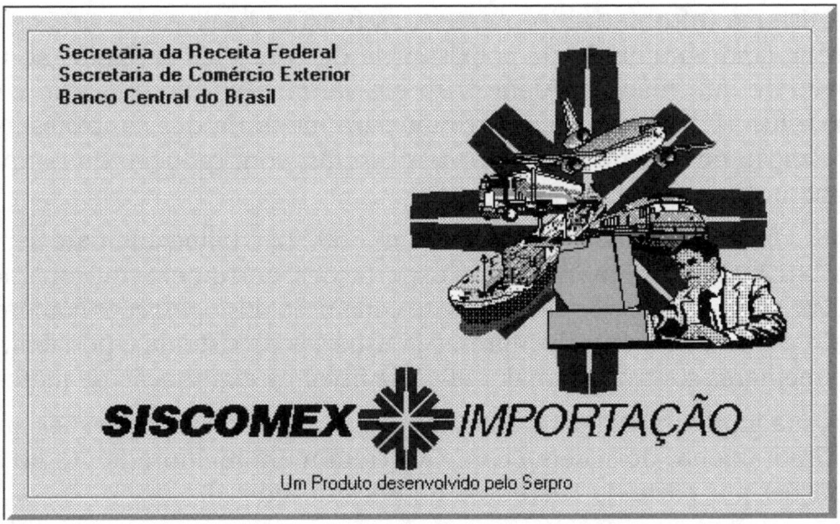

LI – LICENCIAMENTO DE IMPORTAÇÃO – **PASSO A PASSO**

HISTÓRICO

SISCOMEX – Exportação e Importação

Com a nova política econômica e a abertura do comércio internacional, o Governo Federal determinou o desenvolvimento de um sistema de informações que integrasse as atividades dos principais órgãos públicos envolvidos com o Comércio Exterior: Decex, BACEN e SRF, de modo a uniformizar o tratamento dado ao fluxo de informações de importação e de exportação.

Assim, foi instituído o SISCOMEX (Sistema Integrado de Comércio Exterior), que representa uma nova sistemática administrativa para o comércio exterior brasileiro, mediante a integração das atividades de várias instituições governamentais, no que se refere à orientação, ao acompanhamento e ao controle das diferentes etapas das operações de importação e de exportação, inclusive câmbio.

O SISCOMEX, que é peça fundamental da Política Ativa de Comércio Exterior e constitui passo significativo para o incremento da participação do Brasil no comércio internacional, constitui também ferramenta de trabalho indispensável para os órgãos executores – Secretaria de Comércio Exterior, Secretaria da Receita Federal, Banco Central do Brasil, Banco do Brasil e Serviço Federal de Processamento de Dados, para os órgãos intervenientes e para os demais agentes que participam do comércio exterior: bancos, corretoras, permissionários, depositários, transportadores, despachantes aduaneiros e, principalmente, importadores e exportadores.

Este sistema informatizado preserva as funções básicas dos órgãos envolvidos, porém, com eliminação da coexistência de controles paralelos ao adotar o fluxo único de informações. Além disso ele vai auxiliar na aplicação completa, uniforme e justa da legislação, contribuir para melhoria dos controles, possibilitar a agilização no desembaraço de mercadorias, com redução do tempo de armazenamento e de liberação etc.

O SISCOMEX, instituído pelo Decreto nº 660/92 e planejado para ser implantado em 1º-12-92, na parte relativa às exportações, entrou em funcionamento em 4-1-93. Este sistema abreviou os prazos de conclusão das operações comerciais, beneficiando as mais de oito mil empresas já usuárias do sistema e possibilitando ao Governo melhores controles e maior eficácia fiscal na exportação de mercadorias.

Após sua implantação, constantemente são realizadas adequações que visam a um aprimoramento do sistema e que acarretam um melhoramento no controle das operações por parte da Secretaria da Receita Federal.

A parte relativa a importações, inicialmente prevista para iniciar em 4-1-93, sofreu várias prorrogações, sendo efetivamente implantada em 1º-1-97. No início, tivemos vários problemas causados, em sua maior parte, por desconhecimento dos usuários, que por motivos vários não estavam devidamente preparados para operacionalizar o sistema.

Finalmente, em 1997, implantou-se o módulo importação que executa as seguintes funções:

- exame tributário, com implantação em todas as unidades da SRF, que possibilita a aplicação da legislação vigente em função dos diversos pleitos do importador (redução de tributos com base em acordos internacionais ou regimes suspensivos, entre outros), com verificação de atendimento dos requisitos legais etc.;

- seleção parametrizada, com previsão de implantação em 12 unidades da SRF (alfândegas). Este módulo permite a seleção da Declaração de Importação, mediante critérios objetivos, para exame documental, físico e de valor aduaneiro:
  - se selecionado para o canal verde, o desembaraço será automático;
  - se selecionado para o canal amarelo, o despacho estará sujeito ao exame da documentação; e
  - se selecionado para o canal vermelho, a operação ficará sujeita ao controle físico da mercadoria, ao exame documental e à valoração prévia da mercadoria, anteriormente ao desembaraço.

O SISCOMEX Importação foi implementado integralmente em 1º-1-97, compreendendo um salto qualitativo na direção da informatização dos procedimentos para importação de mercadorias e dos controles administrativos da área aduaneira. Trata-se da adoção de novos processos de trabalho, em substituição dos sistemas atuais de controle do comércio exterior, que vai ao encontro das necessidades da sociedade brasileira e do processo de globalização da economia internacional.

Fonte: *http://www.fazenda.gov.br*

COMO ENTRAR NO SISCOMEX – IMPORTADOR PELO WINDOWS XP

Clique no botão *Iniciar*. Em *Programas*, escolha *SISCOMEX Importador*, em seguida *Importação* e, finalmente, *Licenciamento*.

LI – LICENCIAMENTO DE IMPORTAÇÃO – **PASSO A PASSO**

Este módulo permite a elaboração, pelo importador, do LI, em seu microcomputador, podendo-se utilizar informações de outros LI anteriormente elaborados e armazenados. Permite também transmitir um LI do microcomputador para o computador central do SISCOMEX, para que a importação da(s) mercadoria(s) em questão possa ser anuída pelo Órgão Anuente responsável.

Explicações adicionais sobre o significado de cada tela podem ser obtidas pressionando-se a tecla de F1, que aciona a Ajuda.

A tela inicial do Sistema abre as seguintes opções, selecionadas através da barra de menu:

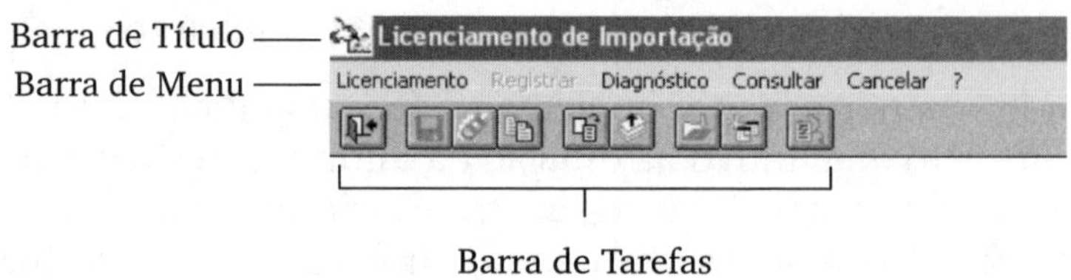

Licenciamento

- Novo
- Abrir
- Salvar
- Eliminar
- Copiar
- Fechar
- LI a partir da Adição
- Recuperar LI
- LI substitutivo
- Sair

Registrar

Diagnóstico

Consultar

- Andamento das Anuências
- LI/Anuência

Cancelar

? (Ajuda)

- Tópicos
- Localizar
- Como utilizar a Ajuda
- Sobre o Siscomex

Além dos comandos do menu de comandos, algumas opções também estão disponíveis em botões da barra de ferramentas, com as seguintes ações (algumas das quais podem não estar sempre disponíveis em todas as situações):

 Sair

 Salvar

 Eliminar

 Cópia

 Novo Lincenciamento

 Abrir Licenciamento

 Registrar Licenciamento

 Consulta Anuência

 Diagnóstico

TELA DO LICENCIAMENTO

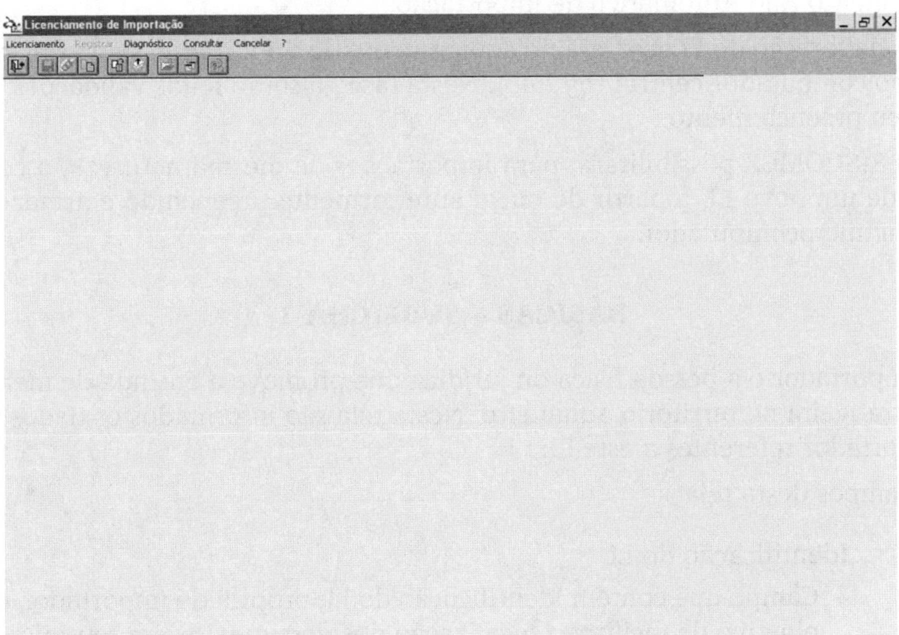

Licenciamento de Importação é o documento utilizado para os procedimentos de Licenciamento Não Automático de importação.

Licenciamento não Automático são formalidades que devem ser cumpridas para importar determinadas mercadorias.

Na Barra de Menu, clique em *Licenciamento*, depois em *Novo*.

Ao selecionar esta opção, acionada também através da tecla F2, o importador inicia a elaboração de um novo LI.

As informações a serem preenchidas pelo importador, que posteriormente serão transmitidas ao computador central, estão agrupadas em fichas, como segue:

Básicas
Fornecedor
Mercadoria
Negociação
Complemento

De modo geral, o licenciamento das importações ocorrerá de forma automática, efetuado pelo próprio sistema, no momento da elaboração da DI. Somente em determinadas operações ou produtos, quando da importação de mercadorias sujeitas a procedimentos especiais, conforme legislação específica, exigidas pelo órgão licenciador (Secex) e/ou por órgãos federais que atuam como anuentes nas importações, será exigida ao importador a elaboração do LI, compreendendo um conjunto de informações correspondentes a determinada mercadoria sujeita a Licenciamento Não Automático de importação.

A elaboração do LI ocorrerá no equipamento do importador, sem estar conectado ao computador central (*off line*). Nesta fase, já serão feitas validações quanto a seu preenchimento.

O SISCOMEX possibilitará, para importações de mesma natureza, a composição de um novo LI, a partir de outro anteriormente preenchido e armazenado em seu microcomputador.

BÁSICAS – SUBFICHA 1

Importador é a pessoa física ou jurídica que promove a entrada de mercadoria estrangeira no território aduaneiro. Nesta tela são informados os dados sobre o importador referentes a este LI:

Campos desta tela:

- Identificação do LI
  - Campo que contém identificação do LI, própria do importador, com o objetivo de facilitar a localização dos documentos em seu micro.

- Tipo do Importador
  - Trata-se da indicação do tipo de importador, a saber:
    - Importador pessoa jurídica.
    - Importador pessoa física domiciliada no país.
    - Importador pessoa física domiciliada no exterior.
    - Importador órgão diplomático ou representação de organismo internacional.

Informações sobre o Importador:

De acordo com o tipo de importador, deverão ser preenchidos conjuntos diferentes de informações:

- Importador pessoa jurídica:
  - Identificação: preencher com o número de inscrição no Cadastro Nacional da Pessoa Jurídica (CNPJ) do Ministério da Fazenda.
- Importador pessoa física domiciliada no país:
  - Identificação: preencher com o número de inscrição no Cadastro de Pessoas Físicas (CPF) do Ministério da Fazenda.
- Importador pessoa física domiciliada no exterior:
  - Identificação: preencher com o número do passaporte.
  - Nome completo do importador.
  - Endereço do importador: preencher com o endereço completo do importador em seu país de residência.
- Importador órgão diplomático ou representação de organismo internacional:
  - Designação da instituição: nome da instituição que realiza a importação.
  - País da embaixada, da sede da representação do organismo internacional. Código do país conforme a tabela Países, administrada pelo BACEN.
  - Telefone: preencher com o número do telefone a ser utilizado para contato com a instituição no Brasil.
  - Endereço completo, no Brasil, da instituição: logradouro, número, complemento, bairro, CEP, nome do município e sigla da unidade da Federação.

Além disso, nesta tela é exibido o campo Número do LI Substituído, apenas para os LI substitutivos.

- Importador pessoa jurídica

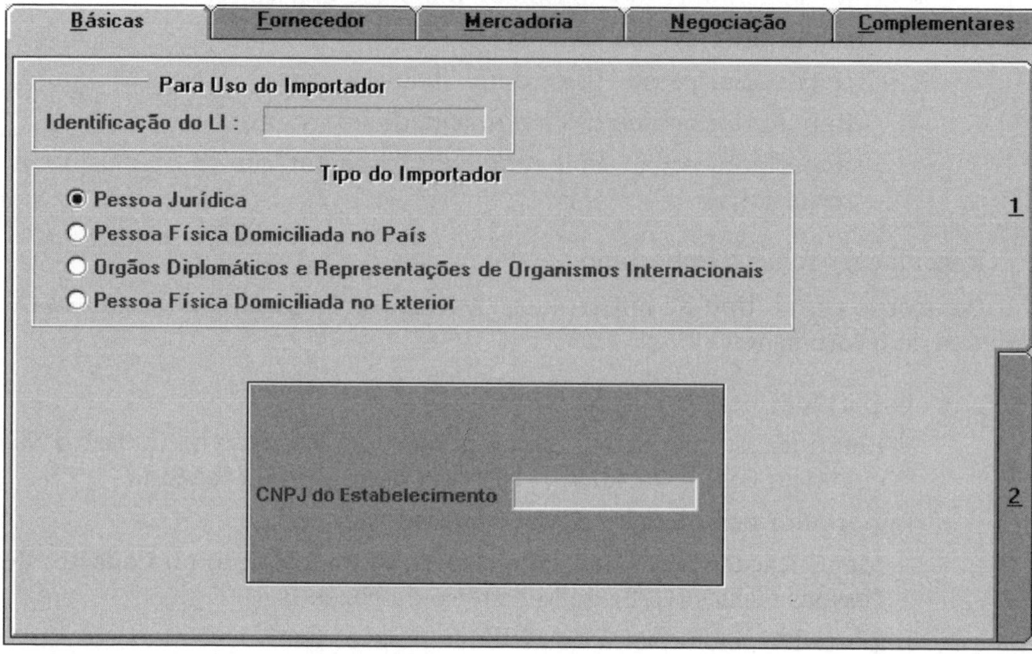

- Importador pessoa física domiciliada no exterior

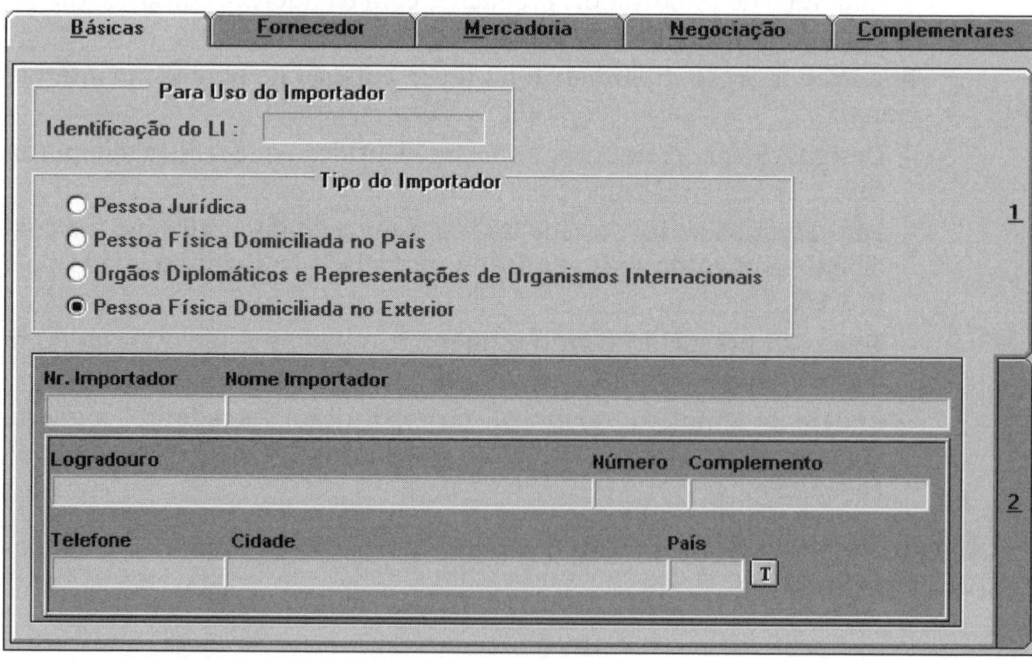

- Importador pessoa física domiciliada no país

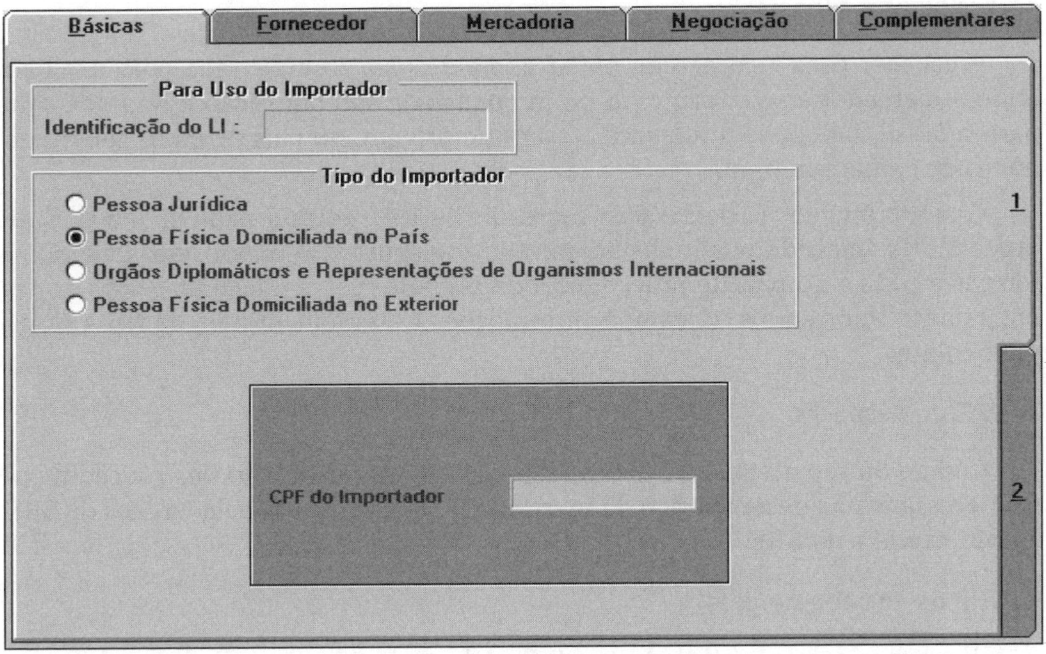

- Importador órgão diplomático ou representação de organismo internacional

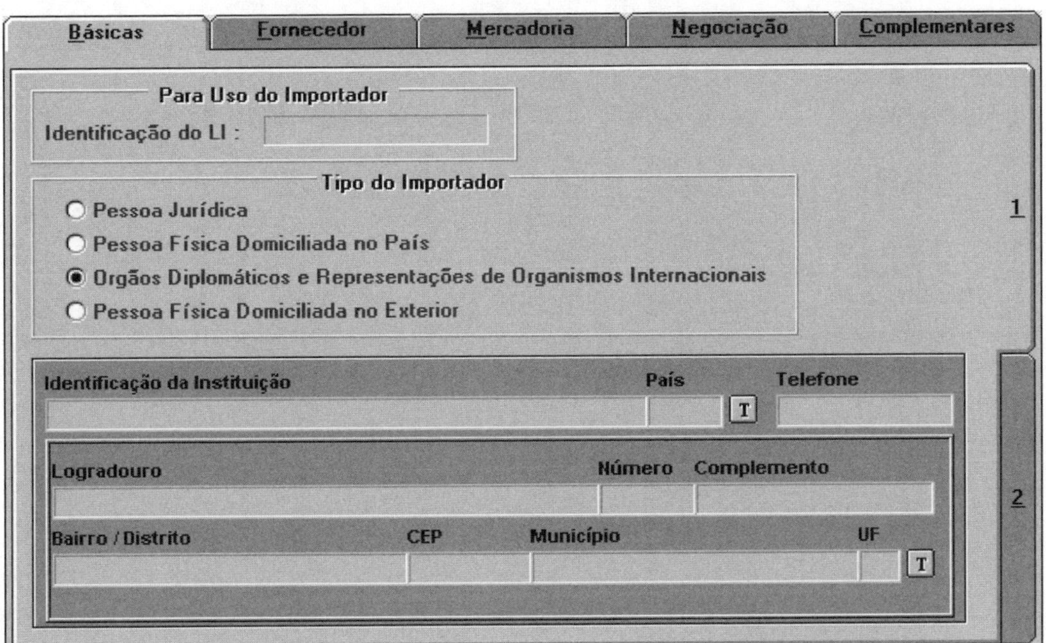

BÁSICAS – SUBFICHA 2

- País de procedência

Preencher com o código do país (tabela de país administrada pelo BACEN) onde a mercadoria se encontrava no momento de sua aquisição e de onde saiu para o Brasil, independentemente do país de origem, do país de aquisição ou do ponto de embarque final.

Quando houver na declaração mercadorias referentes a mais de um país de procedência (mais de um conhecimento de transporte), o importador deverá informar o código do país de procedência da primeira carga chegada, sendo os demais dados informados no campo Informações Complementares, da ficha Complementares.

- URF de despacho

Código da repartição aduaneira responsável pela execução dos procedimentos necessários ao desembaraço da mercadoria, conforme a tabela Órgãos da SRF, administrada pela SRF.

- URF de entrada no país

Preencher com o código da Unidade Aduaneira que jurisdiciona o local de entrada da mercadoria no país, conforme tabela de URF, administrada pela SRF.

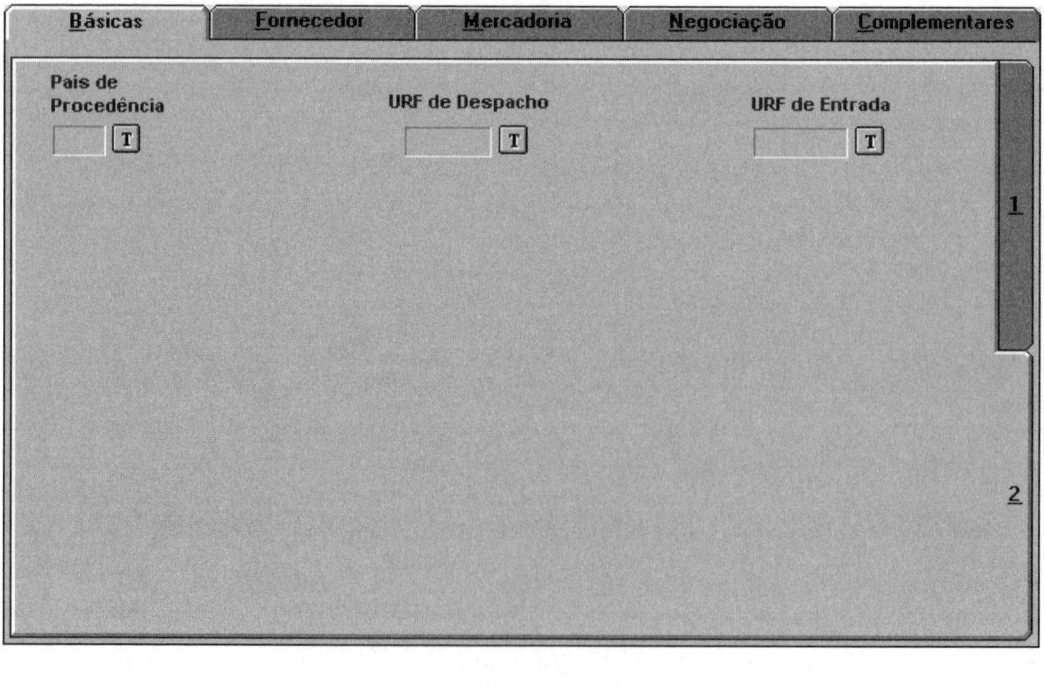

A subficha 2 é a mesma para qualquer Tipo do Importador.

Exemplo de Tela de País de Procedência:

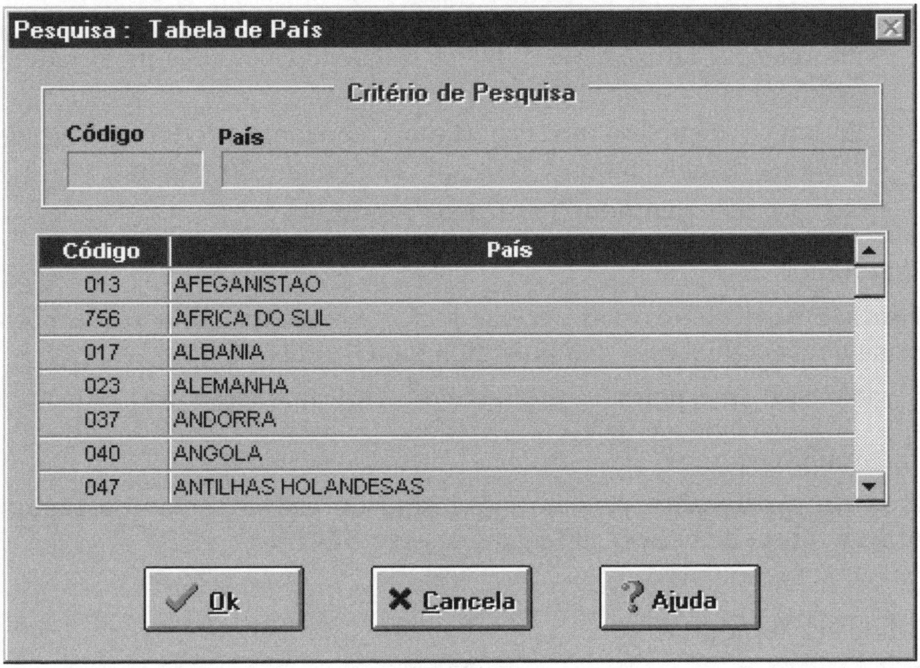

FORNECEDOR

Nesta tela, devem ser preenchidas informações a respeito do fornecedor, podendo o mesmo enquadrar-se nos seguintes casos:

- Exportador: é o vendedor da mercadoria e emitente da fatura comercial. O preenchimento é obrigatório, exceto para internação de ZFM-PI.[1]
- Fabricante ou produtor: é a pessoa física ou jurídica que fabricou ou produziu a mercadoria. Quando o processo de fabricação envolver mais de um fabricante, deverá ser considerado aquele que submeteu a mercadoria ao último processo substancial de transformação.

Caso o exportador da mercadoria objeto da adição não seja seu fabricante ou produtor, deverá ser assinalada a caixa de verificação correspondente, e o sistema abrirá duas subfichas para a captação separada dos dados do exportador e do fabricante ou produtor. Caso o fabricante seja desconhecido, deverá ser assinalada a caixa de verificação correspondente. Em qualquer um dos três casos, os campos comuns a serem preenchidos são os seguintes:

1 Zona Franca de Manaus – Produtos Industrializados.

- Nome completo ou razão social do exportador/fabricante/produtor: preencher ou, pelo acionamento do símbolo T, exibir para seleção os dados constantes da Tabela Auxiliar correspondente. É recomendado que as Tabelas auxiliares sejam sempre mantidas atualizadas no micro, com as informações utilizadas com maior frequência por cada importador, para agilização do preenchimento.
- Endereço completo do exportador/fabricante/produtor: logradouro, número, complemento, CEP, nome da cidade e do estado.
- No caso de exportador/fabricante/produtor:

Exportador:

País de aquisição: país em que residir ou estiver sediado o exportador, conforme a tabela de países, administrada pelo BACEN.

- No caso de exportador diferente do fabricante/produtor:

Exportador:

País de aquisição: país em que residir ou estiver sediado o exportador, conforme a tabela de países, administrada pelo BACEN.

Fabricante/Produtor:

País de origem: país em que residir ou estiver sediado o fabricante/produtor, conforme tabela de países administrada pelo BACEN. Preenchimento obrigatório, exceto para internação de ZFM-PI.

- No caso de fabricante desconhecido

Fabricante:

País de origem: país em que residir ou estiver sediado o fabricante/produtor, conforme tabela de países administrada pelo BACEN. Preenchimento obrigatório, exceto para internação de ZFM-PI.

Exportador:

País de aquisição: país em que residir ou estiver sediado o exportador, conforme a tabela de países, administrada pelo BACEN.

- No caso de exportador/fabricante/produtor:

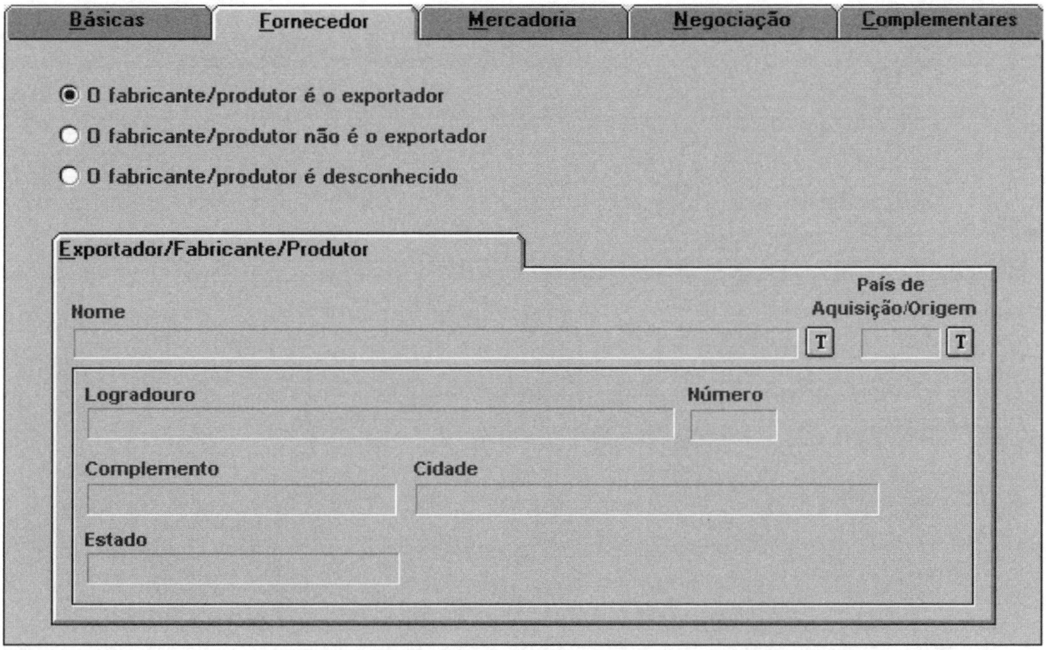

- No caso de exportador diferente do fabricante/produtor (*subficha Exportador*):

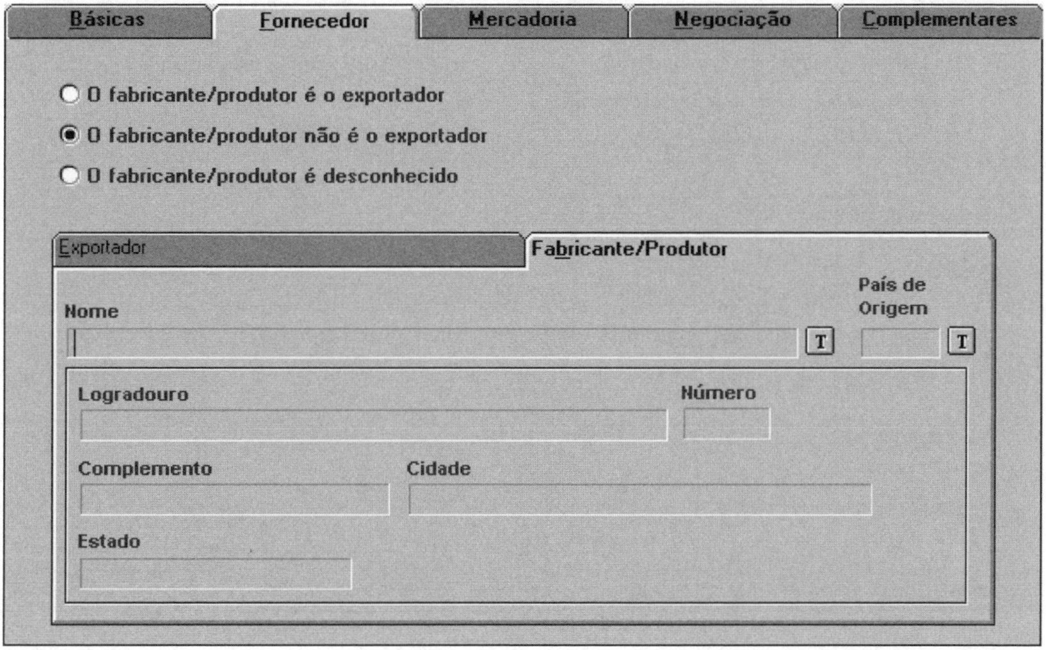

- No caso de exportador diferente do fabricante/produtor (*subficha fabricante/ Produtor*):

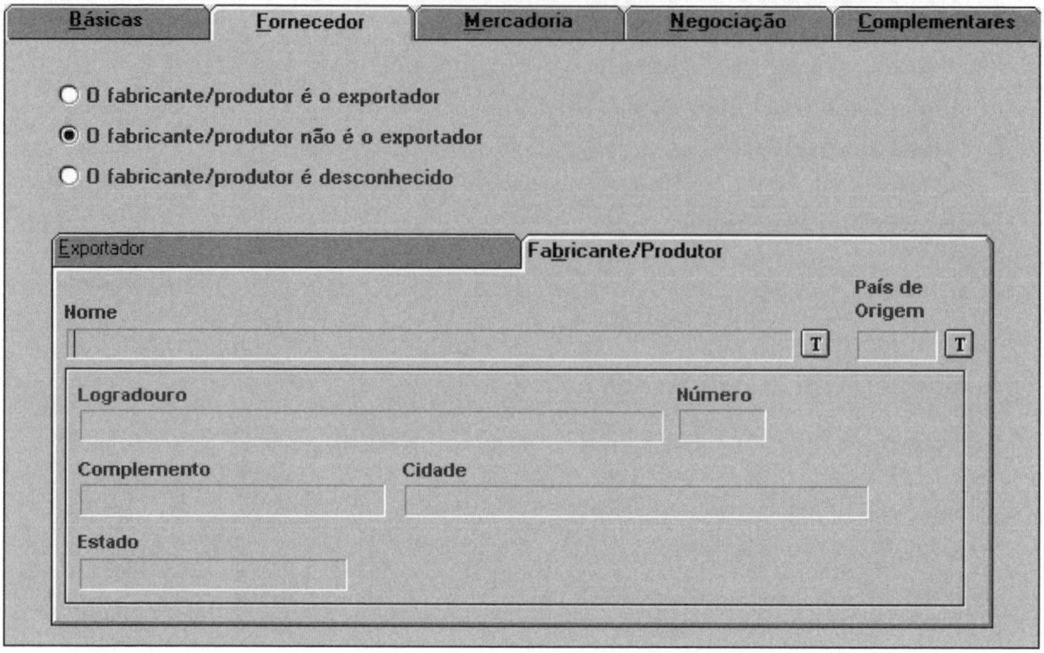

- No caso de fabricante desconhecido:

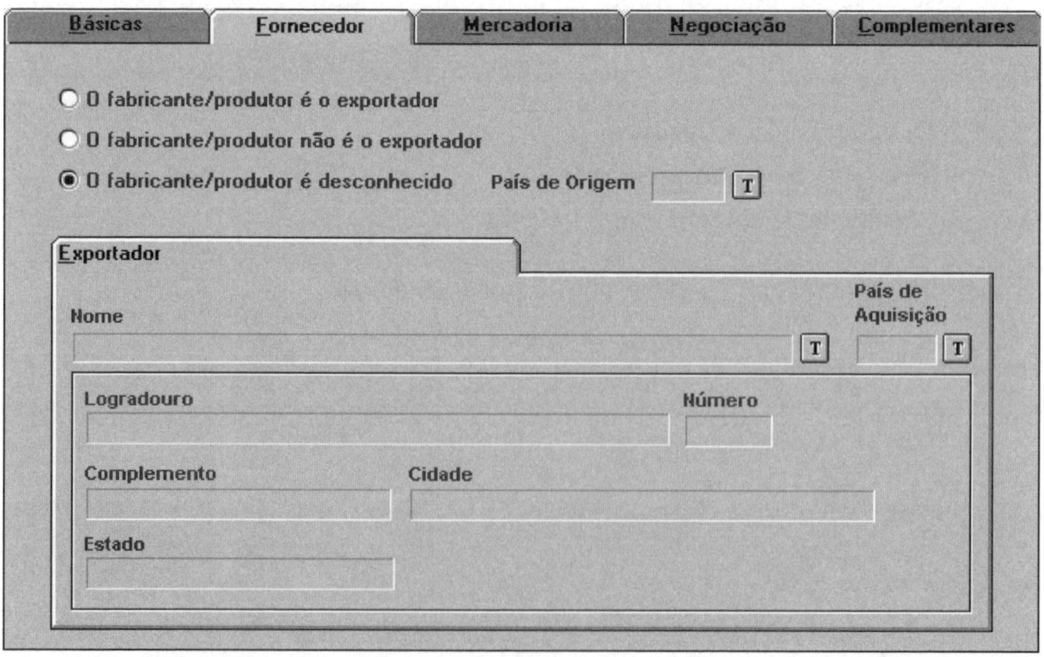

MERCADORIA

Nesta tela, são preenchidas as informações básicas da mercadoria em questão a ser licenciada. Estas informações estão agrupadas em duas subfichas: 1 e 2.

Para passar de uma subficha para outra, basta clicar sobre o número correspondente na aba lateral da ficha Mercadoria. As informações das subfichas 1 e 2 são as que seguem:

Preencher ou, por meio do acionamento do símbolo T, exibir para seleção os dados constantes da Tabela Auxiliar correspondente. É recomendado que as tabelas auxiliares sejam sempre mantidas atualizadas no micro com as informações utilizadas com maior frequência por cada importador, para agilização do preenchimento.

Informações da subficha 1:

- NCM
  - Código da mercadoria, segundo a Nomenclatura Comum do Mercosul (NCM). Para internação de ZFM-PI, deverá ser indicado o código do produto industrializado.

    Preenchimento obrigatório.

- NALADI-SH
  - Código da mercadoria, segundo a Nomenclatura da Associação Latino-Americana de Integração (Naladi) com base no Sistema Harmonizado de Codificação e Designação de Mercadorias (SH).

    Preenchimento obrigatório quando o país de procedência for membro da Aladi, exceto para internação de ZFM-PI.

- Descrição da NCM
  - Após o preenchimento do código NCM da mercadoria, o sistema apresenta neste campo a descrição da mercadoria constante na tabela de NCM, permitindo conferência do código informado.

    Deverá o importador utilizar o campo Especificação da ficha 2 de mercadoria, para descrever pormenorizadamente as mercadorias que compõem a Adição.

- Destaque NCM anuência
  - Número sequencial referente a desdobramento da NCM destinada a melhor identificação da mercadoria.

    Preenchimento obrigatório quando houver desdobramento da NCM. Podem existir de 0 (zero) a *n* ocorrências.

- Quantidade na Medida Estatística
  - Informar a quantidade da mercadoria expressa na unidade de medida, conforme a unidade de medida estatística informada pelo sistema. O importador não deverá preencher esse campo quando a unidade na medida estatística for kg.

- Unidade de medida
  - Informação gerada pelo sistema, conforme o código da classificação da NCM informado pelo importador.

- Peso Líquido em kg
  - Peso líquido da mercadoria expresso em kg e fração (gramas). Preenchimento obrigatório. Para internação de ZFM-PI, o peso deverá ser o do produto industrializado.

- Incoterms
  - Código da condição de negociação, que são os termos em que foram estabelecidas as responsabilidades entre o comprador e o vendedor no contrato de compra e venda, conforme a tabela Incoterms 2000 (Termos Internacionais de Comércio – Incoterms 2000, definidos pela Câmara de Comércio Internacional), administrada pela Secex.

- Valor total no local de embarque na condição de venda
  - Valor da mercadoria por unidade comercializada no local de embarque, na moeda negociada.

- No processo anuente/sigla do órgão
  - Número de identificação do processo segundo controle do órgão anuente.

    Preenchimento opcional.

- Número *commodity*
  - Número atribuído pelo Banco do Brasil ao Comunicado de Compra.

    Preenchimento obrigatório quando se tratar de mercadoria sujeita a Comunicação de Compra.

- Bem fabricado sob encomenda
  - Produto produzido de acordo com as especificações do comprador.

- Material usado (condição da mercadoria)
  - O importador deverá selecionar a caixa de verificação quando se tratar de:
    - **material usado:** nos casos em que a mercadoria objeto da importação for usada;
    - **bem sob encomenda:** nos casos em que a mercadoria objeto da importação tenha sido fabricada/produzida sob encomenda.

- Código da moeda na condição de venda
  - Código da moeda de negociação da mercadoria, conforme a tabela de moedas, administrada pelo BACEN.

Informações da subficha 2:

- Descrição detalhada de mercadoria
  - Descrição completa da mercadoria de modo a permitir sua perfeita identificação e caracterização. Preenchimento obrigatório.

Campos a preencher:

- Unidade comercializada: unidade de medida utilizada na comercialização de cada especificação da mercadoria, constante da fatura comercial.
- Quantidade na unidade comercializada: número de unidades de cada especificação da mercadoria, na unidade de medida comercializada.
- Valor unitário na condição de venda (VUCV): valor da mercadoria por unidade comercializada de acordo com a fatura comercial, na moeda negociada.
- Identificação do produto: da tabela de produtos.
- Especificação: espécie, tipo, marca, número, série, referência, medida, nome científico e/ou comercial etc. da mercadoria.

A subficha apresenta, ainda, a informação do valor total na condição de venda, e, nos campos referentes à consulta resumida, o conjunto da quantidade e valor unitário de todas as adições deste LI.

- Informações da subficha 1:

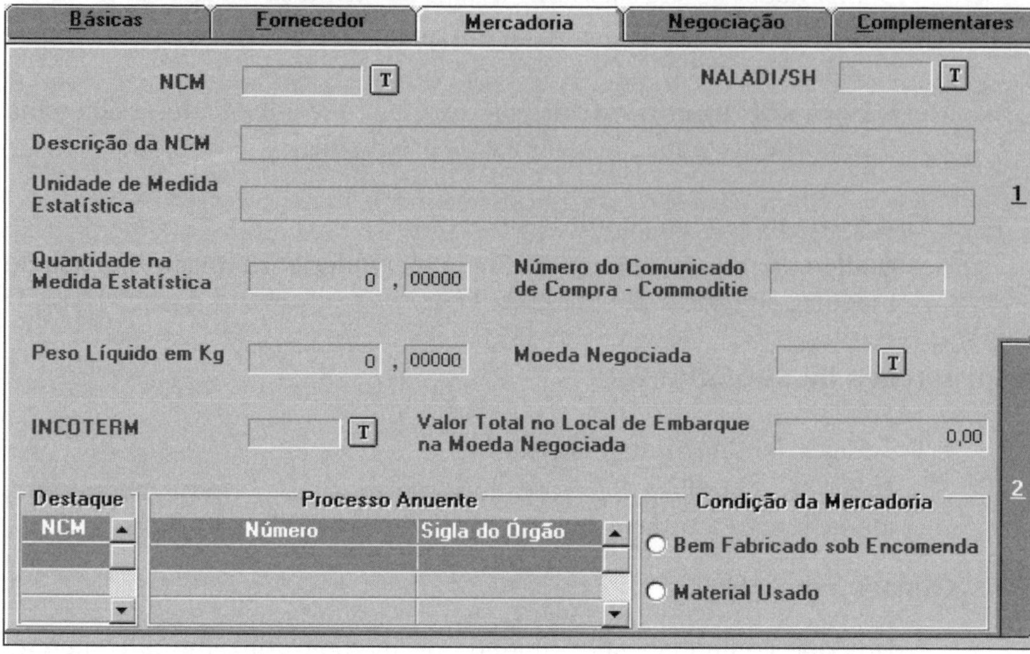

- Informações da subficha 2:

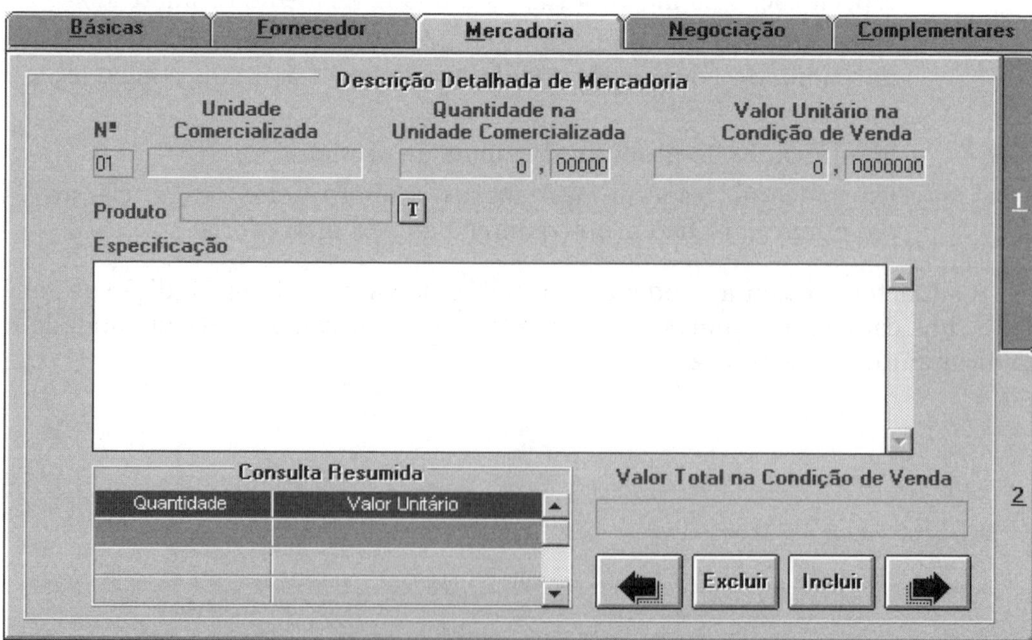

NEGOCIAÇÃO

Nesta tela, são preenchidas as informações básicas de negociação que constam em todo tipo de importação de mercadoria.

Acordos Tarifários

Nesta parte, são preenchidas informações sobre os acordos que concedem preferências tarifárias para a mercadoria, com os campos:

- **Tipo**

Código do tipo de acordo, conforme a tabela Tipos de Acordos, administrada pela SRF.

- **Código do Acordo Aladi**

Código do Acordo Aladi, conforme a tabela Acordos Aladi, administrada pela SRF.

Preenchimento obrigatório quando o país de procedência for membro da Aladi.

Regime de Tributação

Nesta parte, devem ser preenchidas informações acerca do regime de tributação pretendido para o Imposto de Importação, conforme tabela. Preenchimento obrigatório, com os campos:

- **Código**

Código do regime de tributação, conforme a tabela Regimes de Tributação, administrada pela SRF.

- **Fundamento Legal**

Código do fundamento legal que ampara o regime de tributação pretendido, conforme a tabela Fundamentação Legal, administrada pela SRF.

- **Agência Secex**

Código da unidade credenciada do Banco do Brasil, conforme a tabela "Agências Secex" administrada pela Secex.

Preenchimento obrigatório, quando fundamento legal for *drawback*.

- **Número do ato *drawback***

Número do ato concessório de *drawback*[2] com a seguinte formação: Prefixo da agência Secex/ano/sequencial-DV.

2 *Drawback*: regime aduaneiro especial (isenção, restituição e suspensão).

Cobertura Cambial

Nesta parte, é informada a caracterização da operação do ponto de vista cambial e de balanço de pagamentos, em relação à mercadoria objeto da adição, através da escolha nos botões de opção:

- **Com cobertura de até 180 dias:**
  - Modalidade de pagamento:

Modalidade em que foi contratado o pagamento da importação, conforme a tabela Modalidade de Pagamento, administrada pelo BACEN. Preenchimento obrigatório para as importações com cobertura cambial, pagáveis a prazo de até 360 dias.

  - Quantidade de dias – limite de pagamento:

Preenchimento obrigatório quando o indicador de cobertura referir-se ao item 7.1 até 180 dias.

- **Com cobertura de 181 até 360 dias:**
  - Modalidade de pagamento:

Modalidade em que foi contratado o pagamento da importação, conforme a tabela Modalidade de Pagamento, administrada pelo BACEN. Preenchimento obrigatório para as importações com cobertura cambial, pagáveis a prazo de até 360 dias.

- **Com cobertura acima de 360 dias:**
  - Instituição Financiadora:

Agente financiador do pagamento da importação, conforme a tabela Instituições Financiadoras, administrada pelo Banco Central. Preenchimento obrigatório para as importações com cobertura cambial, pagáveis em prazo superior a 360 dias.

- **Sem cobertura:**
  - Motivo:

Motivo da importação sem cobertura cambial: justificativa para a inexistência de cobertura cambial. Código, conforme a tabela Motivo da Importação sem Cobertura Cambial, administrada pelo BACEN.

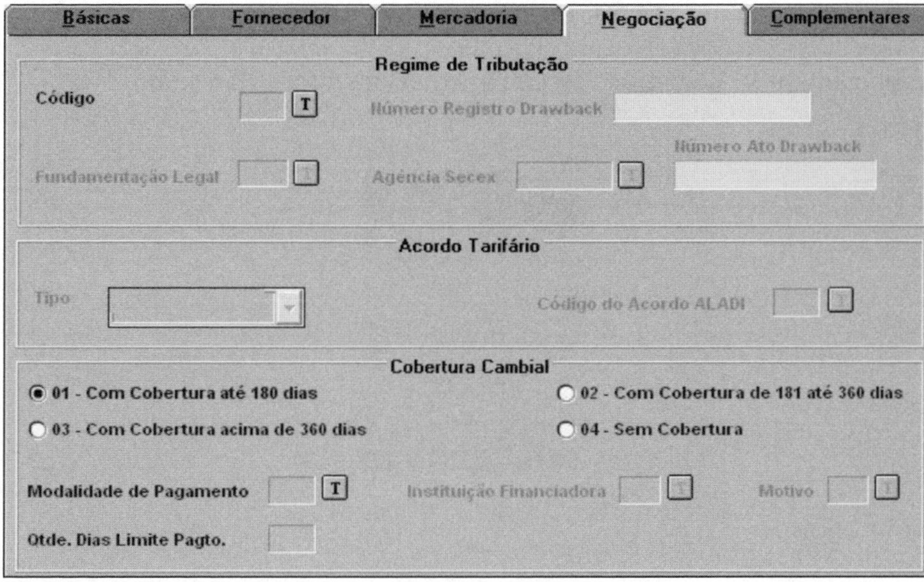

COMPLEMENTARES

Informações adicionais do importador que possam subsidiar os órgãos anuentes no processo de análise da solicitação de licenciamento não automático.

Preenchimento, quando necessário, em campo livre para detalhar informações. Insira o nome do contato e telefone, para o caso de o Decex necessitar de informações adicionais.

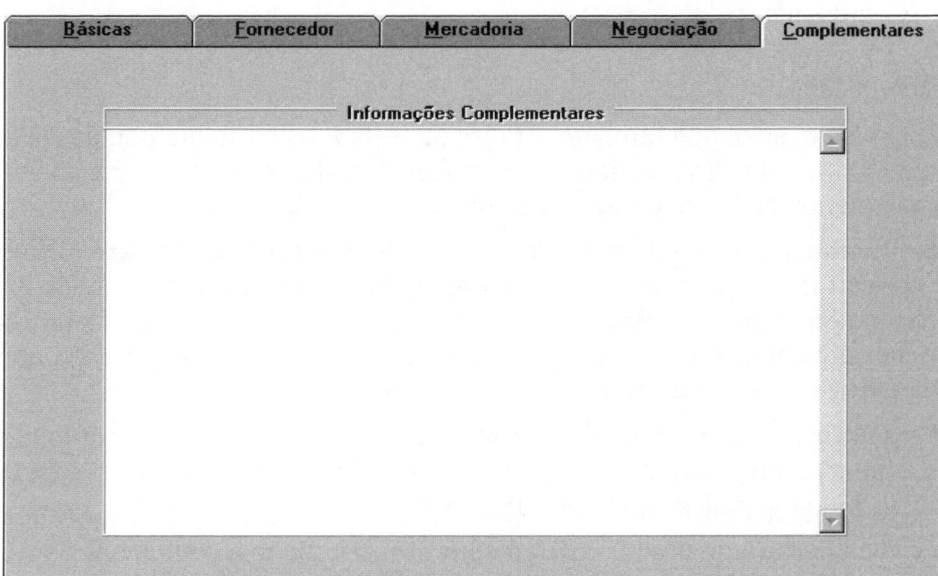

ITENS DA BARRA DE MENU

Licenciamento Registrar Diagnóstico Consultar Cancelar ?

Licenciamento

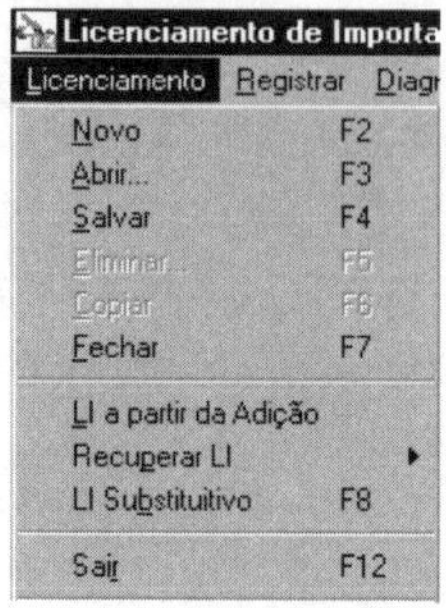

• Novo: 

Ao selecionar esta opção, acionada também através da tecla F2, o importador inicia a elaboração de um novo LI.

As informações a serem preenchidas pelo importador, que posteriormente serão transmitidas ao computador central, estão agrupadas em fichas como segue:

Básicas
Fornecedor
Mercadoria
Negociação
Complemento

• Abrir: 

Esta opção, acionada também através da tecla F3, possibilita que um LI anteriormente salvo no disco rígido do microcomputador seja aberto na memória, para complementação de dados e/ou correções.

O programa apresenta uma tela com as identificações dos LI armazenados, para seleção do LI desejado. Caso se deseje pesquisar um determinado LI segundo um identificador (Identificação, Licenciamento, Importador e Data), basta preencher o campo respectivo com a chave de pesquisa, e serão listados apenas os LI a partir do LI que satisfaz ao critério de pesquisa.

Para abrir um LI selecionado, clicar sobre o botão OK ou, com duplo clique, sobre a linha correspondente ao mesmo. O botão Cancelar interrompe a operação e o botão Ajuda aciona a Ajuda do SISCOMEX.

Com a abertura de um LI, o sistema apresenta uma tela com fichas para alterações nas informações e/ou captação de novas informações:

Básicas
Fornecedor
Mercadoria
Negociação
Complemento

Estas informações não precisam ser preenchidas em uma seqüência predeterminada, nem em uma única sessão. O importador pode ir preenchendo e alterando os campos à medida que deseje, sempre salvando o LI em seu disco rígido (comando Salvar) e carregando-o a cada sessão (comando Abrir), para complementação dos dados.

Ao acionar a opção Abrir com um LI na memória para o qual foram feitas alterações, o sistema alerta sobre o fato e dá a opção para salvá-lo antes de abrir o outro LI, evitando portanto perda de dados.

- Salvar: 

Esta opção, acionada também através da tecla F4, faz com que um LI que esteja sendo trabalhado na memória do microcomputador seja salvo no disco rígido, para posterior complementação de dados e transmissão ao computador central.

O LI recebe um número provisório, sequencial, que serve como identificação para posteriores acessos.

É importante salvar regularmente um LI sobre o qual se está trabalhando, para evitar perda de informações por causa de problemas operacionais.

- Eliminar: 

Esta opção, acionada também através da tecla F5, faz com que um LI anteriormente salvo no disco rígido do microcomputador seja eliminado do mesmo.

O programa apresenta uma tela com as identificações dos LI armazenados. Caso se deseje pesquisar LI segundo um identificador (Identificação, Licenciamento, Importador e Data), basta preencher os campos respectivos com a chave de pesquisa, e serão listados apenas os LI a partir do LI que satisfaz ao critério de pesquisa.

Para eliminar um LI selecionado, clicar sobre o botão OK ou, com duplo clique, sobre a linha correspondente aos mesmos.

É possível eliminar mais de um licenciamento em uma operação, basta selecionar uma faixa (marcar o início da faixa clicando numa linha e a seguir marcar o fim da faixa clicando em outra linha, mantendo pressionada ao mesmo tempo a tecla SHIFT) ou selecionar vários licenciamentos (marcando-os com um clique do *mouse*, mantendo ao mesmo tempo pressionada a tecla CTRL).

Os LI com a identificação igual a EXTERNO só possuem dados de diagnóstico, os quais poderão ser eliminados normalmente nesta opção Eliminar, caso sejam selecionados.

O botão Cancelar cancela a operação e o botão Ajuda aciona a Ajuda do SISCOMEX.

Antes de eliminar os LI, o sistema apresenta uma tela de confirmação de eliminação.

- Copiar: 

Esta opção, acionada também através da tecla F7, possibilita a cópia das informações de um LI já armazenado no disco rígido do microcomputador para outro LI em memória.

O programa apresenta uma tela com as identificações dos LI armazenados. Caso se deseje pesquisar LI segundo um identificador (Identificação, Licenciamento, Importador e Data), basta preencher os campos respectivos com a chave de pesquisa, e serão listados apenas os LI a partir do LI que satisfaz ao critério de pesquisa.

É possível copiar mais de um licenciamento em uma operação: basta selecionar uma faixa (marcar o início da faixa clicando numa linha e a seguir marcar o fim da faixa clicando em outra linha, mantendo pressionada ao mesmo tempo a tecla SHIFT) ou selecionar vários licenciamentos (marcando-os com um clique do *mouse*, mantendo ao mesmo tempo pressionada a tecla CTRL).

Para copiar um LI selecionado, clicar sobre o botão OK ou, com duplo clique, sobre a linha correspondente ao mesmo.

Caso for selecionado para cópia um LI já registrado, ele será copiado e o novo LI não receberá número de transmissão nem número de licenciamento.

Caso for selecionado para cópia um LI substitutivo, ele será copiado e o novo LI não será um substitutivo, uma vez que o número do LI substitutivo será zerado.

O botão Cancelar cancela a operação e o botão Ajuda aciona a Ajuda do SISCOMEX.

Em seguida, é aberto o novo LI, com os dados copiados do LI inicial.

- Fechar:

Esta opção, acionada também através da tecla F6, faz com que a área de trabalho de um LI na memória seja liberada.

Ao se acionar esta opção com um LI na memória para o qual foram feitas alterações e não foi acionada a opção Salvar, o sistema alerta sobre o fato, dando a opção para salvá-lo antes de liberar a memória, evitando portanto perda de dados.

- LI a partir da Adição:

Esta opção possibilita ao importador que elaborou uma Adição neste micro e verificou, através do Diagnóstico ao submeter a DI para análise ou para registro, que a Adição está sujeita a Licenciamento não Automático, que o LI seja elaborado com base nas informações já preenchidas na confecção da Adição, sem necessidade de complementação ou redigitação de dados.

Ao escolher esta opção, é apresentada uma lista de Adições armazenadas no micro. O importador deverá selecionar uma delas, e o sistema copiará para a base dos LI os dados correspondentes.

- Recuperar LI:

Esta opção possibilita ao importador recuperar para seu micro, a partir da base residente no computador central do SISCOMEX, licenciamentos já registrados, utilizando como argumento da pesquisa:

  - Número de LI
  - Importador/situação/período
  - Importador/situação/período/tratamento
  - Importador/situação/período/tratamento/NCM
  - LI substitutivo:

O LI substitutivo tem como objetivo possibilitar ao importador a elaboração de um novo LI com base em um LI já registrado, para garantir a mesma data de deferimento do LI substituído. Com isso, só é aceito o registro de LI substitutivo se o LI substituído já foi deferido pelos anuentes. Feito o registro do LI substitutivo, ele deverá sofrer análise pelos respectivos órgãos anuentes.

Ao ser acionada esta opção, é exibida uma tela que contém a relação de todos os LI registrados armazenados no micro. O importador deverá selecionar um LI, cujos dados serão copiados para o novo LI, levando seu número de licenciamento para o campo "número de licenciamento substituído no novo LI". Em seguida, o sistema abre este novo documento, permitindo a alteração de campos.

- Sair: 

Esta opção, acionada também pela tecla F9, possibilita sair do sistema, encerrando a sessão de trabalho.

Ao se acionar esta opção com um LI na memória, para o qual foram feitas alterações e sem que tenha sido acionada a opção Salvar, o sistema alerta sobre o fato, dando a opção para salvá-lo antes de encerrar a sessão, evitando portanto perda de dados.

Registrar

Nas transmissões para registro, quando não houver erros ou quando houver erros não impeditivos do registro e o importador confirmar sua opção, será gerada uma numeração pelo SISCOMEX, sequencial em nível nacional, independentemente do tipo de declaração, tendo-se por concluída a operação de registro.

Em princípio, na hipótese da existência de irregularidades, o registro não será efetivado e um diagnóstico com indicação das irregularidades ficará disponível para consulta do importador. No entanto, dependendo do tipo de irregularidade, será permitido ao importador registrar sua declaração. Nesses casos, o sistema disponibilizará, no extrato, indicativo das irregularidades para a fiscalização.

Identificada a mercadoria que requeira Licenciamento Não Automático sem que o mesmo tenha sido deferido, tal fato será apontado no diagnóstico. Neste caso, não será permitido o registro da declaração.

A declaração poderá ser registrada, por opção do importador, com base exclusivamente em determinação judicial. Neste caso, o sistema indicará, no extrato, tal ocorrência, para apoiar a fiscalização.

Nas unidades onde o Mantra estiver implantado, o registro da DI dar-se-á somente após a chegada do veículo transportador (existência do termo de entrada no Mantra). A falta de lavratura do termo não impedirá o registro, porém a carga deverá estar disponibilizada no Mantra.

Eventuais divergências que impeçam a vinculação da DI/Conhecimento de Carga deverão ser solucionadas, no Mantra, após a etapa de recepção de documentos e antes da distribuição da DI para a conferência física e desembaraço, se verificada através do Mantra a disponibilidade da carga. Nesse momento, o SISCOMEX vinculará essa DI à carga correspondente.

Para as unidades que não possuem o Mantra, a informação da presença da carga e da data de chegada será prestada pelo importador quando da elaboração da DI e confirmada na recepção dos documentos através da informação do depositário, mediante averbação no extrato da DI ou documento equivalente.

No caso de despacho antecipado, não será exigida a informação da presença da carga preliminarmente ao registro da DI.

Diagnóstico

O acesso ao diagnóstico de aceitação ou de irregularidade será permitido aos respectivos importadores, através do número gerado em tempo de transmissão do licenciamento ou através do número de identificação do LI pelo importador.

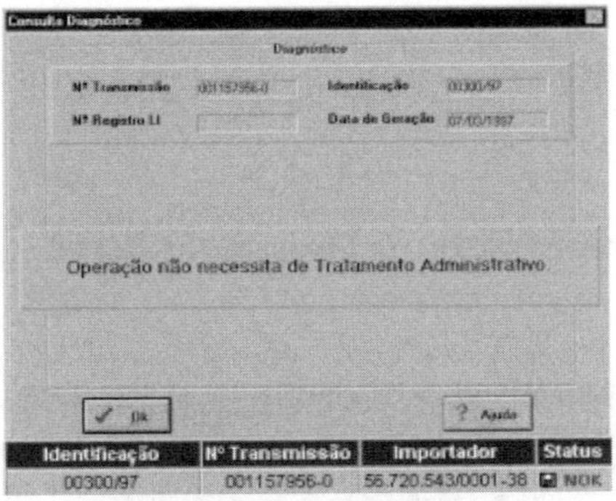

Não necessita de tratamento administrativo

ou

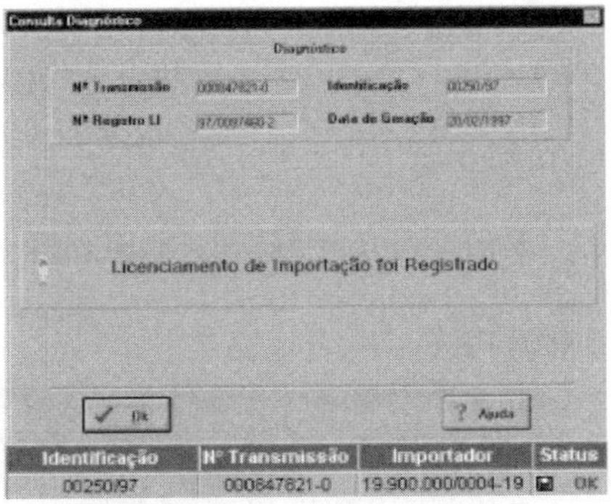

Necessita de tratamento administrativo

Consultar 

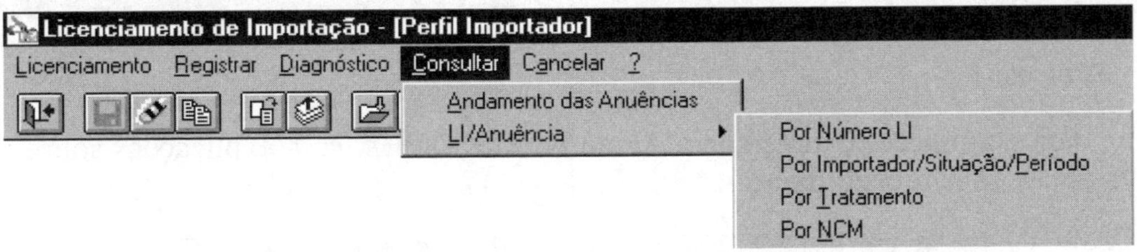

- Andamento das Anuências:

Esta opção permite a consulta das informações de LI, por número do licenciamento.

O sistema recupera as informações atuais das anuências pertinentes ao licenciamento, como: tipo de tratamento administrativo, órgão anuente envolvido na anuência, situação do LI etc.

Os LI a serem consultados podem estar armazenados no micro e/ou no computador central. Na consulta, os LI devem constar como *deferido* ou *indeferido*, segundo análise do órgão anuente.

- LI/Anuência:

Esta opção permite a consulta das informações de LI, por:

- número de LI;
- importador/situação/período;
- importador/situação/período/tratamento;
- importador/situação/período/tratamento/NCM.

O sistema recupera as informações atuais das anuências pertinentes aos respectivos LI e todos os dados registrados do mesmo.

Cancelar

Esta opção permite cancelar um ou vários LI registrados na base do SISCOMEX.

? (Ajuda)

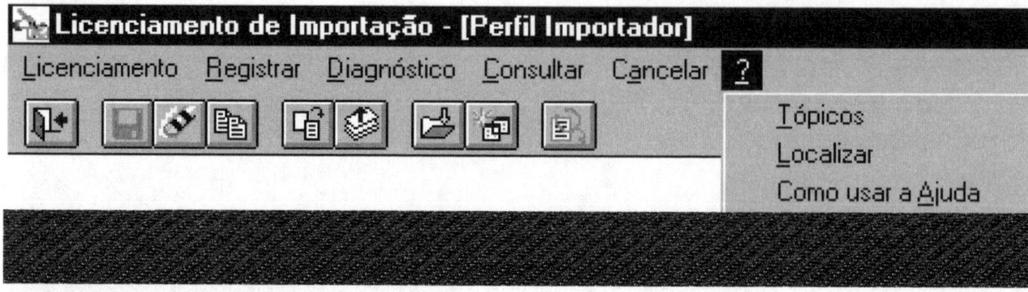

• Tópicos:

Por esta opção, é acionada a Ajuda do SISCOMEX, com explicações sobre o sistema e seus procedimentos.

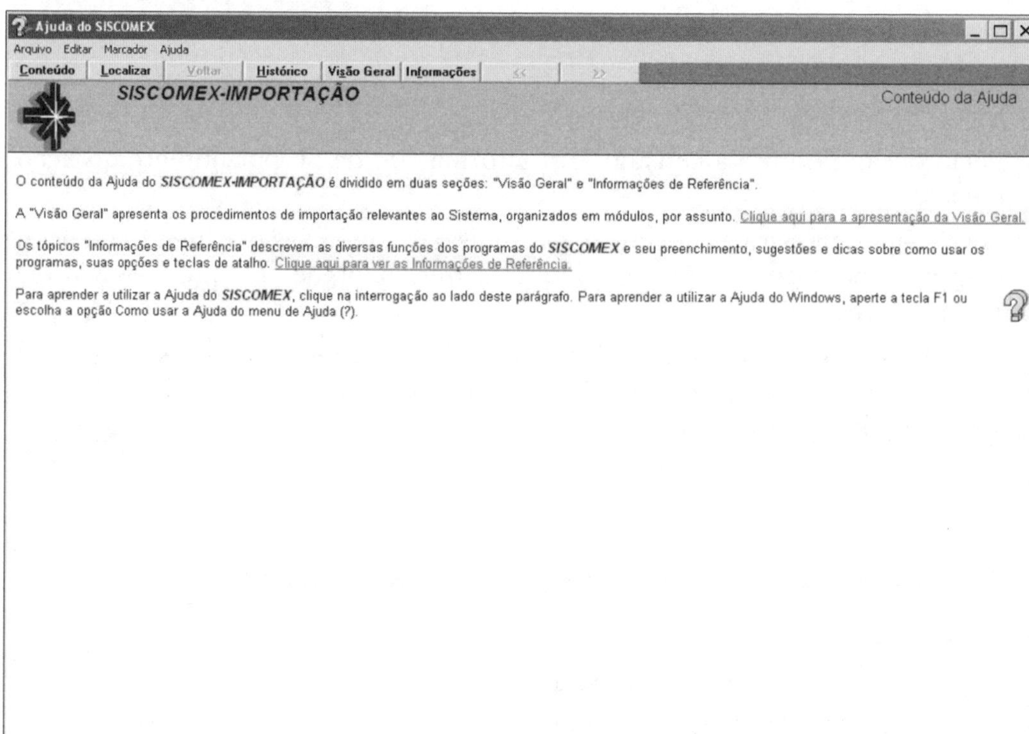

• Localizar

Por esta opção, é acionada a Ajuda do SISCOMEX, para pesquisa de informações sobre o Sistema e seus procedimentos através de conceitos-chaves.

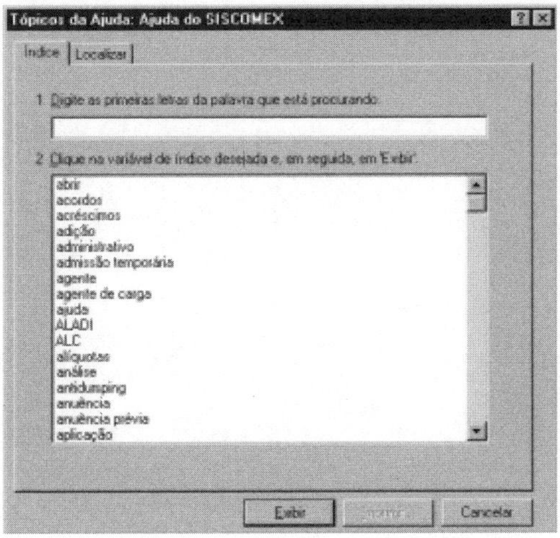

e

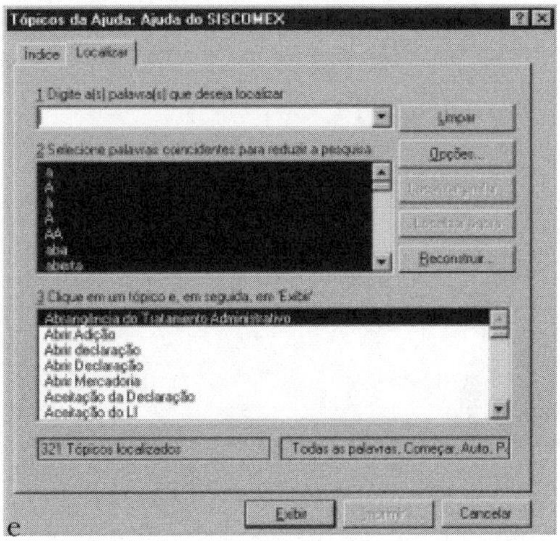

• Como utilizar a Ajuda

Por esta opção, aparece uma explicação sobre como utilizar a Ajuda do Windows.

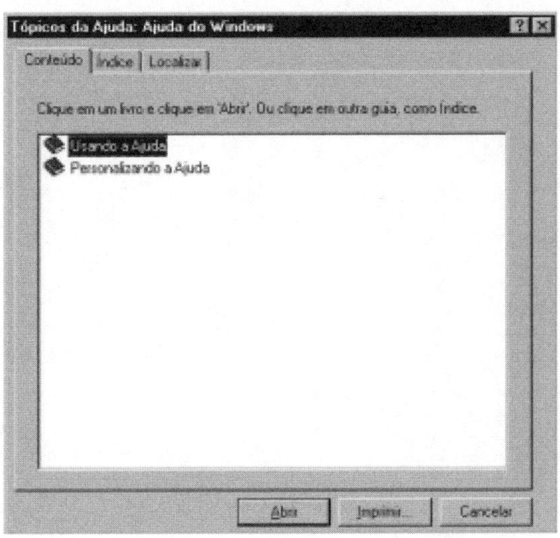

• Sobre o SISCOMEX

Por esta opção, aparecem informações sobre o SISCOMEX e sua versão.

Apêndice B
SISCOMEX-DI – Declaração de Importação *Online*

Elaboração da Declaração de Importação

A DI compreende o conjunto de informações gerais correspondentes a determinada operação de importação e conjuntos de informações específicas de cada mercadoria objeto da importação – Adição.

A DI será elaborada pelo importador em seu equipamento, sem que este necessite estar interligado ao computador central. Nessa fase de preenchimento da declaração no microcomputador do importador, serão feitas validações quanto às informações sem que com isso seja necessária a conexão *online* no sistema.

O SISCOMEX permitirá a composição de uma nova DI com base em outra anteriormente preenchida e armazenada em seu microcomputador, bastando que o importador escolha a função Copiar Declaração na opção Declaração do módulo Declaração de Importação. Será gerada uma declaração com os mesmos dados da declaração copiada, inclusive com suas adições. O importador deverá salvar essa nova DI para que seus dados fiquem armazenados em seu microcomputador.

O processo de elaboração da DI pelo importador compreende:

a. introdução dos dados gerais da declaração, ou seja, comuns a todas as mercadorias, inclusive dos seguintes dados de pagamento dos tributos:
   - código da receita, conforme tabela da Cosar;
   - código do banco/agência, conforme tabela do BACEN; e
   - valor e data do pagamento;
b. introdução dos dados específicos de cada uma das mercadorias não sujeitas a Licenciamento Não Automático, denominado de adição;

c. nos casos de mercadorias com Licenciamento Não Automático, indicação dos números dos respectivos LI e introdução dos dados complementares exigíveis na adição.

Em geral, cada adição corresponde a uma mercadoria. No entanto, considerando a elevada quantidade de adições que haveria com essa definição, poderá ser admitida mais de uma mercadoria por adição, desde que:

a. As mercadorias que compõem a adição tenham em comum:
   - NCM/Ex/Ato;
   - NBM/Ex/Ato;
   - Naladi/Ex/Ato;
   - regime de tributação;
   - natureza cambial;
   - fabricante/produtor;
   - exportador;
   - Licenciamento Não Automático (LI);
   - condição de venda;
   - unidade de medida da alíquota específica;
   - capacidade do recipiente para IPI/bebidas;
   - unidade para fins estatísticos;
   - método de valoração aduaneira;
   - país de procedência, e
   - acordo Aladi;
b. a descrição, a unidade de medida, a quantidade na unidade de medida e o valor na condição de venda sejam destacados na adição;
c. quando houver necessidade de especificação de uma mercadoria, as regras anteriores não sejam observadas e a mercadoria seja destacada com sufixo de valor.

Transmissão da Declaração

Todo acesso ao SISCOMEX nas funções que interagirem com o computador central deverá ser feito pelo próprio importador ou por seu representante legal.

As declarações transmitidas para o computador central receberão, quando da transmissão, um número de transmissão gerado pelo sistema.

O importador fará a opção, se a transmissão dos dados de sua declaração será para simples análise ou para registro.

O sistema, computador central, fará críticas às informações prestadas pelo importador. A declaração poderá conter erros impeditivos do registro, erros não impeditivos do registro ou poderá estar sem erros.

Quando houver erros não impeditivos do registro, o sistema perguntará se o importador realmente deseja registrar aquela DI. Em caso afirmativo, o SISCOMEX procederá ao registro da DI.

Os usuários cujas operações de importação já estiverem informatizadas poderão empregar uma transmissão-padrão do SISCOMEX, transferindo as informações necessárias diretamente de seus equipamentos para o sistema, com base numa estrutura de dados previamente definida.

O importador receberá, pelo sistema, mensagem de conclusão da transmissão.

O importador poderá transmitir mais de uma declaração, para análise ou registro, recebendo ao final da operação uma mensagem de conclusão da transmissão.

Aceitação da Declaração

Nas transmissões exclusivamente para análise, as informações serão validadas quanto à consistência, sendo disponibilizado um diagnóstico para o importador, em forma de consulta. Nesse momento, não serão exigidas as informações sobre pagamento dos tributos.

Para as declarações submetidas a registro, serão exigidos, no processo de validação das informações, os dados relacionados ao pagamento dos tributos devidos e dados da chegada da carga. Quando se tratar de despacho antecipado, não serão exigidos os dados da chegada da carga

Registro da Declaração

Nas transmissões para registro, quando não houver erros ou quando houver erros não impeditivos do registro e o importador confirmar sua opção, será gerada uma numeração pelo SISCOMEX, sequencial em nível nacional, independentemente do tipo de declaração, tendo-se por concluída a operação de registro.

Em princípio, na hipótese da existência de irregularidades, o registro não será efetivado e um diagnóstico com indicação das irregularidades ficará disponível para consulta do importador. No entanto, dependendo do tipo de irregularidade, será permitido ao importador registrar sua declaração. Nesses casos, o sistema disponibilizará, no extrato, indicativo das irregularidades para a fiscalização.

Identificada a mercadoria que requeira Licenciamento Não Automático sem que o mesmo tenha sido deferido, tal fato será apontado no diagnóstico. Neste caso, não será permitido o registro da declaração.

A declaração poderá ser registrada, por opção do importador, com base exclusivamente em determinação judicial. Neste caso, o sistema indicará, no extrato, tal ocorrência, para apoiar a fiscalização.

Nas unidades onde o Mantra estiver implantado, o registro da DI dar-se-á somente após a chegada do veículo transportador (existência do termo de entrada no Mantra). A falta de lavratura do termo não impedirá o registro, porém a carga deverá estar disponibilizada no Mantra.

Eventuais divergências que impeçam a vinculação da DI/Conhecimento de Carga deverão ser solucionadas, no Mantra, após a etapa de recepção de documentos e antes da distribuição da DI para a conferência física e desembaraço, se verificada através do Mantra a disponibilidade da carga. Nesse momento, o SISCOMEX vinculará essa DI à carga correspondente.

Para as unidades que não possuem o Mantra, a informação da presença da carga e da data de chegada será prestada pelo importador quando da elaboração da DI e confirmada na recepção dos documentos por meio da informação do depositário, mediante averbação no extrato da DI ou documento equivalente.

No caso de despacho antecipado, não será exigida a informação da presença da carga preliminarmente ao registro da DI.

Consulta ao Diagnóstico

O acesso ao diagnóstico de aceitação ou de irregularidade será permitido aos respectivos importadores, por meio do número gerado em tempo de transmissão da declaração ou por meio do número de identificação da DI pelo importador.

Emissão do Extrato

O extrato de uma declaração é o documento subsidiário à fiscalização no curso do despacho e na revisão aduaneira, contendo os seguintes dados:

a. informações básicas da operação;
b. informações específicas de cada mercadoria; e
c. no caso de adição com mais de uma mercadoria:
    - informações comuns às mercadorias; e
    - informações específicas de cada mercadoria.

O extrato da declaração será emitido pelo importador, em seu microcomputador, em duas vias, sendo a primeira destinada à SRF e a segunda ao importador, para acompanhar a mercadoria desembaraçada juntamente com o Comprovante de Importação.

No caso de DI registrada com irregularidades, estas serão relacionadas no extrato. Também serão relacionadas as ressalvas e condicionantes apontadas no LI.

O importador poderá imprimir vias adicionais do extrato. O Sistema também permitirá a impressão de todos os dados da DI quando for de interesse da administração ou do importador.

Recepção dos Documentos

Efetivado o registro da DI, o importador deverá apresentar à repartição aduaneira de despacho o extrato da declaração, acompanhado dos documentos que instruem o despacho, que serão recepcionados e registrados no SISCOMEX por servidor designado para esse fim.

Não haverá recepção dos documentos quando:

a. a documentação estiver incompleta;
b. não for comprovada a chegada da mercadoria (exceto despacho antecipado);
c. o extrato apresentado estiver ilegível, incompleto ou rasurado; ou
d. forem constatadas irregularidades no credenciamento do representante do importador.

O servidor registrará a recepção com ressalva se:

a. forem apresentados documentos não indicados na DI;
b. a chegada da mercadoria tiver ocorrido após o registro da DI (exceto despacho antecipado);
c. os valores recolhidos e/ou compensados forem diferentes dos valores a recolher.

Consulta à Declaração de Importação

Serão colocadas à disposição dos usuários (importadores e gestores) consultas sobre as informações das respectivas DI registradas.

Retificação da DI

Essa função permite ao importador formular uma solicitação de Retificação de Declaração, quando for constatado, pelo próprio importador ou pela fiscalização aduaneira, que houve erro na confecção da DI ou mudança no valor dos impostos. Em qualquer caso, haverá a necessidade do deferimento do órgão responsável pela análise da retificação, para que a DI seja alterada.

- Declaração: quando solicitada a recuperação da declaração, o importador deverá informar, nesse campo, o número do registro da DI no SISCOMEX.
- Tipos de retificação: preencher a caixa de verificação relativa ao tipo de retificação que se deseja realizar:
  01. Alteração somente de dados cambiais de pagamento – antes do desembaraço.
  02. Complementação de dados – despacho antecipado.

03. Tributos adicionais – entrega fracionada.
04. Alteração da DI antes do desembaraço.
05. Alteração do tipo de declaração.
06. Alteração somente de dados cambiais de pagamento – após o desembaraço.

A Solicitação de Retificação da Declaração de Importação receberá um número pelo sistema: número do registro da DI acompanhado pelo número sequencial da solicitação de retificação relativa àquela DI (ex.: 96/0000000-0-000).

Quando solicitada a Retificação da DI, tipos 02, 03, 04, 05, o sistema não permitirá que seja desembaraçada a declaração até que seja analisada a solicitação de retificação.

A autoridade aduaneira, no curso do despacho, poderá interrompê-lo quando verificar irregularidade que necessite de retificação da declaração pelo importador, fazendo a devida exigência ao sistema.

A autoridade aduaneira fará a baixa da interrupção no SISCOMEX quando verificar a regularidade da solicitação de retificação da declaração de importação.

As solicitações de retificação da DI relativas aos dados cambiais (tipos: 01 e 06) serão analisadas pelo BACEN, podendo ser feitas antes (tipo 01) ou depois (tipo 02) do desembaraço aduaneiro. Esse tipo (01) de solicitação de retificação não impedirá o desembaraço da mercadoria objeto do despacho.

O sistema não permitirá a solicitação da retificação (tipos: 02, 03, 04, 05) após ter sido registrado o desembaraço da declaração no SISCOMEX.

Despacho Aduaneiro

O processo de despacho aduaneiro será instruído com o extrato da declaração de importação, sendo registrado no sistema o andamento do despacho: recepção, seleção parametrizada para os canais (verde, amarelo ou vermelho), distribuição, exigências, interrupções, desembaraço etc., bem como as solicitações de retificação da declaração de importação.

Comprovante de Importação

Após o registro do desembaraço das mercadorias no SISCOMEX, o fiscal da Receita Federal designado emitirá o Comprovante de Importação, aporá carimbo e assinatura, e o entregará ao importador. No caso de despacho com entrega fracionada da mercadoria, o comprovante será emitido ao final do processo.

Cancelamento da DI

Essa função permite à autoridade aduaneira realizar o cancelamento da declaração de importação, quando:

- no despacho antecipado, ficar devidamente comprovado que a mercadoria não ingressou no país ou foi descarregada em unidade da SRF diversa daquela onde ocorreu o registro da declaração;
- a mercadoria não atender aos controles específicos de outro órgão governamental e esse determinar seu retorno ao exterior ou sua destruição;
- perante a autoridade aduaneira, ficar comprovado erro manifesto.

Integração com o BACEN

As informações sobre os despachos liberados e respectivas retificações serão disponibilizadas diariamente ao BACEN, para apoio às atividades de aplicação de câmbio.

Declaração Simplificada de Importação

Declaração Simplificada de Importação (DSI) é um documento de preenchimento simplificado, utilizado nas importações com ou sem cobertura cambial, cujo valor não ultrapasse US$ 3.000,00 (três mil dólares dos Estados Unidos da América) ou o equivalente em outra moeda.

Se houver Licença Simplificada de Importação (LSI), para a operação ou produto, os respectivos dados migrarão automaticamente para a DSI, quando for informado o respectivo número no SISCOMEX.

Maiores detalhes sobre a DSI, consulte a seção 4.11 deste livro.

GLOSSÁRIO DO SISCOMEX

Adição. Conjunto de informações específicas de determinada mercadoria de uma DI.

Aladi. Associação Latino-Americana de Integração.

AWB. Airway Bill – Documento emitido pelo transportador ou consolidador, constitutivo do contrato de transporte.

BACEN. Banco Central do Brasil.

CNPJ. Cadastro Nacional de Pessoas Jurídicas do Ministério da Fazenda.

Cosar. Coordenação Geral do Sistema de Arrecadação da Secretaria da Receita Federal.

CPF. Cadastro de Pessoas Físicas.

DAC. Depósito Aduaneiro Certificado.

DARF. Documento de Arrecadação de Receitas Federais.

DCI. Declaração Complementar de Importação, utilizada para alertar dados da DI.

Delta. Sistema de Despacho, Legislação e Tarifa Aduaneira Automatizado.

DI. Declaração de Importação.

Drawback. Regime aduaneiro especial (isenção, restituição e suspensão).

EIZOF. Entreposto Internacional da Zona Franca de Manaus.

GATT. Acordo Geral sobre Tarifas Aduaneiras e Comércio.

Incoterm. Termos Internacionais de Comércio

LI. Licenciamento de Importação; documento utilizado para os procedimentos de Licenciamento Não Automático de importação.

Licenciamento Não Automático. Formalidades que devem ser cumpridas para importar determinadas mercadorias.

Lince. Sistema de Linha de Informações de Comércio Exterior.

Logon. Processo de conexão à rede Serpro. Todo módulo do sistema SISCOMEX que, embora sendo executado no equipamento local, precisa de informações armazenadas no computador central, é obrigado a efetuar este processo.

Para garantir a segurança das informações, em toda entrada no sistema é solicitado ao usuário que informe seu código (CPF) e sua senha, só sendo permitido seu acesso se estas forem validadas pelo sistema de controle de acesso.

Mantra. Sistema Informatizado do Controle de Manifesto, Trânsito e Armazenagem.

Mercosul. Mercado Comum do Cone Sul.

Naladi. Classificação da mercadoria, segundo a "Nomenclatura da Associação Latino-americana de Integração" (Aladi), com base no Sistema Harmonizado de Codificação e Designação de Mercadorias (Naladi/SH) ou na Nomenclatura do Conselho de Cooperação Aduaneira (Naladi/NCCA).

NBM. Classificação da mercadoria, segundo a "Nomenclatura Brasileira de Mercadorias".

NCM. Classificação da mercadoria, segundo a "Nomenclatura Comum do Mercosul".

NVE. Nomenclatura de Valor e Estatística – complemento da nomenclatura NCM, para fins de uniformização da identificação do produto.

OMC. Organização Mundial de Comércio.

RE. Registro de Exportação.

REI. Registro de Exportadores e Importadores.

ROF. Registro de Operação Financeira. Registro no SISBACEN de uma operação de crédito ou de prestação de serviços, contratada entre um devedor nacional e um credor/fornecedor externo. No SISCOMEX, inclui operações com prazo de pagamento superior a 360 dias, relativas a importações financiadas, arrendamento mercantil e aluguel/arrendamento simples/afretamento de embarcações, bem como operações de investimento em bens.

SRF. Secretaria da Receita Federal.

UF. Sigla da Unidade da Federação (Estado, Território ou Distrito Federal).

URF. Unidade da Secretaria da Receita Federal.

5

Política Brasileira de Exportação

Do ponto de vista da economia nacional, o principal motivo para exportar é obter recursos para pagamento das importações necessárias a sua vida econômica. O exportador, além de o país obter divisas, absorve tecnologia e alcança maior produtividade.

A exportação é a atividade que proporciona a abertura do país para o mundo. É uma forma de se confrontar com os demais parceiros e, principalmente, frequentar a melhor escola de administração, já que, lidando com diferentes países, o país exportador assimila técnicas e conceitos a que não teria acesso em seu mercado interno.

Para melhorarmos nossa posição no *ranking* dos países exportadores, nossa política de comércio exterior deve atentar para vários fatores:

- trabalhar a imagem do Brasil no exterior;
- ampliar a integração regional, tendo, porém, uma postura de efetiva cooperação;
- inserir a política de comércio exterior no contexto da política econômica, agrícola, industrial, educacional. Por que não um "Ministério de Comércio Exterior"?;
- negociar acordos com os países industrializados, aumentando a cooperação tecnológica;
- incentivar a exportação de manufaturados com alto valor agregado;
- abolir o imediatismo, o "querer levar vantagem";
- qualificar o exportador;
- qualificar o produto;

- incentivar o exportador, não só reduzindo e deduzindo impostos ou concedendo financiamentos a juros subsidiados, porém:
  - fixar as regras do jogo;
  - incentivar a internacionalização e a capacitação gerencial;
  - reduzir práticas burocráticas;
  - praticar uma política cambial realista;
  - estar aberto a novas formas de exportação.

5.1 RAZÕES PARA EXPORTAR

1. **Exportação como uma exigência de política econômica nacional.**

   A exportação pode revelar-se um imperativo da política econômica do governo.

   A necessidade de gerar divisas para comprar os produtos que não produzimos aqui, a importação de equipamentos de tecnologia avançada e até mesmo a formação de reservas para aquisição de mercadorias que, por motivos estratégicos, se deseja importar: são motivos suficientes para orientar a política econômica governamental.

2. **Lucro nas vendas externas motiva o empresário a atuar nessa área.**

   Até para evitar sazonalidades nas vendas internas, o empresário pode aumentar seu leque de compradores, selecionando-os no exterior, de maneira a não perder suas receitas e objetivando aumentar seus lucros.

3. **Exportação como defesa de imprevisíveis alterações no mercado interno.**

   Como citado no item 2, a empresa pode e deve prevenir-se de oscilações que o mercado interno possa oferecer, tendo em vista a adoção, nos anos recentes, de "planos" de combate à inflação, cujos resultados nem sempre foram satisfatórios, com consequências danosas aos produtores e consumidores.

4. **A exportação pode funcionar como um redutor de riscos.**

   Exportando, o empresário estará diluindo seus riscos.

5. **Granjeamento de prestígio.**

   O produto *for exportation*, sem dúvida, goza de excelente prestígio junto aos consumidores. Ao fincar sua marca no exterior, o empresário certamente desfrutará de mais conceito junto ao mercado nacional.

6. **A exportação atenderá a uma necessidade do país importador.**

   A exportação, além de atender ao interesse do vendedor, virá ao encontro do próprio interesse das nações que é o de comprar no exterior aquilo que não produz internamente, por ignorância, desconhecimento ou até por desinteresse.

5.2 O QUE EXPORTAR

Nosso produto, evidentemente. Mas só o nosso? Não. Poderemos vender outros produtos que não sejam de nossa linha de produção. Por outro lado, nossa empresa poderá ser uma comercial exportadora e importadora e nada fabricar.

A concorrência local e internacional, consequência da globalização mundial dos mercados, obriga as empresas a esmerarem-se na qualidade de seus produtos. E essa procura insistente da qualidade pode ter levado nossa empresa a preparar-se para vender lá fora. É nosso *made in Brazil*. Por que não?

Entretanto, em alguns casos, haverá necessidade de adaptação do produto, em função de embalagem apropriada, de religião, hábitos culturais, dos costumes, de atendimento às normas técnicas locais etc.

Elencamos a seguir os cuidados que devem ser tomados pela empresa:

1. **Verificar se o produto atende às necessidades do mercado**

   Evidentemente, o produto deverá atender às necessidades de nosso mercado-alvo. Por isso, como veremos em seguida, há necessidade de pesquisa para sabermos se o mercado receberá bem nosso produto.

2. **Verificar se o produto atende as necessidades específicas**

   É óbvio que a mercadoria vendida deve atender às especificações técnicas solicitadas e prometidas em contrato ou na fatura *pro forma*.

3. **Verificar se o produto apresenta vantagens para o mercado-alvo**

   O produto deve oferecer um *plus* ao mercado. Se não oferecer vantagens competitivas, não vemos motivo para atacar tal mercado. O dinheiro será jogado pela janela. E sem retorno.

4. **Verificar se o produto é compatível com o clima, se não fere sentimentos religiosos e não contraria hábitos locais**

   Este é um assunto delicado. É como vender carro sem ar-condicionado para compradores de regiões quentes, como, por exemplo, líbios, iraquianos etc.

5. **Verificar se o sistema de pesos e medidas utilizado em seu produto atende às exigências do mercado a ser atingido**

   O sistema métrico não é utilizado em todo o mundo, bem como não o são as medidas de peso. Verificar antes de fechar o negócio. Especial cuidado deve-se ter na fabricação, embalagem e despacho e quanto ao respeito às normas do país de destino.

6. **Confirmar se o idioma utilizado na embalagem do produto é o do mercado local ou se o produto poderá ser comercializado com rótulo em português**

   O leitor deve lembrar-se de que o idioma português só é falado em Portugal, Brasil e alguns países da África. Embora a população seja grande, pela influência brasileira, são poucas as regiões que falam nossa língua. Verificar se há necessidade de apor instruções no vernáculo local ou em inglês.

7. **Checar se a embalagem é apropriada para o trânsito até a fronteira do país e no seu interior até a chegada ao destino**

   Para não ocorrerem problemas com o acondicionamento do produto final embalado, verificar se a mercadoria pode ser transportada a granel, em *container* etc.

5.3 PARA QUEM EXPORTAR

Esta é outra decisão delicada que o empresário deverá tomar. Pretenderá vender para países distantes porque seu produto encontra mercado consumidor em crescimento, caso dos países asiáticos, ou venderá para países mais ricos, mais desenvolvidos, porém com mais exigência de qualidade? E a distância geográfica, que sempre pesará nos custos de fretes?

Além do risco comercial, deverá ser feita uma avaliação do risco político (nações com instabilidade política, problemas com balança de pagamentos etc.).

Sintetizando as decisões anteriores, alinhavamos as questões:

1. **Quem são nossos concorrentes no mercado-alvo?**

   É muito importante saber quem são nossos concorrentes, para prepararmos nossa estratégia de conquista do mercado. Ou retirada... Não importa. Devemos saber com quem competiremos e quais são nossas possibilidades.

2. **Como funciona o sistema cambial** (centralizado no Banco Central ou liberdade vigiada, isto é, câmbio livre, supervisionado por autoridade monetária local)?

   Se o sistema cambial é centralizado, normalmente revela que o país tem dificuldade com sua balança de pagamentos. É aí que acontecem os riscos políticos. O cliente paga em moeda local, mas o Banco Central não autoriza a conversão e remessa das divisas.

3. **Economia fechada e mercado fortemente protegido**, com barreiras "não tarifárias" que obrigam a verdadeiros artifícios para atingir tal mercado.

   Mercados com medidas de proteção "não tarifárias", economia fechada, são verdadeiras pragas. Evite-os.

4. Estabilidade política aceitável?

Instabilidade política projeta instabilidade econômica. Faça seguro de crédito à exportação (se conseguir...). Se for o caso, negocie recebimentos por carta de crédito confirmada por banqueiro dos Estados Unidos, Canadá, da Europa e Japão. Na América Latina, solicite que os pagamentos sejam cursados dentro dos Convênios de Créditos Recíprocos.

Se o país apresenta razoável estabilidade política e o seu cliente é pontual, tradicional etc., a operação não deverá oferecer grandes riscos.

5.4 COMO EXPORTAR

Considerando as questões que apresentamos anteriormente, e superando-as, vamos verificar como exportar, posto que estamos habilitados a fazê-lo, pois providenciamos nosso registro, o Registro de Exportador e Importador – REI – junto ao Serviço de Comércio Exterior do Ministério da Indústria, Comércio e Turismo. Tal registro é feito através do SISCOMEX (Sistema Integrado de Comércio Exterior), administrado pela Secex – Secretaria de Comércio Exterior – e Receita Federal e operacionalizado pelo Serpro. Acessado pelos bancos, corretora e despachantes habilitados, o exportador também pode acessar diretamente o SISCOMEX, via Serpro. Dependerá não só do volume de suas vendas, mas também da ocorrência dos eventos. Quanto mais operações, mais conveniente será o acesso ao sistema.

Esclarecidos o registro e o sistema, o exportador decidirá quais os canais de venda que utilizará para atingir seu mercado:

1. Vendas diretas ao importador

O exportador/produtor venderá diretamente a seu comprador/importador, sem a interveniência de terceiros. Tal prática revela que o comprador já é tradicional cliente do exportador.

2. Vendas a outra empresa (comercial exportadora)

O produtor poderá optar por vender a um terceiro (comercial exportadora) que tratará de vender seu produto no exterior.

3. Vendas a *trading companies*

As vendas a *trading companies* são equiparadas à exportação. É como se o produtor/exportador tivesse feito a exportação.

5.5 EXPORTAÇÃO: COMO INICIAR

5.5.1 Registro de exportador

A primeira providência do empresário será a de registrar sua empresa no SISCOMEX (Sistema Integrado de Comércio Exterior), ligado à rede Serpro e administrado pelo Ministério da Fazenda e Ministério do Desenvolvimento, Indústria e Comércio Exterior.

Até 1992, as operações de comércio exterior eram processadas e controladas por diversos órgãos que atuavam separadamente, observadas as respectivas esferas de competência.

Em face da necessidade de controle e em consonância com a política governamental vigente até então, foram instituídos diversos documentos, como a Guia de Exportação, Importação, Declaração de Exportação, Contratos de Câmbio etc.

O SISCOMEX consiste na adoção de sistemática administrativa baseada em intercâmbio eletrônico de dados. Foi desenvolvido a partir da necessidade de integrar as atividades afins da Secex – Secretaria de Comércio Exterior –, Banco Central do Brasil e Secretaria da Receita Federal, preservando suas funções básicas, unificando e racionalizando rotinas relativas ao registro, acompanhando e controlando as diferentes etapas de uma operação de comércio exterior.

O sistema procede à crítica das informações, através do cruzamento de bases de dados e emite apenas um documento para o usuário final do processo (CE – Comprovante de Exportação – ou CI – Comprovante de Importação).

Os principais objetivos do SISCOMEX são:

- simplificar e padronizar as operações de comércio exterior, com acentuada redução da carga burocrática;
- agilizar ao máximo as operações de embarque de mercadorias destinadas à exportação;
- reduzir ao mínimo o tempo de liberação das mercadorias importadas;
- dispor de controles automáticos e unificados, por meio de recursos eletrônicos;
- gerar estatísticas confiáveis e tempestivas;
- inibir a tentativa de fraudes;
- ampliar o número de pontos de atendimento no país;
- motivar a participação de novas empresas no comércio exterior.

O SISCOMEX permite os seguintes registros:

1. RE – Registro de Exportação

Imprescindível em todas as operações de exportação. Descrevemo-lo com mais detalhes na seção destinada aos Documentos de Comércio Exterior – Exportação.

2. RV – Registro de Venda

O Registro de Vendas é o conjunto de informações que caracteriza instrumento de venda de *commodities* ou de produtos negociados em bolsa relacionados em ato público da Secretaria de Comércio Exterior (SCE), que deve ser objeto de registro no SISCOMEX, previamente à solicitação de registro da exportação parcial ou íntegra da mercadoria.

O RV é realizado diretamente pelo exportador ou por seu representante legal, em terminal interligado ao SISCOMEX.

O Sistema confere automaticamente a cada RV um número, que é informado ao exportador.

3. SD – Solicitação de Despacho

A Solicitação de Despacho é efetuada pelo despachante da empresa, que objetiva colocar a operação apta para o desembaraço aduaneiro de exportação.

Aproveitamos a oportunidade para esclarecer que o despacho de exportação é o procedimento fiscal mediante o qual se processa o desembaraço aduaneiro de mercadoria destinada ao exterior, seja ela exportada a título definitivo ou não.

4. RC – Registro de Operações de Crédito

O Registro de Operações de Crédito (RC) espelha as informações de natureza comercial, financeira e cambial, que caracterizam as vendas de mercadorias e serviços ao exterior, realizadas para pagamento em prazos superiores a 180 dias.

Cada RC corresponde a um "pacote" financeiro e pode abranger a exportação de diversas mercadorias ou serviços, com previsão para um ou para múltiplos embarques. Cabe ao exportador, diretamente ou por seu representante legal, por intermédio de terminal conectado ao SISCOMEX, prestar as informações necessárias ao exame e efetivação do Registro de Operação de Crédito.

O RC antecede o Registro de Exportação (RE) no SISCOMEX.

O SISCOMEX confere, automaticamente, um número a cada RC, que é informado ao exportador.

Terminada a etapa de digitação e preparação do RC, deve o exportador solicitar a sua validação ou efetivação, por intermédio de transação específica.

Os RC que não indicarem necessidade de análise preliminar serão automaticamente efetivados pelo Sistema.

O RC terá um prazo de validade para embarque, dentro do qual deverão ser efetuados os correspondentes Registros de Exportação (RE) e respectivas declarações para despacho aduaneiro.

Com relação às operações para as quais se pretenda o suporte financeiro do Programa de Financiamento às Exportações – PROEX –, a análise prévia a cargo do Banco do Brasil será realizada, principalmente, à luz das informações constantes do RC. A validação do RC pelo Banco do Brasil pressupõe sua concordância para a condução da operação sob o Proex.

O exportador deverá operar por intermédio da transação PCEX360, enquanto a instituição financeira se valerá da transação PCEX560.

5.5.2 Marca do exportador

É importante que o exportador registre sua marca antes de lançar seu produto no mercado, pois estará protegendo-se de práticas desleais, quais sejam, a utilização por parte de terceiros, sem conhecimento do detentor da marca.

Pretendendo atuar no exterior, é conveniente que o exportador procure uma consultoria especializada na prestação desse serviço (registro de marcas) para que seja assessorado e orientado como agir, protegendo-se dos inconvenientes que podem advir da prática desleal.

A marca pode ser uma representação visual ou figurativa, através de símbolos ou letras, que identifiquem destacadamente o produto. A palavra *Brasil* deverá constar da marca do exportador.

Lembramos que o hábito não faz o monge, ou seja, um belo logotipo ou emblema por si só não vende seu produto; a qualidade, aliada ao *design* do produto, mais preço competitivo encarregam-se de vender seu produto.

5.5.3 Planejar as vendas para o exterior (desenvolver uma política de produto)

Para desenvolver essa política, devemos responder a três perguntas:

1. Nossos produtos são bem vendidos em nosso país?
2. Nossos produtos serão bem vendidos no país *x*?
3. As vendas serão melhores, se fizermos algumas modificações no produto?

Essas perguntas serão respondidas ao longo da seção que trata especialmente desse tema, que veremos a seguir.

5.5.4 Produção e promoção

O engajamento no mercado internacional não deve ser uma atividade ocasional da empresa, mas um projeto bem definido, bem estruturado, visando à continuidade e sem lugar para a improvisação.

Assim, antes de mais nada, a produção para a exportação deve estar adequada às exigências do importador e às peculiaridades do mercado a que se destina.

Imprescindível ainda é a observância de padrões de qualidade e outras especificações requeridas pelo mercado importador. Há casos em que o exportador deverá alterar, desde a matéria-prima utilizada no produto até o rótulo de embalagem, passando por modificações no *design*.

Planejar vendas para o exterior requer levantamentos estatísticos dos mercados importadores em potencial, ao que deve ser acrescentado o exame de sua legislação alfandegária específica, bem como das normas brasileiras que regem a exportação. Vender ao exterior é praticamente sinônimo de pesquisa de mercado, promoção comercial, desenvolvimento de produto e contato permanente com o importador.

Toda correspondência deve ser respondida e é importante que sejam dadas respostas precisas às perguntas formuladas pelos prováveis compradores/importadores.

Já que falamos em respostas às perguntas, mister se faz notar que o conhecimento de mais duas línguas estrangeiras é condição fundamental para o sucesso nas vendas: espanhol e inglês. Nossa participação no Mercosul – Mercado do Cone Sul –, com a participação da Argentina, Paraguai e Uruguai, e os negócios que mantemos com os demais países da ALADI tornam o aprendizado da língua espanhola uma necessidade. Quanto ao inglês, desnecessário nos aprofundarmos em comentários.

5.5.5 Formação de preço para a exportação

Embora tenhamos hoje a qualidade como fator quase decisivo na escolha de um produto, não se pode negar que a variável preço continua sendo elemento decisivo nas compras e vendas externas.

Portanto, especial cuidado deve ser dado na determinação do preço de seu produto. Os componentes do custo devem ser criteriosamente analisados, eliminando-se os dados válidos apenas para o mercado interno.

Assim, podemos desenvolver o seguinte raciocínio para uma venda ao exterior:

PREÇO DE VENDA NO MERCADO INTERNO

(–) MENOS

Tributos que estiverem agregados ao preço de mercado interno:

* ICMS * IPI * COFINS * Outros

(–) MENOS

Despesas incluídas no preço de mercado interno, mas que não incidem na exportação:

- Comissão de venda no mercado interno
- Despesas financeiras para obtenção de capital de giro a taxas de mercado

(+) MAIS

- Embalagem especial
- Transporte e seguro internos até o porto de embarque

- Despesas consulares
- Comissão de agente
- Despesas financeiras para obtenção de capital de giro à exportação
- Seguro de crédito à exportação
- Lucro esperado

= PREÇO DE VENDA DO PRODUTO NO MERCADO EXTERNO

5.5.6 Pesquisa de mercado

A empresa está decidida a entrar no mercado externo. Neste momento, faz-se a pesquisa que deverá demonstrar:

1. as perspectivas de venda que um mercado oferece a determinado produto ou grupo de produtos;
2. a maneira mais eficiente de se obterem melhores resultados com esse produto ou grupo de produtos;
3. que país/países oferece(m) as melhores perspectivas para nossos produtos;
4. em que quantidade podemos esperar que sejam vendidos nossos produtos em determinado mercado;
5. que modificações são necessárias no produto para aumentar o nível de vendas;
6. a que preço deve ser vendido o produto e que lucro poderá ser esperado;
7. como deve ser comercializado o produto;
8. quanto custará alcançar o nível de vendas desejado.

Quanto ao mercado-alvo, pesquisar-se-á:

1. em que quantidade se importa hoje o produto?

   Não se deve abarrotar o mercado, tornando-o inviável até para nosso produto.
2. De onde procedem essas importações?

   Se o produto é importado de país próximo ou distante, será possível estabelecer um preço condicionado a um frete mais barato? O vendedor do outro país tem condições de reposição rápida e tempestiva?
3. Quais sãos os preços dos produtos segundo suas distintas procedências?

   Em linha com o que foi apresentado no item anterior, como se apresentam os preços da concorrência? Há possibilidade de vencê-los, sem diminuir drasticamente nossa margem de lucro?

Quanto ao volume e potencialidade do mercado, verificar-se-á:

1. Volume e tendências da produção naquele país.

   A tendência é de aumento de consumo? Se faltar produto ou se o preço subir, os consumidores teriam produtos alternativos para substituir a mercadoria faltante?

2. Exportações efetuadas para o mercado em referência.

   Como se comportaram as exportações para aquele mercado, digamos, nos últimos doze (12) meses? Há tendência de aumento no consumo? O ponto de saturação (demanda = oferta) já foi alcançado? Uma mexida na composição do preço, remarcando-o para baixo, provocará aumento da demanda? Qual é o nível mínimo no preço e quantidade que nos permite continuar naquele mercado? Ou qual é o mínimo, em termos de lucratividade, que nos permitirá concorrer naquele mercado?

3. Efeito que terão os produtos exportados no mercado de destino.

   Haverá maior demanda pelo produto? Alterará hábitos locais? Provocará um rebaixamento do preço do produto porque o mercado anteriormente era monopolizado ou oligopolizado? Estimulará uma saudável concorrência ou haverá uma disputa predatória, que poderá trazer seqüelas indesejáveis a nossa companhia?

Quanto à concorrência no mercado:

1. Qual é a estrutura e a força da concorrência?

   A empresa concorrente mantém ou não representação para atender a seus consumidores? Dispõe de assistência técnica eficiente? É ágil na solução das pendências que podem ocorrer com a comercialização e utilização do produto?

2. Quais são os motivos de êxito dos competidores?

   Quais são os pontos fortes da concorrência: preço, qualidade, entrega, manutenção e assistência técnica? Os elementos citados, qualidade e durabilidade, preço, manutenção e assistência técnica, juntos, formam a grande diferença entre a demanda por um ou outro produto.

3. Qual é a possibilidade de competir com eles?

   Analisados seus pontos fortes, procuraremos descobrir suas falhas e trabalhar sobre eles. Senão procuraremos ser melhores naqueles pontos em que a pesquisa apontou que a concorrência é boa de briga. Ou conhecemos nosso concorrente ou naufragamos.

Quanto à embalagem do produto, verificar-se-á:

A embalagem da mercadoria e ser exportada deve ser adequada pois uma embalagem deficiente ou imprópria compromete as possibilidades da venda do produto, gerando problemas que poderão causar consequências graves para a marca.

Especial cuidado com o manuseio, transporte adequado e correta estocagem são itens que merecem atenções redobradas.

Como o produto se destina à exportação, ele será analisado sob os seguintes aspectos:

1. Mercado

   Adaptaremos a embalagem às preferências dos consumidores visados, com destaques para:

   1.1. Funcionalidade

   A embalagem deve demonstrar a correta identificação do uso do produto.

   1.2. *Design* eficiente

   O *design* deve ser marcante, eficiente. O *design* revela funcionalidade, estética, apelo de venda, desejo de compra, satisfação etc. Ele é a personalidade do produto, refletindo o estágio de desenvolvimento de uma indústria. O *design*, mais que um detalhe superficial, é parte integrante do planejamento do produto.

2. Para transporte

   A embalagem deve ser planejada e desenvolvida no sentido de adequá-la à duração da viagem, favorecendo o manuseio correto, oferecer facilidade para estocagem, proteção quanto a roubo, calor e umidade.

Distribuição do produto

Como vimos, o produto pode ser vendido:

a. diretamente pelo produtor/exportador;
b. a comerciais exportadoras, "*trading companies*"; e
c. distribuidora local.

Especial cuidado deverá ter a empresa nos serviços pós-venda, com transmissão de informações aos compradores, trabalhar na promoção para facilitar seus revendedores/compradores e estar preparada para assumir riscos.

Afinal, a venda não termina com a entrega do produto. Na verdade, podemos dizer que esse é o primeiro passo. Lembramos o mote de uma grande empresa varejista, cujo *slogan* anunciava: "satisfação garantida ou seu dinheiro de volta".

Qualidade

A globalização mundial das economias, com o encurtamento das distâncias dos mercados, provocou uma concorrência intensa entre os países.

Evidentemente, essa disputa pelo mercado tornou-se tão acirrada que o fator preço por si só não decide os negócios. Os produtos com qualidade atestada passam a conquistar com mais facilidades os mercados.

No rol das mudanças mercadológicas, surgiram as normas ISO 9000 – NBR 19000, que são orientações, recomendações, diretrizes para escolha e uso das normas de garantia de qualidade.

Componentes da família ISO 9000 – NBR 19000:

ISO 9001 (NBR 19001) – Modelo para garantia da qualidade em Projeto, Desenvolvimento, Produção, Instalação e Assistência Técnica;

ISO 9002 (NBR 19002) – Modelo para garantia da qualidade em Produção e Instalação;

ISO 9003 (NBR 19003) – Modelo para garantia em Inspeção e Ensaios Finais.

ISO 9003 (NBR 19004) – Norma que estabelece como deve ser a Gestão de Qualidade na empresa. É um guia geral para todas as organizações.

A adoção das Normas ISO 9000 por parte da empresa demonstra que seus produtos e serviços têm qualidade assegurada, de forma planejada e sistemática.

A empresa passará a ter maior participação no mercado (local e exterior), maior satisfação dos clientes, redução de custos, melhoria da produção, maior competitividade e maior lucro.

Para o cliente, comprador ou importador, a adoção das Normas ISO 9000 redundará em maior confiança nos produtos daquela empresa; implicará redução dos custos e provocará satisfação em relação aos produtos e serviços adquiridos.

Várias empresas no Brasil já adotaram as normas da família ISO 9000. Mais e mais tem sido demonstrada a necessidade do comprovante de qualidade. E o mercado externo, exigente como é, já obrigou muitas empresas a se utilizarem das normas.

É benéfica a política de qualidade porque, se os requisitos das normas ISO 9000 forem implementados, as atividades de todos os setores da empresa ficarão mais bem articuladas e integradas com a produção e pós-produção. Ótimo para a empresa, excelente para o país.

5.5.7 Negociação

Definidos mercado, canais de distribuição, estratégia de promoção, preço, identificados os compradores potenciais, inicia-se a efetivação dos negócios, mediante troca de correspondência, contato pessoal, pedido de agente no exterior ou solicitação do próprio importador.

Nesse estágio, é importante que se conheçam as peculiaridades e os riscos do país com o qual se deseja operar.

É imprescindível que a empresa envie ao importador o maior número possível de informações sobre seu produto, envolvendo catálogos, listas de preços, amostras etc., detalhando com precisão as condições de negócio, tais como preço, prazos, formas de pagamento, quantidade, embalagem, apresentação, transporte, prazo de entrega, condições de venda, informações sobre garantia (ISO 9000, se houver) etc.

A negociação formaliza-se através de um contrato. Este documento não precisa ter necessariamente uma forma preestabelecida: uma carta em que se definam as condições da operação já é um contrato em si. Outro modelo de contrato muito frequente é a fatura *pro forma*, que poderá ser devolvida pelo importador ao exportador desde que o importador aceite as especificações nela contidas.

O importante é que sejam determinadas com clareza as condições da operação.

Os principais itens a definir são:

1. característica do produto: especificações técnicas, aplicações etc.;
2. embalagem para transporte: dimensão, tipo, material etc.;
3. condições de venda: FOB, C&FR, CIF etc., de acordo com Incoterms, que já vimos no Capítulo 3 deste livro;
4. preço: por unidade e total, na moeda da negociação;
5. prazo de entrega;
6. modalidade de pagamento: pagamento antecipado (cheque, ordem telegráfica, ordem por carta, via Swift), carta de crédito, cobrança, financiamento. Entre as modalidades de pagamento existentes, a que oferece maior segurança ao exportador é pagamento antecipado. Entretanto, não é muito utilizada por implicar altos riscos para o importador;

   Como alternativa, a carta de crédito irrevogável e confirmada por banco de primeira linha pode ser considerada a opção de menor risco, não só para o exportador, como também para o importador;
7. documentos a serem fornecidos: quais e quantas vias;
8. condições de cobertura do seguro: responsabilidade pela contratação, riscos a serem cobertos etc.;
9. transporte: via a ser utilizada, previsão da época da viagem.

5.5.8 Documentos de comércio exterior

Os autores que discorrem sobre comércio exterior não são harmônicos quanto à apresentação dos documentos de exportação. Preferimos fazê-lo agora, após a *negociação com o importador* e antes da *preparação da mercadoria para o embarque* por entendermos que o vendedor deve conhecer antecipadamente os documentos necessários à exportação, mesmo porque, por algum motivo, poderá não obter determinado documento. Se for preparar a documentação após o embarque, poderá ser surpreendido com a falta ou morosidade na emissão de determinados papéis.

Com o esclarecimento prestado, vamos aos documentos:

1. FATURA *PRO FORMA*

A Fatura *pro forma* (Figura 5.1) é o primeiro documento, o *starter* efetivo do negócio. Após conversas, trocas de informações, o exportador cota seu produto ao comprador externo, via fax, telex ou carta, com a emissão da fatura *pro forma* ou *pro forma invoice*. Esse documento, que contém todos os elementos da transação, servirá para emissão da fatura comercial.

PRO FORMA INVOICE/FATURA PRO FORMA

EMPRESA MODELO S.A. IMPORTADORA E EXPORTADORA
Rua das Acácias, 1.000 – Bairro do Limão – CEP 13.100-000
Fone: 0192 000001 – CAMPINAS SP – BRASIL

PRO FORMA INVOICE Nº
FATURA PRO FORMA

IMPORTADOR/IMPORTER/NOME E ENDEREÇO/NAME AND ADDRESS

ENDEREÇO COMERCIAL/COMMERCIAL ADDRESS

CONDIÇÕES DE VENDA/SELLING CONDITIONS — PESO LÍQUIDO/NET WEIGHT

FORMA DE PAGAMENTO/TERMS OF PAYMENT — PESO BRUTO/GROSS WEIGHT

PORTO DE EMBARQUE/PORT OF SHIPMENT

PORTO DE DESTINO/PORT OF DESTINATION

EMBALAGEM/PACKING

PRO FORMA VÁLIDA ATÉ/VALID UNTIL

ITEM	QUANTIDADE QUANTITY	UNIDADE UNIT	DESCRIÇÃO DA MERCADORIA DISCRIPTION OF GOODS	PREÇO/PRICE US$ UNIT	PREÇO/PRICE US$ TOTAL

ATENÇÃO: VALER-SE DOS INCOTERMS NA NEGOCIAÇÃO (SELLING CONDITIONS)

FOB
INSURANCE
FREIGHT
VALOR TOTAL, POR EXTENSO — TOTAL

DADOS ADICIONAIS, (como disponibilizado o produto; se o seguro cobre outros riscos ou, quais riscos deverá cobrir; indicar ou solicitar banqueiro para canalizar a operação etc. Colocar os dados que não puderam ficar caracterizados nos campos acima).

DATA DE FATURA PRO FORMA E ASSINATURA DO VENDEDOR/EXPORTADOR

Figura 5.1

Não existe um modelo para tal documento. Contudo, deverá conter os seguintes elementos:

- nome do vendedor/exportador;
- nome do comprador/importador;
- data e local da venda;
- discriminação da mercadoria;
- quantidade e peso da mercadoria;
- valor da moeda estrangeira negociada (cuidado: a moeda deve ser conversível);
- condições de venda (não esquecer de citar o Incoterm correto);
- modalidade de pagamento;
- banco através da qual se realizará a operação (solicite ao importador que indique o banco de sua preferência);
- validade da fatura *pro forma*;
- assinatura, sobre carimbo identificador, do exportador;
- outros detalhes (principalmente as exceções).

Solicitar que o importador devolva uma via da fatura *pro forma*, devidamente assinada, utilizando-se do correio ou fax.

2. REGISTRO DE EXPORTAÇÃO (RE)

É o conjunto de informações de natureza comercial, financeira, cambial e fiscal que caracterizam a operação de exportação de uma mercadoria e definem seu enquadramento.

O RE veio substituir a Guia de Exportação e cabe ao exportador, por intermédio de terminal conectado ao SISCOMEX (Sistema Integrado de Comércio Exterior), próprio ou de terceiros, prestar as informações necessárias ao exame e efetivação do registro de exportação, que serão criticadas *online*, através de diversas transações, em telas de vídeo, em eventos que se sucedem, de acordo com o Manual de operações do SISCOMEX.

A fim de efetuar o Registro da Exportação (RE), alteração, cancelamento, consulta e solicitação de extrato, o usuário/exportador deverá valer-se das transações PCEX300 ou PCEX500, no caso de solicitação por instituição financeira.

O documento anterior não acompanha a mercadoria ao exterior, porém é obrigatório nas exportações pelas múltiplas utilizações que tem.

3. NOTA FISCAL

A Nota Fiscal (Figura 5.2) é um documento que deverá acompanhar a mercadoria desde o estabelecimento do exportador até o embarque do produto para o exterior. Assim como o Registro de Exportação, a Nota Fiscal também não acompanha a mercadoria ao exterior, mas apenas em seu trânsito interno, em território nacional.

NOTA FISCAL

(NOME DA EMPRESA, ENDEREÇO, CGC, INSCR. EST., INSC. MUN. ETC.)

Nota Fiscal nº
1ª Via

Destinatário
Endereço
Município — Estado
CGC/MF nº — Inscr. Estadual nº
Cond. de Pagto.

Unid.	Quantidade	Especificação do Produto	Preço Unitário	Preço Total

Despesas Acessórias
(por conta do destinatário)
Frete R$
Seguro R$
R$
R$
Total R$

Valor Total da Nota
ICMS incluso no preço, calculado pela alíquota de %

Transportador

Nome
Endereço
Placa do Veículo — Município — Estado

Características do Volume

Marca	Número	Quantidade	Espécie	Peso Bruto	Peso Líquido

ATENÇÃO: A NOTA FISCAL DEVERÁ SER CONFECCIONADA DE ACORDO COM A LEGISLAÇÃO FISCO/TRIBUTÁRIA, NÃO CABENDO FORMATAÇÃO PRÓPRIA, COMO OCORRE COM A FATURA COMERCIAL (COMMERCIAL INVOICE) E A FATURA PRO FORMA (PRO FORMA INVOICE).

Figura 5.2

Na NF devem constar os seguintes elementos:

- nome completo e endereço do importador;
- discriminação da mercadoria, coincidente com os dados apostos no RE;
- valor em moeda nacional;
- anotações pertinentes a favores fiscais (IPI, ICMS etc.);
- outros dados que a empresa julgar relevantes e imprescindíveis, inclusive para efeito fiscal e creditício.

4. FATURA COMERCIAL (*COMMERCIAL INVOICE*)

A Fatura Comercial (Figura 5.3) é um documento emitido pelo exportador/vendedor para formalizar a transferência de propriedade da mercadoria para o importador/comprador.

Não existe um modelo único para esse documento. Assim como ocorre com a fatura *pro forma* o exportador/vendedor idealizará seu próprio documento, inserindo os seguintes elementos:

- nome e endereço do exportador/vendedor;
- nome e endereço do importador/comprador;
- nome e endereço do consignatário (se houver);
- local e data da emissão da fatura comercial;
- número da fatura;
- número referencial da encomenda, pedido, contrato ou fatura *pro forma*;
- número de licença de importação (se houver);
- modalidade de pagamento: carta de crédito, cobrança bancária etc.
- porto de embarque;
- porto de destino;
- número e data do conhecimento de embarque;
- nome da embarcação transportadora;
- nome da companhia de transporte da mercadoria;
- discriminação detalhada da mercadoria;
- totais do peso líquido e bruto;
- valor FOB;
- valor do Frete (se for o caso);
- valor do Seguro (se for o caso);
- valor total faturado;
- marca dos volumes;
- outras informações.

FATURA COMERCIAL/COMMERCIAL INVOICE

EMPRESA MODELO S.A. IMPORTADORA E EXPORTADORA
Rua das Acácias, 1.000 – Bairro do Limão – CEP 13100-000
Fone: 0192 000001 – CAMPINAS SP – BRASIL

COMMERCIAL INVOICE/FATURA COMERCIAL Nº

IMPORTER/IMPORTADOR/NOME E ENDEREÇO/NAME AND ADDRESS

CONSIGNATÁRIO/CONSIGNER
ENDEREÇO/ADDRESS

AGENTE/AGENT
ENDEREÇO/ADDRESS

PORTO DE EMBARQUE/PORT OF SHIPMENT

PORTO DE DESTINO/
PORT OF DESTINATION

TRANSBORDO/TRANSHIPMENT

DATA E NR. DO CONHECIMENTO/DATA
AND B/L DATE

NOME DO VEÍCULO TRANS PORTADOR
TRANSPORT VEHICLE'S NAME

CONDIÇÕES DE VENDA
SELLING CONDITIONS

PESO LÍQUIDO/NET WEIGHT

FORMA DE PAGAMENTO/TERMS OF PAYMENT

PESO BRUTO/GROSS WEIGHT

ITEM	QUANTIDADE QUANTITY	UNIDADE UNIT	DESCRIÇÃO DA MERCADORIA DESCRIPTION OF GOODS	PREÇO/PRICE US$ UNIT	PREÇO/PRICE US$ TOTAL

FOB
INSURANCE
FREIGHT
TOTAL

VALOR TOTAL, POR EXTENSO

Assinatura (Signature)
Visto Consular (se necessário)
Colocar outros dados que possam ser requisitados, por exemplo, em uma Carta de Crédito Documentário: número de carta de crédito, nome do Banqueiro, número de fatura pro forma que originou essa fatura comercial etc.
A fatura comercial deverá espelhar todos os dados da operação, já negociados na fatura pro forma. Assim como a pro forma invoice, o exportador poderá formatar como quiser sua fatura comercial, desde que esta contenha todos os dados essenciais daquele documento de exportação.

Figura 5.3

O exportador deverá carimbar e apor sua assinatura na fatura comercial. Colocará outras anotações que julgar convenientes, sem prejuízo do importador. Por exemplo: comissão de agente. Se for paga em terceiro país, o importador poderá não desejar que tal anotação seja feita por problemas fiscais, cambiais ou até para defesa comercial do agente.

É importante que o importador forneça as informações que deseja ou não sejam incluídas na fatura comercial.

5. SAQUE/CAMBIAL/DRAFT

Saque/cambial/draft (Figura 5.4) é um título de crédito sacado por um credor contra um devedor, com ordem expressa para que o devedor pague certa quantia a determinada pessoa, ou a sua ordem, em determinado prazo e em local determinado.

Dependendo da operação e da tradição comercial que envolve comprador e vendedor, esse documento pode ser dispensado.

Elementos que devem constar do saque:

- local e data de emissão;
- número do saque;
- vencimento;
- prazo de pagamento;
- valor da moeda estrangeira;
- favorecido;
- referência: documento que permitiu a emissão do saque (número de fatura comercial, carta de crédito etc.);
- nome e endereço do sacado;
- nome e assinatura do sacador (exportador/vendedor).

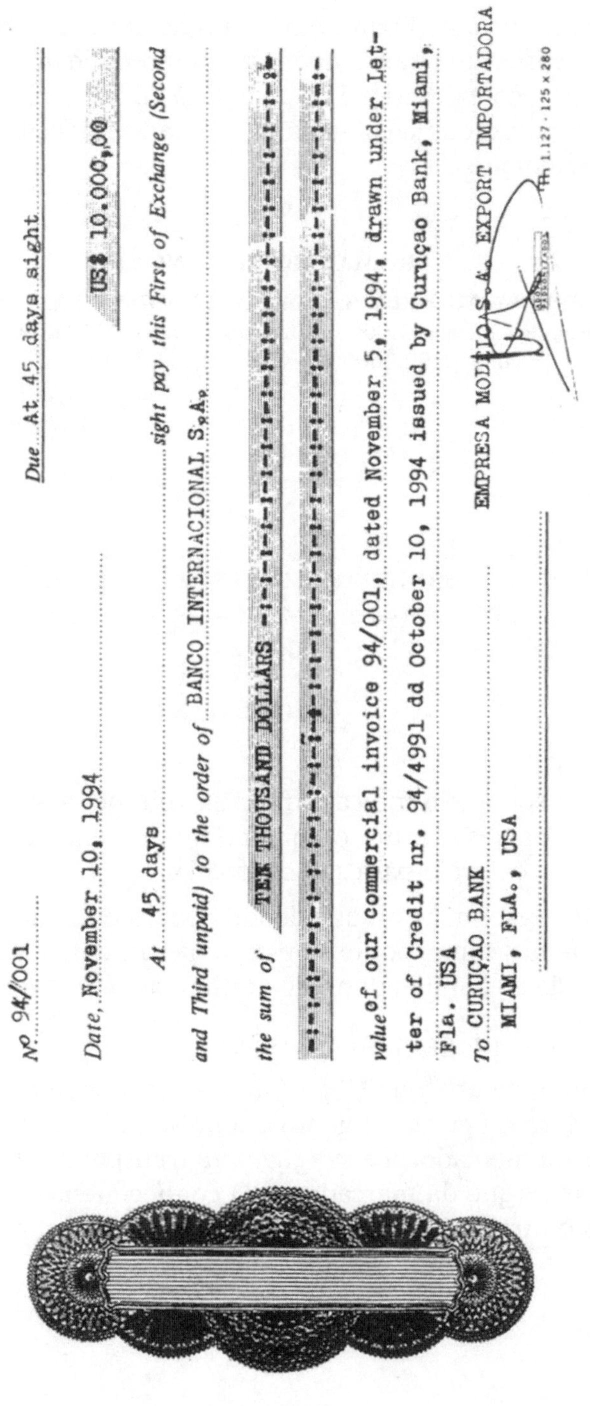

Nº 94/001 Due At 45 days sight

Date, November 10, 1994 US$ 10.000,00

At 45 days sight pay this First of Exchange (Second and Third unpaid) to the order of BANCO INTERNACIONAL S.A.

the sum of TEN THOUSAND DOLLARS -:-

value of our commercial invoice 94/001, dated November 5, 1994, drawn under Letter of Credit nr. 94/4991 dd October 10, 1994 issued by Curuçao Bank, Miami, Fla. USA

To CURUÇAO BANK
MIAMI, FLA., USA

EMPRESA MODELO S.A. EXPORT IMPORTADORA

1.127 · 125 x 280

Figura 5.4

6. ROMANEIO (*PACKING LIST*)

Romaneio (*packing list*) (Figura 5.5) é um documento emitido pelo exportador/vendedor em casos em que o embarque compreende mais de um volume. É a relação dos volumes, com descrição do conteúdo de cada um, e sua principal função é auxiliar o importador, na chegada da mercadoria, facilitando a conferência e desembaraço aduaneiros.

ROMANEIO/PACKING LIST

EMPRESA MODELO S.A. IMPORTADORA E EXPORTADORA

Rua das Acácias, 1.000 – Bairro do Limão – CEP 13100-000

Fone: 0192 000001 – CAMPINAS SP – BRASIL

ROMANEIO Nº				Marks/Marcas		
PACKING LIST						
LISTA DE EMPAQUE						
VENDIDO A/SOLD TO						
EMBALAGEM/PACKING		CONTEÚDO/CONTENTS		PESO/WEIGHT		MEDIDAS
QUANTIDADE/NÚMERO TIPO		QTIDADE	MERCADORIA	LÍQUIDO	BRUTO	CUBICAGEM
QUANTITY	NUMBER TYPE	QTY	GOODS	NET	GROSS	CUB

Figura 5.5

Usualmente, o romaneio indica para cada volume, além do conteúdo, o número, as marcas e os pesos bruto e líquido, data da emissão etc., não existindo nenhuma forma estabelecida para sua confecção.

A critério do exportador ou atendendo pedido do importador, outras anotações poderão ser feitas, como, por exemplo: número e data da ordem ou pedido do importador, porto de embarque, porto de destino, número da fatura comercial etc.

7. CONHECIMENTO DE EMBARQUE

Conhecimento de embarque (Figura 5.6) é um documento emitido pela empresa transportadora ou por seu agente e representa o contrato de transporte; é também o recibo da mercadoria entregue para transporte, podendo, ainda, constituir prova do embarque da mercadoria. O conhecimento de embarque confere ao consignatário o direito à posse da mercadoria após o transporte.

197

APRILE SPEDITION & TRADING GMBH
NORDKANALSTRASSE 58
20097 HAMBURG
AS AGENTS ONLY

Reference No. 643

Consignee or order

A LA ORDEM

PRO LINE

Notify address

1ST NOTIFY:
EMPRESA MODELO S.A. EXPORT E IMPORT
Av. das Acácias, 1000 - Campinas SP
13100-001

Shipped on board in apparent good order and condition (unless otherwise noted herein) the total number or quantity of containers or other packages or units indicated stated by the Merchant to comprise the goods specified above, for the carriage subject to all the terms hereof (including the terms on the reverse hereof) from the place of receipt or the port of loading, whichever is applicable, to the port of discharge or the place of delivery, whichever is applicable. In accepting this bill of lading the merchant expressly accepts and agrees to all the terms, conditions and exceptions whether printed, stamped or written, or otherwise incorporated, notwithstanding the non-signing of this bill of lading by the Merchant.

Pre-carriage by	Place of receipt by pre-carrier		
Vessel / Voy No.: WIDUKIND	Port of loading: HAMBURG		
Port of discharge: SANTOS	Place of delivery by on-carrier	Freight payable at: Hamburg	Number of original Bs/L: 3/3

Marks and Nos	Number and kind of packages, description of goods	Gross weight	Measurement
21624/75.182/SANTOS NO. 1-50	50 TAMBORES HARMLESS CHEMICALS I/L NO. 52-94/	1710.0 KGS	
21625/75.184/SANTOS NO. 1-12	12 TAMBORES HARMLESS CHEMICALS I/L NO. 52-94/	348.0 KGS	
	CLEAN ON BOARD / FREIGHT COLLECT		

2ND NOTIFY:
BANCO FRANCES E BRASILEIRO S/A.
RUA BARAO DE JAGUARA,1194
13015-002-CAMPINAS-SP

stowed in LCL-Container
No. PCRU 200303-1
Seal 020133

COPY

BANCO FRANCÊS E BRASILEIRO S.A.
COBRANÇA IMPORTAÇÃO
C.802
CAMPINAS SP

Particulars furnished by the Merchant

Freight details, charges etc.
Seafreight DM: 1050.56

In witness whereof the number of original Bills of Lading stated above all of this same date and tenor have been signed, if not otherwise stated below one of which being accomplished the other(s) stand void.

PRO LINE LIMITED & CO GMBH

Place and date of issue
HAMBURG 17 OCT 1994

Unimarine
Service
für Schiffahrt GmbH

As Agents for the Carrier
PRO LINE LIMITED & CO GMBH

Figura 5.6

Para emissão do conhecimento de embarque é necessário o fornecimento de algumas informações. Sugerimos que se entregue ao agente expedidor uma cópia do RE (Registro de Exportação) e/ou a fatura *pro forma*, que contém os dados solicitados:

- nome do exportador;
- nome do importador;
- nome do consignatário (em cartas de crédito costuma aparecer o nome do banco que instituiu a referida carta);
- porto de embarque (origem);
- local para transbordo (se houver);
- porto de desembarque (destino);
- valor da mercadoria;
- tipo de embalagem (caixa, tambor, granel etc.);
- pesos líquido e bruto;
- dimensões e cubicagem dos volumes;
- quantidade, marca e espécie de volumes;
- descrição da mercadoria, conforme fatura comercial e NBM.

Emitido o documento deverá apresentar outras anotações; é conveniente estar atento para suas fidelidades:

- declaração quanto ao pagamento do frete: *prepaid* (pago) ou *collect* (a pagar) e se o valor está corretamente inserido na fatura comercial;
- quanto ao embarque da mercadoria:
  - *shipped on board:* colocada a bordo;
  - *clean on board:* embarque sem ressalvas, sem restrições, isto é, conhecimento limpo (de anotações restritivas);
  - *received in apparent good order and conditions:* recebido aparentemente em ordem e boas condições.
- quanto à consignação:
  - o conhecimento será emitido a "alguém" ou "à ordem de alguém". O documento emitido a "alguém" (nominal) é intransferível por endosso. O documento emitido à "ordem de alguém" é endossável e transferível.

O conhecimento deverá estar assinado pelo responsável pela emissão.

Os conhecimentos de embarques utilizados nas formas universais de transportes são:

- Conhecimento Marítimo – *Ocean Bill of Lading*;
- Conhecimento Ferroviário – *Railway Bill;*
- Conhecimento Aéreo – *Airway Bill;*
- Conhecimento Rodoviário – *Roadway Bill;*
- *Short Form Bill of Lading* – não contém todas as condições de transporte;
- *Through Bill of Lading* – diversas modalidades de transporte;
- *Charter Party Bill of Lading* – transporte em navio fretado.

8. CERTIFICADO DE ORIGEM

Certificado de origem (Figura 5.7) é uma declaração formal de que a mercadoria objeto daquela exportação, com detalhes do embarque, é originária de determinado país.

Em muitos casos, esta declaração pode ser feita pelo próprio exportador, sendo, porém, mais comum ser emitida por entidade oficial ou oficializada (Câmara de Comércio, Federação de Indústria, Associação Comercial, outros).

Geralmente, o certificado de origem tem por finalidade atender a exigências de acordos comerciais firmados entre o país exportador e o importador para redução ou dispensa de tributos.

9. LISTA DE PESOS

É um documento emitido pelo exportador, em alguns casos, discriminando os pesos líquido e bruto de cada volume, não sendo, porém, de emissão muito frequente em face da existência desse dados no próprio romaneio.

10. CERTIFICADO FITOSSANITÁRIO (*PHYTOSANITARY CERTIFICATE*)

É documento emitido por entidade especializada, governamental ou não, para certos produtos que, para serem exportados, necessitem atestado de salubridade, ou seja, ausência de moléstias, pragas etc.

11. CERTIFICADO DE ANÁLISE (*ANALYSIS CERTIFICATE*)

É um documento emitido por entidade especializada, ou em alguns casos pelo próprio exportador, apresentando a análise da mercadoria exportada.

CERTIFICADO DE ORIGEM

Associação Latino-Americana de Integração

Acordo de Alcance Parcial de Complementação Econômica nº 18

1 Produtor Final ou Exportador (nome, direção, local, País)

Identificação do Certificado: (Série, Número)

FIESP FEDERAÇÃO DAS INDÚSTRIAS DO ESTADO DE SÃO PAULO

Av. Paulista, 1.313 - 11º - sala 1.106
01311-923 São Paulo – SP
Tels.: 251-3522 – R. 304 e 305
Telex (0_ _11) 22130 FISP BR – Fax: (0_ _11) 284-3971
BRASIL

2 Importador (nome, direção, local, País)

4 País Importador

3 Porto ou lugar de embarque previsto

6 Fatura Comercial — Número — Data:

5 Meio de Transporte previsto

7 Nº de ordem (a)	8 Códigos NALADI/SH	9 Denominação das mercadorias	10 Peso Líq. Ou qualidade (b)	11 Valor FOB (US$)

Nº de ordem	1 Normas º

CERTIFICADOS DE ORIGEM

13 Declaração do produtor final ou do exportador:

- Declaramos que as mercadorias mencionadas no presente formulário foram produzidas no BRASIL e estão de acordo com as condições de origem estabelecidas no acordo.

São Paulo,

Data, Assinatura, Carimbo

14 Certificado de Entidade Habilitada:

- Certificamos a veracidade da declaração que antecede o acordo com a Legislação vigente.

São Paulo,

Data, Assinatura, Carimbo

a) Esta coluna indica a ordem em que se individualizam as mercadorias compreendidas no presente certificado.
b) Em toneladas.
c) Nesta coluna se identificará a norma de origem com a qual cada mercadoria cumpriu o respectivo requisito, individualizada por seu número de ordem.
– O formulário não poderá apresentar rasuras, rabiscos e emendas.
– O presente certificado terá um prazo de validade de 180 dias, a partir da data de emissão.

Figura 5.7

12. CERTIFICADO DE QUALIDADE (*QUALITY CERTIFICATE*)

Documento emitido por entidade especializada, ou em alguns casos pelo próprio exportador, certificando a qualidade da mercadoria exportada.

13. FATURA CONSULAR (*CONSULAR INVOICE*)

Documento exigido por alguns países, para permitir o ingresso de mercadorias estrangeiras em seu território. Geralmente, é obtido o documento nas representações consulares, em formulário próprio, a ser preenchido pelos exportadores e visado pelos consulados.

5.5.9 Preparação da mercadoria para o embarque

Após o término da negociação com o importador/comprador e a confirmação do atendimento do pedido, deverá o exportador/vendedor começar a preparar a mercadoria para o embarque, tomando as seguintes providências:

1. preparar a quantidade de mercadoria solicitada pelo importador;
2. examinar a qualidade e uniformidade do lote a exportar;
3. marcar e numerar os volumes;
4. preparar a relação dos volumes (romaneio ou *packing list*).

5.5.10 Contratação do frete

A contratação do frete é feita mediante contato do exportador com a companhia que transportará a mercadoria, caso esta atribuição esteja a seu cargo.

O exportador deverá fornecer todos os dados referentes aos volumes a serem embarcados, tais como: dimensões, peso, conteúdo e tipo de embalagem, de modo a possibilitar que a transportadora reserve o espaço necessário ao veículo transportador para a carga a ser embarcada (reserva de praça).

Dependendo do volume e da região para onde a mercadoria será exportada, a reserva deverá ser feita com a devida antecedência.

Para alguns países (Cuba, por exemplo), existem muitas dificuldades para contratação de frete. Países da África e Oriente Médio (regiões de constantes sobressaltos) também oferecem dificuldades para os exportadores. Nesses casos, antes de fechar qualquer negócio é conveniente consultar as companhias de transporte sobre as facilidades/dificuldades existentes.

Para esses contatos, os exportadores/vendedores podem valer-se dos serviços dos despachantes aduaneiros ou agentes de transportes.

5.5.11 Contratação do seguro

Dependendo das condições de venda e de acordo com as cláusulas específicas dos Incoterms 1990, a contratação do seguro poderá ficar por conta do exportador, que agirá em seu nome ou do importador.

Mediante proposta à companhia seguradora, fornecendo os dados essenciais, será emitido certificado ou apólice de seguro para cobertura da mercadoria.

Os seguintes elementos devem ser fornecidos: tipo de mercadoria, tipo de embalagem, meio de transporte, riscos a serem cobertos, valor da operação, local de início e término do risco, identificação do veículo transportador e tipo de apólice pretendida.

5.5.12 Contratação de câmbio

A contratação de câmbio é a operação pela qual o exportador vende a um banco autorizado a operar em câmbio as divisas resultantes do negócio efetuado. Participam como partes contratantes: o exportador, como vendedor da moeda estrangeira, e o banco, como comprador das divisas, respectivamente.

É uma fase muito importante na operação, pois o exportador vai fazer sua "segunda" venda, isto é, a venda da moeda estrangeira, tão importante como a mercadoria exportada.

Como veremos adiante, é nesse momento que o vendedor/exportador vai habilitar-se a financiamento para seu capital de giro no negócio de comércio exterior.

A assinatura da empresa exportadora no contrato de câmbio representa o compromisso de entrega das divisas, sendo seu contravalor em moeda nacional creditado na conta do exportador/vendedor.

5.5.13 Nomenclatura e classificação de mercadorias

Nomenclatura de mercadorias, em síntese, é uma lista de produtos do mercado interno e/ou externo, ordenados segundo convenção internacional, levando-se em consideração a matéria constitutiva, emprego/aplicação etc.

Cada produto é descrito a partir de suas características genéricas, até os detalhes mais específicos, que o individualizam. A essa descrição corresponde um código numérico.

O trabalho de se enquadrar determinado bem ao respectivo código numérico denomina-se classificação de mercadorias.

A Nomenclatura Brasileira de Mercadorias (NBM) adota uma sistemática de classificação que recebeu a denominação de Sistema Harmonizado de Designação e Codificação de Mercadorias (NBM/SH), ou, simplesmente, SISTEMA HAR-

MONIZADO. O sistema é constantemente atualizado, não importando de que ramo da atividade humana venha a surgir um novo produto a ser classificado.

A posição na NBM/SH posiciona a mercadoria para todos os efeitos relativos ao comércio exterior, como, por exemplo, incidência de impostos, os incentivos existentes, contingenciamentos, inclusão de acordos internacionais. Facilita a comercialização, a análise e a comparação das estatísticas dos diversos países.

A NCM/SH utiliza código composto de oito dígitos, que assim se ordenam:

NCM/SH	**7019.12.00**
– Capítulo (dois primeiros algarismos)	**70**: vidro e suas obras
– Posição (quatro primeiros algarismos)	**7019**: fibras de vidro
– Subposição (5º e 6º algarismos)	7010.**12**: mechas, mesmo torcidas
– Subposição Simples – 5º dígito	7019.**1**2
– Subposição Composta – 6º dígito	7019.1**2**
– Item (sétimo algarismo)	**0**0: fios
– Subitem (oitavo algarismo)	0**0**: fios

Os seis primeiros algarismos, que formam o Capítulo, Posição e Suposição, acompanham a nomenclatura internacional (Sistema Harmonizado); o item e subitem são os desmembramentos nacionais que podem ser criados e ordenados pelo Comitê Brasileiro de Nomenclatura.

A Tarifa Externa Comum (TEC) que indica o percentual da alíquota do Imposto de Importação e a Tabela de Incidência do Imposto sobre Produtos Industrializados (TIPI) formam a NCM, a Nomenclatura Comum do Mercosul. A NCM é a nova Nomenclatura Brasileira de Mercadorias.

O Capítulo, a Posição e a Subposição acompanham a nomenclatura internacional; o item e o subitem são os desdobramentos nacionais, que podem ser criados e alterados pelo Comitê Brasileiro de Nomenclatura (CBN).

A Tarifa Aduaneira do Brasil (TAB), que indica o percentual da alíquota do Imposto de Importação (II), e a Tabela de Incidência do Imposto sobre Produtos Industrializados (TIPI), usada no mercado interno, são adaptadas à NBM/SH, formando um único manual.

5.6 FEIRAS E EXPOSIÇÕES NO EXTERIOR

A antiga Carteira de Comércio Exterior, do Banco do Brasil S.A., produziu o Manual do Exportador, onde apresentava dicas e sugestões para aqueles que pretendiam ingressar no mercado externo, que servia e ainda serve para aqueles que já atuam na área. Permitimo-nos pinçar algumas passagens, por achá-las atualíssimas e interessantes aos iniciantes de comércio exterior.

Assim é que as Feiras e Exposições são consideradas espaço privilegiado de promoção e vendas, podendo otimizar a relação custo/benefício se a empresa tiver sua participação criteriosamente planejada.

Para isso é necessário realizar levantamento minucioso das variáveis capazes de conduzir a uma decisão adequada, o que, sem dúvida, inclui a avaliação, a escolha do evento, o orçamento provável e a ressonância mercadológica, entre outros aspectos a considerar.

A forma mais efetiva de vender ou promover um produto é o contato face a face.

Uma boa feira combina as vantagens da venda pessoal e da publicidade, concentrando grande número de compradores em um só lugar e propiciando a oportunidade para mensagem de venda de forma direta.

As feiras comerciais constituem o mais imediato *feedback* para o desempenho de um produto. O exibidor pode detectar no ato se o produto é adequado ou não para o mercado onde se encontra, ou ainda que mudanças devem ser introduzidas para torná-lo adequado.

Os homens de negócios visitam os eventos promocionais e tendem a apresentar-se imbuídos do chamado espírito de compra, mostrando-se mais receptivos aos novos fornecedores do que em seu ambiente de trabalho.

Uma grande vantagem a considerar é a possibilidade de contato entre o exibidor e uma vasta gama de pessoas e profissionais que de outro modo estariam fora de seu alcance.

5.6.1 A decisão de participar

Frequentemente, a decisão de participar de uma feira surge em função do convite feito pelos organizadores do evento. Em outros casos, a ideia vem de uma pesquisa de mercado ou tem origem na sugestão de um importador ou adido comercial.

Seja qual for o motivo, a decisão não pode ser tomada apressadamente. As seguintes questões devem ser levadas em consideração:

É um mercado importante ou potencialmente importante para os nossos produtos?

- Não se deve gastar dinheiro em todos os mercados disponíveis. Os mais promissores, em geral, são aqueles em que há evidência de que as vendas poderão tornar-se mais efetivas com a suficiente promoção.

Nossos produtos atendem às exigências do mercado?

- Prejuízos, em vez de lucros, é o que resulta da exibição de produtos que não preenchem os padrões e gostos de um mercado. Preços, qualidade, especificações, rotulagem, cor, estilo, preferências, tudo deve ser avaliado previamente.

Temos capacidade produtiva para fazer face à demanda, à base de fornecimento contínuo?

- Caso a resposta seja negativa, não há por que participar da feira. Capacidade insuficiente de produção não apenas limita as vendas e, portanto, o retorno do investimento na feira, como também resulta em fornecimento impossível, prejudicando a reputação da empresa e do país.

Quais devem ser nossos objetivos específicos com a participação?

- Os objetivos típicos são: realizar vendas no local, fazer novos clientes, introduzir novos produtos, encontrar novo representante ou distribuidor ou sócio para *joint-ventures*, obter espaço para a firma ou para o país, verificar a reação do comprador ao produto.

Esta é a melhor feira para a empresa participar?

- Os nomes das feiras comerciais podem ser pouco informativos. Neste caso, maiores informações poderão ser obtidas junto aos organizadores do evento. Na escolha da feira que mais atenda aos objetivos da empresa devem ser considerados aspectos como: resultado de eventos anteriores, número de expositores, visitantes previstos etc.

Qual o custo da participação?

- A participação envolve gastos com aluguel de espaço, decoração e infraestrutura do *stand*, além de despesas com transporte e alojamento dos representantes da empresa, frete e seguro das mercadorias etc.

Se participarmos, os resultados serão compensadores?

- O mercado pode ser promissor, o produto aceitável e a feira muito boa. Mesmo assim, os benefícios esperados, como vendas adicionais, por exemplo, podem não compensar financeiramente os gastos com a participação. No entanto, a avaliação dos resultados da participação em uma feira não deve levar em conta, apenas, o volume de vendas efetuadas de imediato.

5.6.2 Como escolher a feira certa

Dado essencial para a escolha é o conhecimento preciso da natureza da feira, seu público e exibidores. Em geral, as feiras podem ser classificadas em quatro categorias:

1. **Grandes Feiras de Interesse Geral** – diversos tipos de artigos de consumo e industriais são exibidos nessas feiras.

   Elas são abertas ao público, e também visitadas por homens de negócios.
2. **Grandes Feiras Comerciais Especializadas** – são feiras destinadas basicamente a visitantes profissionais, embora permitam o acesso do público em determinados horários. Elas são especializadas em termos de setores industriais ou comerciais ou, às vezes, em termos de mercado (fornecimento para hospitais ou escolas), variando o grau de especialização.
3. **Feiras Secundárias** – esta categoria abrange a maioria das feiras comerciais. Embora pequenas, elas podem ser importantes em seus respectivos campos, pois incluem frequentemente mostras altamente especializadas. Em geral, acham-se limitadas a visitantes profissionais e em muitas exibições regionais estão destinadas especificamente a varejistas.
4. **Feiras de Consumo** – são eventos destinados primordialmente ao público em geral. Na maioria das vezes, a diversidade dos produtos exibidos é uma característica deste tipo de feira, embora existam mostras especializadas em determinados setores industriais.

5.6.3 Planejar os gastos

Despesas diretas: englobam o custo do espaço na feira, montagem do *stand*, serviços de infraestrutura, tais como luz, água, telefone, fac-símile e manutenção do próprio *stand*.

Material de exibição: despesas de transportes e armazenagem dos produtos a serem exibidos.

Promoção: abrange os custos com mala direta, anúncios em revistas especializadas, catálogos, relações públicas etc.

Custo com pessoal: gastos referentes à passagem e estada dos representantes e a contratação de recepcionistas, intérpretes, segurança etc.

5.6.4 Checando os procedimentos

Basicamente, é a seguinte a lista de procedimentos prévios:

- preparar pesquisa de mercado;
- estabelecer plano de Marketing;
- estabelecer orçamento preliminar;
- reservar espaço na feira;
- preparar contatos com o público-alvo;

- conhecer o regulamento da mostra;
- obter literatura promocional e informações suplementares junto aos organizadores da exibição;
- informar-se a respeito da legislação e dos procedimentos alfandegários;
- selecionar agente aduaneiro e de transportes para liberar o material a ser exibido;
- preparar programa de publicidade;
- submeter o *design* do *stand* aos organizadores da feira;
- definir as pessoas que participarão do evento;
- imprimir convites, folhetos com listagem dos produtos, catálogos etc.
- organizar reuniões comerciais e contatos com a imprensa (de preferência, na véspera da feira);
- preparar instruções para todo o pessoal (todos devem falar a mesma "língua");
- tirar fotos do *stand* para publicidade e registro;
- rechecar os dados anteriores.

5.6.5 Avaliando os resultados

A principal justificativa para todo projeto de avaliação é a possibilidade de se medir a *performance* em função das metas previamente definidas. A experiência adquirida deve ser usada para aprimorar a atuação da empresa em futuras participações em eventos dessa natureza.

Na avaliação de resultados, devem ser considerados os seguintes elementos:

- objetivos estabelecidos previamente;
- gastos totais com a participação;
- desempenho nas feiras anteriores (se for o caso);
- dados como custo de cada contato comercial realizado ou custo do espaço alugado e o número de visitantes comerciais no total de visitantes registrados pela feira.

5.6.6 O dia seguinte...

As atividades de *follow-up* (manutenção de contatos com visitantes durante certo tempo após a exibição) constituem o meio mais eficiente para se otimizar o rendimento comercial projetado por uma participação.

5.7 TRATAMENTO FISCAL NAS EXPORTAÇÕES

Os exportadores têm reclamado com muita insistência que o Brasil "exporta" impostos. Com razão. Devido à cascata de impostos no circuito produtivo, muitos produtos acabam agregando a seus custos o PIS/Cofins, Contribuição Social, ICMS, IPMF etc.

Por ser um terreno extremamente minado, faremos a abordagem dos tributos, cuidando de citar a fonte legal à época em que produzimos esta obra.

A legislação básica que trata dos incentivos na área fiscal está consubstanciada, em sua maior parte, na Lei nº 8.402, de 09-01-92, que restabeleceu os incentivos fiscais.

Atendendo aos anseios do setor exportador, foi emitida a Medida Provisória nº 674, de 25-10-94, desonerando os tributos indiretos sobre as exportações, com o ressarcimento permitido em relação ao que foi pago por matérias-primas, produtos intermediários e embalagem adquiridos no mercado interno; a base de cálculo para a devolução será a aplicação do percentual de 2,65% (dois inteiros e sessenta e cinco centésimos do inteiro) sobre a relação entre a receita de exportação e a receita operacional bruta do exportador. O ressarcimento, pelo crédito fiscal, será o total pago a título de contribuição para o PIS/Pasep e Cofins.

5.7.1 PIS

De acordo com o artigo 5º da Lei nº 7.714, de 29-12-88, "para efeito de cálculo da contribuição para o Programa de Formação do Servidor Público (Pasep), e para o Programa de Integração Social (PIS), de que trata o Decreto-lei nº 2.445, de 29-6-88, o valor da receita de exportação de produtos manufaturados nacionais poderá ser excluído da receita operacional bruta".

5.7.2 Cofins

Segundo a Lei nº 8.402/92, "não há incidência da Contribuição para o Fundo de Investimento Social sobre as exportações, de que trata o artigo 1º do § 3º do Decreto-lei nº 1.940, de 25-5-82".

5.7.3 *Drawback*

Permanecem os incentivos à exportação decorrentes dos regimes aduaneiros especiais de que trata o artigo 78, incisos I a III, do Decreto-lei nº 37/66:

- restituição total ou parcial dos tributos que tenham incidido sobre a importação de mercadoria exportada após o beneficiamento, ou utilizada na fabricação, complementação ou acondicionamento de outra exportada;

- suspensão do pagamento dos tributos sobre a importação de mercadoria a ser exportada, após o beneficiamento, ou destinada à fabricação, complementação ou acondicionamento de outra a ser exportada;
- isenção dos tributos que incidirem sobre a importação de mercadoria, em quantidade e qualidade equivalente à utilizada no beneficiamento, fabricação, complementação ou acondicionamento de produto exportado.

Importante: Ato Declaratório CST 16/92 dispõe: isenção dos tributos na importação de matérias-primas, produtos intermediários e componentes destinados à fabricação, no país, de máquinas e equipamentos a serem fornecidos, no mercado interno, em decorrência de licitação internacional, desde que o pagamento seja com recursos externos em financiamentos concedidos por entidades internacionais, junto às quais o Brasil participe (BID, Banco Mundial etc.) ou entidade governamental estrangeira.

5.7.4 *Drawback* interno

O Decreto nº 541/92, em seu artigo 1º, dispõe: os estabelecimentos industriais ou equiparados poderão dar saída com suspensão do Imposto sobre Produtos Industrializados (IPI) às matérias-primas, produtos intermediários e materiais de embalagem, de fabricação nacional, vendidos a estabelecimento industrial, para industrialização de produtos destinados à exportação.

Para se assegurar do benefício acima, há necessidade de prévia aprovação pelo Secretário da Fazenda Nacional, mediante parecer fundamentado do Departamento da Receita Federal, de plano de exportação, elaborado pela empresa exportadora que irá adquirir os insumos objeto da suspensão do IPI.

Prazo de utilização:

As exportações dos produtos deverão ser efetuadas no prazo máximo de um ano, contando da aprovação do plano de exportação, prorrogável uma vez, por idêntico período (artigo 3º do Decreto nº 541/92).

5.7.5 IPI – Imposto sobre Produtos Industrializados

Além dos favores citados na modalidade *Drawback*, é isenta do Imposto sobre Produtos Industrializados a aquisição de produto nacional por Lojas Francas, de que trata o artigo 15, § 3º do Decreto-lei nº 1.455, de 7-4-76, com a respectiva manutenção e utilização do crédito do imposto relativo aos insumos empregados em sua industrialização.

A Lei nº 8.402/92 também trata do crédito do IPI no caso de incidência na aquisição dos mesmos, quando a venda é efetuada por produtor/vendedor ou comerciante contribuinte do imposto. É vedada ao produtor/vendedor a fruição dos incentivos fiscais à exportação, nas vendas para o exterior efetuadas por outras empresas, decorrentes de suas aquisições no mercado interno, na forma prevista no artigo 1º do Decreto-lei nº 1.894/81.

5.7.6 Imposto de Renda

a. isenção ou redução do Imposto de Renda na Fonte incidente sobre as remessas ao exterior exclusivamente para pagamento de despesas com promoção, propaganda e pesquisa de mercados de produtos brasileiros, inclusive aluguéis e arrendamentos de *stands* e locais para exposições e manutenção de escritórios comerciais e de representações, de armazéns, depósitos ou entrepostos;
b. isenção do Imposto de Renda incidente sobre as remessas ao exterior de juros devidos por financiamentos à exportação.

5.7.7 Imposto sobre Operações de Crédito, Câmbio e Seguro

a. isenção do IOF incidente sobre operações de financiamentos realizadas mediante emissão de conhecimento de depósito e *warrant* representativos de mercadorias depositadas para exportação em entrepostos aduaneiros;
b. isenção do imposto nas operações de financiamentos realizadas por meio de cédula e nota de crédito à exportação, de que trata o artigo 2º, da Lei nº 6.313/75;
c. isenção do imposto incidente sobre operações de câmbio realizadas para o pagamento de bens importados, de que trata o artigo 6º do Decreto-lei nº 2.434/88 (bens importados ao amparo de Guias de Importação emitidas a partir de 1-7-88).

5.7.8 Imposto sobre Circulação de Mercadorias e Serviços

Trata-se de imposto de competência dos Estados da Federação e do Distrito Federal. Incide sobre operações de circulação de mercadorias e prestação de serviços de transporte interestadual e intermunicipal e de comunicação, ainda que as operações e as prestações se iniciem no exterior.

Não incidência sobre as operações que destinem ao exterior produtos industrializados, excluídos os semielaborados (para os semielaborados, que gozam de redução do imposto, convém verificar as normas específicas sobre a incidência ou não do ICMS no produto de interesse do vendedor/exportador).

Poderá ocorrer a manutenção do crédito sobre o produto, quando exportado por terceiros, bem como a mercadoria utilizada como matéria-prima ou material secundário na fabricação ou embalagem, quando pelo fabricante.

5.8 ESTRATÉGIA EXPORTADORA

Entendemos que a empresa deve voltar-se para o mercado exterior em busca de oportunidades negociais, diversificando sua clientela, aumentando com isso seus lucros, em benefício próprio e da própria sociedade, gerando novos empregos, recolhendo mais impostos.

Agilização nas decisões, rapidez nas respostas, eficiência produtiva são fatores de sucesso no comércio exterior, pois hoje vencem os mais ágeis e eficientes.

A coordenação de suas diretrizes, centradas nos objetivos maiores da empresa, deve unir sob o mesmo interesse as áreas de compra, venda, produção, marketing, contabilidade, finanças etc., no sentido de juntos vencerem os desafios que o mercado externo apresenta. A coordenação tem papel fundamental na consecução das metas estabelecidas, todas ações, frutos do Planejamento Estratégico Empresarial.

Afinal, o que é Planejamento Estratégico? Para que serve? É difícil sua implantação?

Ora, precisamos conhecer-nos, para sabermos quais são nossos pontos fortes e fracos, conhecer o ambiente de nossa organização, para então estabelecer os propósitos de direção que nossa empresa deverá perseguir para aproveitar as oportunidades que o mercado oferece, desviando e evitando as ameaças.

Sabendo onde estamos, vislumbramos aonde queremos chegar.

Proteção e oportunidade negocial se consegue buscando informações. Precisas! Seguras! Tempestivas!

Os bancos são excelentes arquivos de informações comerciais, assim como as Câmaras de Comércio, Consultorias de Comércio Exterior etc. Através de seus correspondentes no exterior, buscam informações que podem definir a opção mais correta para o empreendimento em que se está iniciando ou já esteja engajado.

E essa proteção também pode ser alcançada escolhendo-se a melhor maneira de negociar com o exterior: remessa dos documentos em cobrança bancária ou através de Carta de Crédito Documentário? Pagamento antecipado?

Enfim, uma análise criteriosa deve orientar a tomada de decisão na definição do negócio proposto.

Melhoria de qualidade não é exigência do mercado doméstico. É exigência mundial. Mais e mais se está exigindo melhoria no aumento da qualidade, produtividade e menores custos. Afinal, na união dessas três propostas (produtividade + qualidade + menores custos) está o segredo do sucesso.

Na área de comércio exterior, cada vez mais disputada, treinamento é condição fundamental. O conhecimento de uma ou mais língua estrangeira (inglês e espanhol, por exemplo) fará a diferença entre a empresa profissional e a amadora, entre o sucesso e o insucesso, entre a eficiência e a inoperância.

Voltamos a frisar que tudo o que foi alinhado deverá ser calcado num plano estratégico que englobe as várias seções ou departamentos da empresa: compra, venda, produção, marketing, finanças etc., num trabalho participativo, com o engajamento das pessoas envolvidas na conquista e manutenção do "nicho" externo.

O processo de internacionalização é lento e exige dos dirigentes das empresas muita persistência e um bom planejamento estratégico e tático, para que a operacionalização alcance o êxito almejado (planejado).

A empresa, ao entrar para o mercado internacional, deve ter plena consciência de que tal postura representa a abertura de nova frente de negócios e não somente uma fase momentânea para solução de dificuldades do mercado interno.

6

Regimes Aduaneiros Especiais e Atípicos

REGIMES ADUANEIROS ESPECIAIS

Os Regimes Aduaneiros Especiais são assim chamados porque existe uma série de procedimentos fiscais, caracterizando-os conforme a finalidade de cada um.

As obrigações fiscais suspensas pela aplicação dos regimes aduaneiros especiais serão constituídas em termo de responsabilidade firmado pelo beneficiário, de acordo com o que determina o art. 71, do Decreto-lei nº 37/1966, alterado pelo Decreto-lei nº 1.223/1972.

6.1 TRÂNSITO ADUANEIRO

Entende-se por regime especial de trânsito aduaneiro aquele que permite o transporte de mercadorias, sob controle aduaneiro, de um ponto a outro do território aduaneiro, com suspensão de tributos (Decreto-lei nº 37, de 1966, art. 73 e Decreto nº 4.543/2002, art. 267).

Percebe-se, pela conceituação, que os impostos incidentes sobre a operação serão recolhidos no território aduaneiro de destino.

Com a edição da Instrução Normativa nº 248/2002, pela SRF, a Declaração de Trânsito Aduaneiro (DTA) passou a ser processada mediante a utilização do Sistema Integrado de Comércio Exterior, módulo trânsito (SISCOMEX Trânsito), salvo o de remessas postais internacionais e o de mercadorias destinadas à exportação ou reexportação, que se regem por normas próprias.

Tipos de Declaração de Trânsito

O despacho de trânsito aduaneiro será processado com base em uma das seguintes declarações:

I – Declaração de Trânsito Aduaneiro (DTA), que ampara os trânsitos aduaneiros:

a. de entrada ou de passagem, comum, cuja correspondente carga sujeita-se à emissão de fatura comercial; ou

b. de entrada ou de passagem, especial, para cuja correspondente carga não é exigida a emissão de fatura comercial, como: as partes, peças e componentes necessários à manutenção de embarcações em viagem internacional, independentemente de sua bandeira, quando adquiridos sem cobertura cambial; e os materiais de uso, reposição ou conserto de embarcações, aeronaves ou outros veículos estrangeiros, estacionados ou de passagem pelo território aduaneiro quando acobertados por conhecimento de transporte internacional, urna funerária, mala diplomática, bagagem desacompanhada e semelhantes;

II – Manifesto Internacional de Carga – Declaração de Trânsito Aduaneiro (MIC-DTA) que ampara cargas em trânsito aduaneiro de entrada ou de passagem de conformidade com o estabelecido em acordo internacional e na legislação específica;

III Conhecimento-Carta de Porte Internacional – Declaração de Trânsito Aduaneiro (TIF-DTA), que ampara cargas em trânsito aduaneiro de entrada ou de passagem conforme estabelecido em acordo internacional e na legislação específica;

IV – Declaração de Trânsito de Transferência (DTT), que ampara as operações de trânsito aduaneiro que envolvam as transferências, não acobertadas por conhecimento de transporte internacional, de:

a. materiais de companhia aérea, ou de consumo de bordo, entre Depósitos Afiançados (DAF) da mesma companhia;

b. mercadorias entre lojas francas ou seus depósitos;

c. mercadorias vendidas pelas lojas francas a empresas de navegação aérea ou marítima e destinadas a consumo de bordo ou a venda a passageiros, desde que procedentes diretamente da loja franca para o veículo em viagem internacional ou para DAF;

d. mercadorias já admitidas em regime de entreposto aduaneiro, entre recintos alfandegados;

e. mercadorias armazenadas em estação aduaneira interior (porto seco) e destinadas a feiras em recintos alfandegados por tempo determinado, com posterior retorno ao mesmo porto seco;

f. carga nacional com locais de origem e destino em unidades aduaneiras nacionais, com passagem por território estrangeiro;
g. bagagem acompanhada extraviada;
h. bagagem acompanhada de tripulante ou passageiro com origem e destino no exterior, em passagem pelo território nacional;
i. mercadoria admitida no regime de Depósito Alfandegado Certificado (DAC) com destino ao local de embarque ou transposição de fronteira;
j. as mercadorias constantes do art. 3º da Instrução Normativa nº 248/2002.

V – Declaração de Trânsito de Contêiner (DTC), que ampara as operações de transferência de contêineres, contendo carga, descarregados do navio no pátio do porto e destinados a armazenamento em recinto alfandegado jurisdicionado à mesma unidade da SRF.

A utilização de DTA restringe-se a carga acobertada por conhecimento de transporte internacional.

Uma declaração de trânsito aduaneiro poderá conter mais de um conhecimento de transporte internacional.

Um conhecimento de transporte internacional não poderá estar contido em mais de uma declaração de trânsito aduaneiro, salvo no caso de:

I – MIC-DTA; e

II – carga parcial, devendo cada declaração, nesse caso, corresponder à totalidade dos volumes descarregados e ainda não submetidos a despacho.

Beneficiários do regime

São beneficiários do regime de trânsito aduaneiro:

I – na DTA de entrada:

a. o importador ou o consignatário indicado no conhecimento de carga;
b. o operador de transporte multimodal (OTM);
c. o depositário autorizado, no SISCOMEX Trânsito, pelo importador ou pelo consignatário da carga, indicado no conhecimento;
d. o transportador nacional habilitado, autorizado, no SISCOMEX Trânsito, pelo importador ou pelo consignatário indicado no conhecimento; ou
e. o transportador do percurso internacional de mercadoria procedente do exterior quando:

1. o contrato de transporte facultar-lhe a execução de percurso interno com o uso de outro veículo, próprio ou de outro transportador habilitado; ou
2. o local de destino, consignado no conhecimento de transporte internacional, for diverso do ponto de entrada no território nacional;

II – na DTA de passagem:
   a. o representante no Brasil do importador ou exportador estrangeiro;
   b. o operador de transporte multimodal (OTM);
   c. o transportador nacional habilitado, autorizado pelo representante, no país, do importador ou exportador estrangeiro; ou
   d. o transportador do percurso internacional de mercadoria procedente do exterior nos casos em que:
      1. o contrato de transporte facultar-lhe a execução de percurso interno com o uso de outro veículo, próprio ou de outro transportador habilitado; ou
      2. o local de destino das mercadorias, consignado no manifesto de carga, for diverso do ponto de entrada no território nacional;

III – no MIC-DTA:
   a. o transportador nacional emitente do MIC-DTA; ou
   b. o representante no Brasil do transportador estrangeiro emitente do MIC-DTA;

IV – no TIF-DTA:
   a. o transportador nacional emitente do TIF-DTA; ou
   b. o representante no Brasil do transportador estrangeiro emitente do TIF-DTA;

V – na DTT:
   a. de material de companhia aérea ou de consumo de bordo: a companhia aérea;
   b. de mercadoria em regime de loja franca: o administrador da loja franca;
   c. de mercadoria armazenada em porto seco: o concessionário ou permissionário do porto seco;
   d. de bagagem acompanhada extraviada: a companhia de transporte internacional;
   e. de bens mencionados no art. 3º: da IN nº 248/2002: o representante no Brasil da empresa responsável pelo veículo de transporte do percurso internacional;
   f. de mercadorias destinadas a feiras e com saída e retorno ao mesmo porto seco: o concessionário ou permissionário do porto seco;

g. de bagagem acompanhada de tripulante ou passageiro com origem e destino no exterior, em passagem pelo território nacional: o representante no Brasil da empresa responsável pelo veículo de transporte do percurso internacional; e

h. de mercadoria nacional com locais de origem e destino em unidades aduaneiras nacionais, com passagem pelo território estrangeiro: o proprietário da mercadoria;

VI – na DTC: o depositário do local de destino; e

VII – na DTI: o transportador do percurso internacional que embarcará a carga para o exterior.

6.2 ADMISSÃO TEMPORÁRIA

O regime aduaneiro especial de admissão temporária é o que permite a importação de bens que devam permanecer no país durante prazo fixado, com suspensão total do pagamento de tributos, ou com suspensão parcial, no caso de utilização econômica, na forma e nas condições especificadas no Livro IV, Título I e Capítulo III, do Decreto nº 4.543/2002 (Decreto-lei nº 37, de 1966, art. 75, e Lei nº 9.430, de 1996, art. 79).

Admissão temporária com suspensão total do pagamento de tributos

O regime aduaneiro especial de admissão temporária com suspensão total do pagamento de tributos permite a importação de bens que devam permanecer no país durante prazo fixado, na forma e nas condições dispostas no Livro IV, Título I, Capítulo III e Seção I do Decreto nº 4.543/2002 (Decreto-lei nº 37, de 1966, art. 75).

Aplicabilidade do regime

O regime poderá ser aplicado aos bens relacionados em ato normativo da Secretaria da Receita Federal e aos admitidos temporariamente ao amparo de acordos internacionais.

Os bens admitidos no regime ao amparo de acordos internacionais firmados pelo país estarão sujeitos aos termos neles previstos.

A autoridade competente poderá indeferir pedido de aplicação do regime, em decisão fundamentada, da qual caberá recurso, na forma estabelecida pela Secretaria da Receita Federal.

Os veículos de uso particular exclusivos de turistas residentes nos países integrantes do Mercosul circularão livremente no país, com observância das normas comunitárias correspondentes, dispensado o cumprimento de formalidades aduaneiras (Norma de Aplicação sobre Circulação de Veículos Comunitários do Mercosul de Uso Particular Exclusivo dos Turistas, art. 4º, aprovada pela Resolução do Grupo do Mercado Comum (GMC) nº 131, de 1994, internalizada pelo Decreto nº 1.765, de 1995, art. 1º, inciso II, alínea *g*).

Para os efeitos do disposto acima, entende-se por (Norma de Aplicação sobre Circulação de Veículos Comunitários do Mercosul de Uso Particular Exclusivo dos Turistas, art. 2º, aprovada pela Resolução GMC nº 131, de 1994, internalizada pelo Decreto nº 1.765, de 1995, art. 1º, inciso II, alínea *g*):

I – veículos: automóveis, motocicletas, bicicletas motorizadas, casas rodantes, reboques, embarcações de recreio e desportivas e similares, que estejam registrados e matriculados em qualquer outro país do Mercosul; e

II – turista: toda pessoa que mantenha sua residência habitual em outro país do Mercosul, e que ingresse no Brasil, para nele permanecer pelo prazo permitido na legislação migratória.

Os veículos admitidos no regime deverão ser conduzidos pelo proprietário ou por pessoa por ele autorizada, residentes no país de matrícula (Norma de Aplicação sobre Circulação de Veículos Comunitários do Mercosul de Uso Particular Exclusivo dos Turistas, art. 3º, aprovada pela Resolução GMC nº 131, de 1994, internalizada pelo Decreto nº 1.765, de 1995, art. 1º, inciso II, alínea *g*).

A comprovação do atendimento das condições para aplicação do regime, em relação ao veículo, será feita mediante documentação oficial expedida pelo país de matrícula e pela utilização das placas de registro exigíveis para sua circulação (Norma de Aplicação sobre Circulação de Veículos Comunitários do Mercosul de Uso Particular Exclusivo dos Turistas, art. 5º, item 1, aprovada pela Resolução GMC nº 131, de 1994, internalizada pelo Decreto nº 1.765, de 1995, art. 1º, inciso II, alínea *g*).

A comprovação da residência do turista no país de matrícula do veículo será feita mediante documento de identidade ou, no caso de estrangeiros que não possuam esse documento, mediante certificado de residência expedido pelo órgão competente no referido país (Norma de Aplicação sobre Circulação de Veículos Comunitários do Mercosul de Uso Particular Exclusivo dos Turistas, art. 5º, item 2, aprovada pela Resolução GMC nº 131, de 1994, internalizada pelo Decreto nº 1.765, de 1995, art. 1º, inciso II, alínea *g*).

Concessão, prazo e aplicação do regime

Para a concessão do regime, a autoridade aduaneira deverá observar o cumprimento cumulativo das seguintes condições (Decreto-lei nº 37, de 1966, art. 75, § 1º, incisos I e III):

I – importação em caráter temporário, comprovada esta condição por qualquer meio julgado idôneo;

II – importação sem cobertura cambial;

III – adequação dos bens à finalidade para a qual foram importados;

IV – constituição das obrigações fiscais em termo de responsabilidade; e

V – identificação dos bens.

A Secretaria da Receita Federal disporá sobre a forma de identificação dos bens referidos no inciso V.

Quando se tratar de bens cuja importação esteja sujeita à prévia manifestação de outros órgãos da Administração Pública, a concessão do regime dependerá da satisfação desse requisito.

A concessão do regime poderá ser condicionada à obtenção de licença de importação.

A licença de importação exigida para a concessão do regime não prevalecerá para efeito de nacionalização e despacho para consumo dos bens.

No ato da concessão, a autoridade aduaneira fixará o prazo de vigência do regime, que será contado do desembaraço aduaneiro.

Entende-se por vigência do regime o período compreendido entre a data do desembaraço aduaneiro e o termo final do prazo fixado pela autoridade aduaneira para permanência da mercadoria no país, considerado, inclusive, o prazo de prorrogação, quando for o caso.

Na fixação do prazo, ter-se-á em conta o provável período de permanência dos bens, indicado pelo beneficiário.

O prazo de vigência do regime será fixado observando-se o disposto nos arts. 262 e 263 do Decreto nº 4.543, de 26-12-2002.

Não será aceito pedido de prorrogação apresentado após o termo final do prazo fixado para permanência dos bens no país.

O prazo de vigência da admissão temporária de veículo pertencente a turista estrangeiro será o mesmo concedido para a permanência, no país, de seu proprietário.

No caso de bens de uso profissional ou de bens de uso doméstico, excluídos os veículos automotores, trazidos por estrangeiro que venha ao país para exercer atividade profissional ou para estudos, com visto temporário ou oficial, o prazo inicial de permanência dos bens será o mesmo concedido para a permanência do estrangeiro.

Os prazos acima referidos serão prorrogados na mesma medida em que o estrangeiro obtiver a prorrogação de sua permanência no país.

Será de até noventa dias o prazo de admissão temporária de veículo de brasileiro radicado no exterior que ingresse no país em caráter temporário (Decreto-lei nº 37, de 1966, art. 76).

A aplicação do regime de admissão temporária ficará condicionada à utilização dos bens dentro do prazo fixado e exclusivamente nos fins previstos (Decreto-lei nº 37, de 1966, art. 75, § 1º, inciso II).

Extinção da aplicação do regime

Na vigência do regime, deverá ser adotada, com relação aos bens, uma das seguintes providências, para liberação da garantia e baixa do termo de responsabilidade:

I – reexportação;

II – entrega à Fazenda Nacional, livres de quaisquer despesas, desde que a autoridade aduaneira concorde em recebê-los;

III – destruição, às expensas do interessado;

IV – transferência para outro regime especial; ou

V – despacho para consumo, se nacionalizados.

A reexportação de bens poderá ser efetuada parceladamente.

Os bens entregues à Fazenda Nacional terão a destinação prevista nas normas específicas.

A aplicação do disposto nos incisos II e III acima não obriga ao pagamento dos tributos suspensos.

No caso do inciso III, o eventual resíduo da destruição, se economicamente utilizável, deverá ser despachado para consumo como se tivesse sido importado no estado em que se encontre, sujeitando-se ao pagamento dos tributos correspondentes.

Se, na vigência do regime, for autorizada a nacionalização dos bens por terceiro, a este caberá promover o despacho para consumo.

A nacionalização dos bens e seu despacho para consumo serão realizados com observância das exigências legais e regulamentares, inclusive as relativas ao controle administrativo das importações (Decreto-lei nº 37, de 1966, art. 77).

A nacionalização e o despacho para consumo não serão permitidos quando a licença de importação, para os bens admitidos no regime, estiver vedada ou suspensa.

No caso do inciso V, tem-se por tempestiva a providência para extinção do regime, na data do pedido da licença de importação, desde que este seja formalizado dentro do prazo de vigência do regime, e a licença seja deferida.

A adoção das providências para extinção da aplicação do regime será requerida pelo interessado ao titular da unidade que jurisdiciona o local onde se encontrem os bens, mediante a apresentação destes, dentro do prazo de vigência do regime.

A unidade aduaneira onde for processada a extinção deverá comunicar o fato à que concedeu o regime.

Na hipótese de indeferimento do pedido de prorrogação de prazo ou dos requerimentos a que se referem os incisos II a V, o beneficiário deverá iniciar o despacho de reexportação dos bens em trinta dias da data da ciência da decisão, salvo se superior o período restante fixado para sua permanência no país.

No caso de bens sujeitos a multa, o despacho de reexportação deverá ser interrompido, formalizando-se a correspondente exigência (Decreto-lei nº 37, de 1966, art. 71, § 6º, com a redação dada pelo Decreto-lei nº 2.472, de 1988, art. 1º).

De acordo com o art. 322 do Decreto nº 4.543/2002, poderá ser autorizada a substituição do beneficiário do regime.

Ressalve-se que a autorização não implica reinício da contagem do prazo de permanência dos bens.

Da admissão temporária para utilização econômica

Os bens admitidos temporariamente no país, para utilização econômica, ficam sujeitos ao pagamento dos impostos de importação e sobre produtos industrializados, proporcionalmente a seu tempo de permanência no território aduaneiro, nos termos e condições estabelecidos na Seção II, Capítulo III, Título I, Livro IV do Decreto nº 4.543/2002 (Lei nº 9.430, de 1996, art. 79).

Considera-se utilização econômica o emprego dos bens na prestação de serviços ou na produção de outros bens.

A proporcionalidade a que se refere o *caput* será obtida pelo percentual representativo do tempo de permanência do bem no país em relação a seu tempo de vida útil, determinado nos termos da legislação do imposto sobre a renda e proventos de qualquer natureza.

O crédito tributário correspondente à parcela dos impostos com exigibilidade suspensa deverá ser constituído em termo de responsabilidade.

A entrada no território aduaneiro de bens objeto de arrendamento mercantil, contratado com entidades arrendadoras domiciliadas no exterior, não se confunde com o regime de admissão temporária de que trata este Capítulo do Regulamento Aduaneiro, e sujeita-se às normas gerais que regem o regime comum de importação (Lei nº 6.099, de 12-9-1974, art. 17, com a redação dada pela Lei nº 7.132, de 26-10-1983, art. 1º, inciso III).

Pagamento dos impostos

O II e o IPI, devidos no caso de admissão temporária com pagamento parcial, de acordo com o disposto no § 4º do art. 7º da IN SRF nº 150, de 20-12-1999, serão pagos pelo importador por ocasião do registro da respectiva DI, mediante débito automático em conta, nos termos da Instrução Normativa nº 98, de 29-12-1997.

Na hipótese da prorrogação:

I – os impostos correspondentes ao período adicional de permanência do bem no país serão calculados de acordo com o estabelecido no § 4º do art. 7º da IN SRF nº 150, de 20-12-1999, e recolhidos, por meio de Documento de Arrecadação de Receitas Federais (DARF), até o vencimento do prazo de permanência anterior, sem a cobrança de juros ou de acréscimos moratórios;

II – para efeitos do cálculo do imposto a ser recolhido, serão considerados o tempo de vida útil do bem e o valor do imposto devido no regime comum de importação utilizados na DI que serviu de base para a concessão do regime;

III – proceder-se-á à averbação, na DI que serviu de base para a concessão do regime, da prorrogação concedida, devendo ser consultado previamente o Sistema de Informações da Arrecadação Federal (Sinal).

Os impostos pagos na forma anterior não serão restituídos nem poderão ser compensados em virtude da extinção do regime antes de completado o prazo da concessão inicial ou da prorrogação.

No caso de extinção do regime mediante despacho dos bens para consumo, os impostos incidentes na importação serão calculados com base na legislação vigente à data em que o regime for extinto e cobrados proporcionalmente ao prazo restante de vida útil do bem, na forma do § 4º do art. 7º da IN SRF nº 150, de 20-12-1999.

Operação no regime

Os bens submetidos ao regime de admissão temporária, na forma da Instrução Normativa nº 150, de 20-12-1999, poderão ser remetidos ao exterior para reparo ou restauração, sem suspensão ou interrupção da contagem do tempo de permanência no país.

As remessas efetuadas conforme segue:

I – serão autorizadas pelo chefe da unidade da SRF de saída dos bens do país, com base na Autorização de Movimentação de Bens Submetidos ao Regime de Admissão Temporária (AMB), constante do Anexo IV, da IN SRF nº 150, de 20-12-1999; e

II – não geram direito à restituição dos impostos que tenham sido pagos proporcionalmente por ocasião da concessão ou prorrogação do regime de admissão temporária.

Fundamento legal: Art. 75 do Decreto-lei nº 37/1966, Instrução Normativa SRF nº 150, de 20-12-1999 e Decreto nº 4.543/2002.

6.3 ADMISSÃO TEMPORÁRIA PARA APERFEIÇOAMENTO ATIVO

O regime aduaneiro especial de admissão temporária para aperfeiçoamento ativo é o que permite o ingresso, para permanência temporária no país, com suspensão do pagamento de tributos, de mercadorias estrangeiras ou desnacionalizadas, destinadas a operações de aperfeiçoamento ativo e posterior reexportação (Decreto nº 4.543/2002, art. 331).

Consideram-se operações de aperfeiçoamento ativo:

I – as operações de industrialização relativas ao beneficiamento, à montagem, à renovação, ao recondicionamento, ao acondicionamento ou ao reacondicionamento aplicadas ao próprio bem; e

II – o conserto, o reparo, ou a restauração de bens estrangeiros, que devam retornar, modificados, ao país de origem.

São condições básicas para a aplicação do regime:

I – que as mercadorias sejam de propriedade de pessoa sediada no exterior e admitidas sem cobertura cambial;

II – que o beneficiário seja pessoa jurídica sediada no país; e

III – que a operação esteja prevista em contrato de prestação de serviço.

Aplicam-se ao regime, no que couber, as normas previstas para o regime de admissão temporária (Decreto nº 4.543/2002, art. 334).

6.4 *DRAWBACK*

O regime de *drawback* é considerado incentivo à exportação e pode ser aplicado nas seguintes modalidades (Decreto-lei nº 37, de 1966, art. 78, e Lei nº 8.402, de 1992, art. 1º, inciso I, Decreto nº 4.543/2002, art. 335):

I – suspensão do pagamento dos tributos exigíveis na importação de mercadoria a ser exportada após beneficiamento ou destinada à fabricação, complementação ou acondicionamento de outra a ser exportada;

II – isenção dos tributos exigíveis na importação de mercadoria, em quantidade e qualidade equivalente à utilizada no beneficiamento, fabricação, complementação ou acondicionamento de produto exportado; e

III – restituição, total ou parcial, dos tributos pagos na importação de mercadoria exportada após beneficiamento, ou utilizada na fabricação, complementação ou acondicionamento de outra exportada.

O regime de *drawback* poderá ser concedido a:

I – mercadoria importada para beneficiamento no país e posterior exportação;

II – matéria-prima, produto semielaborado ou acabado, utilizados na fabricação de mercadoria exportada, ou a exportar;

III – peça, parte, aparelho, máquina, veículo ou equipamento exportado ou a exportar;

IV – mercadoria destinada à embalagem, acondicionamento ou apresentação de produto exportado ou a exportar, desde que propicie comprovadamente uma agregação de valor ao produto final; ou

V – animais destinados ao abate e posterior exportação.

O regime poderá ainda ser concedido:

I – para matéria-prima e outros produtos que, embora não integrando o produto exportado, sejam utilizados em sua fabricação em condições que justifiquem a concessão; ou

II – para matéria-prima e outros produtos utilizados no cultivo de produtos agrícolas ou na criação de animais a serem exportados, definidos pela Câmara de Comércio Exterior.

Na hipótese do inciso II, o regime será concedido:

I – nos limites quantitativos e qualitativos constantes de laudo técnico emitido nos termos fixados pela Secretaria da Receita Federal, por órgão ou entidade especializada da Administração Pública Federal; e

II – a empresa que possua controle contábil de produção em conformidade com as normas editadas pela Secretaria da Receita Federal.

O regime de *drawback*, na modalidade de suspensão, poderá ser concedido à importação de matérias-primas, produtos intermediários e componentes destinados à fabricação, no país, de máquinas e equipamentos a serem fornecidos no mercado interno, em decorrência de licitação internacional, contra pagamento em moeda conversível proveniente de financiamento concedido por instituição financeira internacional, da qual o Brasil participe, ou por entidade governamental estrangeira ou, ainda, pelo Banco Nacional de Desenvolvimento Econômico e Social, com recursos captados no exterior (Lei nº 8.032, de 1990, art. 5º, com a redação dada pela Lei nº 10.184, de 12-2-2001, art. 5º, Decreto nº 4.543/2002, art. 336).

O regime de *drawback* não será concedido (Decreto nº 4.543/2002, art. 337):

I – na importação de mercadoria cujo valor do imposto de importação, em cada pedido, for inferior ao limite mínimo fixado pela Câmara de Comércio Exterior (Decreto-lei nº 37, de 1966, art. 78, § 2º); e

II – na importação de petróleo e seus derivados, com exceção da importação de coque calcinado de petróleo.

Para atender ao limite previsto no inciso I, várias exportações da mesma mercadoria poderão ser reunidas em um só pedido de *drawback*.

Drawback suspensão

A concessão do regime, na modalidade de suspensão, é de competência da Secretaria de Comércio Exterior e deve ser efetivada, em cada caso, por meio do SISCOMEX.

A concessão do regime será feita com base nos registros e nas informações prestadas, no SISCOMEX, pelo interessado, conforme estabelecido pela Secretaria de Comércio Exterior.

O registro informatizado da concessão do regime equivale, para todos os efeitos legais, ao ato concessório de *drawback*.

Para o desembaraço aduaneiro da mercadoria a ser admitida no regime, será exigido termo de responsabilidade na forma disciplinada em ato normativo da Secretaria da Receita Federal.

Quando constar do ato concessório do regime a exigência de prestação de garantia, esta só alcançará o valor dos tributos suspensos e será reduzida à medida que forem comprovadas as exportações.

O regime de *drawback*, na modalidade de suspensão, poderá ser concedido e comprovado, a critério da Secretaria de Comércio Exterior, com base unicamente na análise dos fluxos financeiros das importações e exportações, bem assim da compatibilidade entre as mercadorias a serem importadas e as a exportar.

O prazo de vigência do regime será de um ano, admitida uma única prorrogação, por igual período, salvo nos casos de importação de mercadorias destinadas à produção de bens de capital de longo ciclo de fabricação, quando o prazo máximo será de cinco anos (Decreto-lei nº 1.722, de 3-12-1979, art. 4º e parágrafo único).

Os prazos de que trata o *caput* terão como termo final o fixado para o cumprimento do compromisso de exportação assumido na concessão do regime.

Muito importante: As mercadorias admitidas no regime, na modalidade de suspensão, deverão ser integralmente utilizadas no processo produtivo ou na embalagem, acondicionamento ou apresentação das mercadorias a serem exportadas.

O excedente de mercadorias produzidas ao amparo do regime, em relação ao compromisso de exportação estabelecido no respectivo ato concessório, poderá ser consumido no mercado interno somente após o pagamento dos impostos suspensos dos correspondentes insumos ou produtos importados, com os acréscimos legais devidos.

As mercadorias admitidas no regime que, no todo ou em parte, deixarem de ser empregadas no processo produtivo de bens, conforme estabelecido no ato concessório, ou que sejam empregadas em desacordo com este, ficam sujeitas aos seguintes procedimentos:

I – no caso de inadimplemento do compromisso de exportar, em até trinta dias do prazo fixado para exportação:
  a. devolução ao exterior ou reexportação;
  b. destruição, sob controle aduaneiro, às expensas do interessado; ou
  c. destinação para consumo das mercadorias remanescentes, com o pagamento dos tributos suspensos e dos acréscimos legais devidos;

II – no caso de renúncia à aplicação do regime, adoção, no momento da renúncia, de um dos procedimentos previstos no inciso I; e

III – no caso de descumprimento de outras condições previstas no ato concessório, requerimento de regularização no órgão concedente, a critério deste.

A Secretaria de Comércio Exterior poderá estabelecer condições e requisitos específicos para a concessão do regime, inclusive a apresentação de cronograma de exportações.

Na hipótese de descumprimento das condições e dos requisitos estabelecidos, o regime poderá deixar de ser concedido nas importações subsequentes, até o atendimento das exigências.

A Secretaria da Receita Federal e a Secretaria de Comércio Exterior editam as normas complementares para implementação desse regime em suas respectivas áreas de competência.

Drawback isenção

A concessão do regime, na modalidade de isenção, é de competência da Secretaria de Comércio Exterior, e o interessado deve comprovar a exportação de produto em cujo beneficiamento, fabricação, complementação ou acondicionamento tenham sido utilizadas mercadorias importadas equivalentes, em qualidade e quantidade, àquelas para as quais esteja sendo pleiteada a isenção.

O regime será concedido mediante ato concessório do qual constarão:

I – valor e especificação da mercadoria exportada;

II – especificação e classificação fiscal na Nomenclatura Comum do Mercosul das mercadorias a serem importadas, com as quantidades e os valores respectivos, estabelecidos com base na mercadoria exportada; e

III – valor unitário da mercadoria importada, utilizada no beneficiamento, fabricação, complementação ou acondicionamento da mercadoria exportada.

A Secretaria de Comércio Exterior poderá estabelecer outros requisitos que devam constar no ato concessório.

O ato acima tratado poderá ter caráter normativo ou específico, quanto ao produto ou ao produto e à empresa, aplicando-se, sem nova consulta à Secretaria de Comércio Exterior, às exportações futuras, observadas em todos os casos as demais exigências (Decreto nº 4.543/2002, arts. 346 e 347).

Importante: A Secretaria de Comércio Exterior poderá, independentemente de solicitação, expedir atos para possibilitar a inclusão de produtos no regime.

No caso de ato normativo endereçado a determinada empresa, esta se obriga a comunicar à Secretaria de Comércio Exterior as alterações no rendimento do processo de produção e no preço do insumo importado, que signifiquem modificações de mais de 5% na quantidade e valor de cada material importado por unidade de produto exportado.

A Secretaria de Comércio Exterior procederá periodicamente à atualização das relações importação-exportação constantes dos atos normativos ou específicos que expedir para produto ou produtos.

A Secretaria de Comércio Exterior, atendendo aos interesses da economia nacional, poderá suspender a aplicação de atos normativos ou específicos.

A Secretaria de Comércio Exterior estabelecerá:

I – prazo para a habilitação ao regime; e

II – normas complementares às dispostas nesta Seção.

Drawback restituição

A concessão do regime, na modalidade de restituição, é de competência da Secretaria da Receita Federal, e poderá abranger, total ou parcialmente, os tributos pagos na importação de mercadoria exportada após beneficiamento, ou utilizada na fabricação, complementação ou acondicionamento de outra exportada (Decreto nº 4.543/2002, art. 349).

Para usufruir o regime, o interessado deverá comprovar a exportação de produto em cujo beneficiamento, fabricação, complementação ou acondicionamento tenham sido utilizadas as mercadorias importadas referidas no *caput*.

A restituição do valor correspondente aos tributos poderá ser feita mediante crédito fiscal, a ser utilizado em qualquer importação posterior (Decreto-lei nº 37, de 1966, art. 78, § 1º).

Na modalidade de restituição, o regime será aplicado pela unidade aduaneira que jurisdiciona o estabelecimento produtor, atendidas as normas estabelecidas pela Secretaria da Receita Federal, para reconhecimento do direito creditório.

Considerações finais

A utilização do regime previsto no Decreto nº 4.543/2002 será registrada no documento comprobatório da exportação.

Na concessão do regime serão desprezados os subprodutos e os resíduos não exportados, quando seu montante não exceder de 5% do valor do produto importado.

Na hipótese de mercadoria isenta do imposto de importação ou cuja alíquota seja zero, poderá ser concedido o regime relativamente aos demais tributos devidos na importação.

As controvérsias relativas aos atos concessórios do regime de *drawback* serão dirimidas pela Secretaria da Receita Federal e pela Secretaria de Comércio Exterior, no âmbito de suas competências.

6.5 ENTREPOSTO ADUANEIRO DE IMPORTAÇÃO

O regime especial de entreposto aduaneiro na importação é o que permite a armazenagem de mercadoria estrangeira em recinto alfandegado de uso público, com suspensão do pagamento dos impostos incidentes na importação (Decreto-lei nº 1.455, de 1976, art. 9º, com a redação da Medida Provisória nº 2.158-35, de 2001, art. 69, e Decreto nº 4.543/2002, art. 356).

O regime permite, ainda, a permanência de mercadoria estrangeira em feira, congresso, mostra ou evento semelhante, realizado em recinto de uso privativo, previamente alfandegado para esse fim (Decreto-lei nº 1.455, de 1976, art. 16, Medida Provisória nº 2.158-35, de 2001, art. 69).

O alfandegamento do recinto será declarado por período que alcance não mais que os trinta dias anteriores e os trinta dias posteriores aos fixados para início e término do evento.

Dentro do período referido, a mercadoria poderá ser admitida no regime de entreposto aduaneiro em recinto alfandegado de uso público, sem reinício da contagem do prazo.

Beneficiários do regime

É beneficiário do regime de entreposto aduaneiro na importação o consignatário da mercadoria entrepostada.

Na hipótese de aplicação do regime de entreposto aduaneiro nos casos a que se refere o art. 357 do Decreto nº 4.543/2002 (mercadoria estrangeira em feira, congresso, mostra ou evento semelhante), o beneficiário será o promotor do evento.

A mercadoria admitida no regime poderá ser nacionalizada e posteriormente despachada para consumo ou exportada, pelo consignatário ou pelo adquirente.

É condição para admissão no regime que a mercadoria seja importada sem cobertura cambial.

Poderá ser admitida no regime mercadoria importada com cobertura cambial que for destinada a exportação, em conformidade com ato complementar editado pela Secretaria da Receita Federal.

Prazos

A mercadoria poderá permanecer no regime de entreposto aduaneiro na importação pelo prazo de até um ano, prorrogável por período não superior, no total, a dois anos, contado da data do desembaraço aduaneiro de admissão.

Em situações especiais, poderá ser concedida nova prorrogação, respeitado o limite máximo de três anos.

Na hipótese de a mercadoria permanecer em feira, congresso, mostra ou evento semelhante, o prazo de vigência será equivalente ao estabelecido para o alfandegamento do recinto.

A mercadoria deverá ter uma das seguintes destinações, em até quarenta e cinco dias do término do prazo de vigência do regime, sob pena de ser considerada abandonada (Decreto-lei nº 1.455, de 1976, art. 23, inciso II, alínea *d*):

I – despacho para consumo;

II – reexportação;

III – exportação; ou

IV – transferência para outro regime aduaneiro especial ou aplicado em áreas especiais.

A destinação prevista no inciso III não se aplica a mercadorias admitidas no regime para permanência em feira, congresso, mostra ou evento semelhante.

6.6 ENTREPOSTO ADUANEIRO DE EXPORTAÇÃO

O regime especial de entreposto aduaneiro na exportação é o que permite a armazenagem de mercadoria destinada a exportação (Decreto-lei nº 1.455, de 1976, art. 10, com a redação dada pela Medida Provisória nº 2.158-35, de 2001, art. 69 e Decreto nº 4.543/2002, art. 363):

O entreposto aduaneiro na exportação compreende as modalidades de regime comum e extraordinário (Decreto-lei nº 1.455, de 1976, art. 10, com a redação dada pela Medida Provisória nº 2.158-35, de 2001, art. 69).

Regime comum: permite-se a armazenagem de mercadorias em recinto de uso público, com suspensão do pagamento de impostos (Decreto-lei nº 1.455, de 1976, art. 10, inciso I, com a redação dada pela Medida Provisória nº 2.158-35, de 2001, art. 69).

Regime extraordinário: permite-se a armazenagem de mercadorias em recinto de uso privativo, com direito a utilização dos benefícios fiscais previstos para incentivo à exportação, antes de seu efetivo embarque para o exterior (Decreto-lei nº 1.455, de 1976, art. 10, inciso II, com a redação dada pela Medida Provisória nº 2.158-35, de 2001, art. 69).

O regime de entreposto aduaneiro na exportação, na modalidade extraordinário, somente poderá ser outorgado a empresa comercial exportadora constituída na forma prevista no art. 229, mediante autorização da Secretaria da Receita Federal (Decreto-lei nº 1.455, de 1976, art. 10, § 1º, com a redação dada pela Medida Provisória nº 2.158-35, de 2001, art. 69).

Admitida a hipótese do parágrafo anterior, as mercadorias que forem destinadas a embarque direto para o exterior, no prazo estabelecido pela autoridade aduaneira, poderão ficar armazenadas em local não alfandegado (Decreto-lei nº 1.455, de 1976, art. 10, § 2º, com a redação dada pela Medida Provisória nº 2.158-35, de 2001, art. 69).

O entreposto aduaneiro na exportação subsiste:

I – na modalidade de regime comum, a partir da data da entrada da mercadoria na unidade de armazenagem; e

II – na modalidade de regime extraordinário, a partir da data da saída da mercadoria do estabelecimento do produtor-vendedor.

Prazos

A mercadoria poderá permanecer no regime de entreposto aduaneiro na exportação pelo prazo de:

I – um ano, prorrogável por período não superior, no total, a dois anos, na modalidade de regime comum; e

II – noventa dias, na modalidade de regime extraordinário.

Em situações especiais, na hipótese a que se refere o inciso I, poderá ser concedida nova prorrogação, respeitado o limite máximo de três anos.

Na hipótese a que se refere o inciso II, a mercadoria poderá, dentro do prazo nele previsto, ser admitida no regime de entreposto aduaneiro, na modalidade comum, caso em que prevalecerá o prazo previsto no inciso I.

Observado o prazo de permanência da mercadoria no regime, acrescido daquele a que se refere o inciso II do art. 574, deverá o beneficiário adotar uma das seguintes providências:

I – iniciar o despacho de exportação;

II – no caso de regime comum, reintegrá-la ao estoque do seu estabelecimento; ou

III – em qualquer outro caso, pagar os impostos suspensos e ressarcir os benefícios fiscais acaso fruídos em razão da admissão da mercadoria no regime.

Considerações finais

A autoridade aduaneira poderá exigir, a qualquer tempo, a apresentação da mercadoria submetida ao regime de entreposto aduaneiro, bem assim proceder aos inventários que entender necessários (Decreto-lei nº 1.455, de 1976, art. 18, com a redação dada pela Medida Provisória nº 2.158-35, de 2001, art. 69 e Decreto nº 4.543/2002, art. 368).

Ocorrendo extravio ou avaria de mercadoria submetida ao regime, o depositário responde pelo pagamento (Decreto-lei nº 1.455, de 1976, art. 18, parágrafo único, com a redação dada pela Medida Provisória nº 2.158-35, de 2001, art. 69):

I – dos impostos suspensos, da multa, de mora ou de ofício e dos demais acréscimos legais cabíveis, quando se tratar de mercadoria submetida ao regime de entreposto aduaneiro na importação, ou na modalidade de regime comum, na exportação; e

II – dos impostos que deixaram de ser pagos e dos benefícios fiscais de qualquer natureza acaso auferidos, da multa, de mora ou de ofício, e dos demais acréscimos legais cabíveis, no caso de mercadoria submetida ao regime de entreposto aduaneiro, na modalidade de regime extraordinário, na exportação.

A Secretaria da Receita Federal estabelecerá, relativamente ao regime de entreposto aduaneiro, na importação e na exportação, em caráter complementar (Decreto-lei nº 1.455, de 1976, art. 19, com a redação dada pela Medida Provisória nº 2.158-35, de 2001, art. 69):

I – requisitos e condições para sua aplicação;

II – operações comerciais e industrializações admitidas;

III – formas de extinção de sua aplicação; e

IV – hipóteses e formas de suspensão ou cassação de autorização para sua operação.

O Ministro de Estado da Fazenda poderá vedar a aplicação do regime de entreposto aduaneiro às mercadorias que relacionar em ato normativo (Decreto-lei nº 1.455, de 1976, art. 19, parágrafo único).

6.7 ENTREPOSTO INDUSTRIAL SOB CONTROLE INFORMATIZADO (RECOF)

O regime de entreposto industrial sob controle aduaneiro informatizado (Recof) é o que permite a empresa importar, com ou sem cobertura cambial, e com suspensão do pagamento de tributos, sob controle aduaneiro informatizado, mercadorias que, depois de submetidas a operação de industrialização, sejam destinadas a exportação (Decreto-lei nº 37, de 1966, art. 89 e Decreto nº 4.543/2002, art. 372).

Parte da mercadoria admitida no regime, no estado em que foi importada ou depois de submetida a processo de industrialização, poderá ser despachada para consumo (Decreto-lei nº 37, de 1966, art. 89).

A mercadoria, no estado em que foi importada, poderá ter ainda uma das seguintes destinações:

I – exportação;

II – reexportação; ou

III – destruição.

Autorização para operar no regime

A autorização para operar no regime é de competência da Secretaria da Receita Federal e poderá ser cancelada ou suspensa a qualquer tempo, nos casos de descumprimento das condições estabelecidas, ou de infringência de disposições legais ou regulamentares, sem prejuízo da aplicação de penalidades específicas (Decreto-lei nº 37, de 1966, art. 90, § 1º).

Poderão habilitar-se a operar no regime as empresas que atendam aos termos, limites e condições estabelecidos pela Secretaria da Receita Federal, em ato normativo, do qual constarão (Decreto-lei nº 37, de 1966, art. 90):

I – as mercadorias que poderão ser admitidas no regime;

II – as operações de industrialização autorizadas;

III – o percentual de tolerância, para efeito de exclusão da responsabilidade tributária do beneficiário, no caso de perda inevitável no processo produtivo;

IV – o percentual mínimo da produção destinada ao mercado externo;

V – o percentual máximo de mercadorias importadas destinadas ao mercado interno no estado em que foram importadas; e

VI – o valor mínimo de exportações anuais.

Prazo e a aplicação do regime

O prazo de suspensão do pagamento dos tributos incidentes na importação será de até um ano, prorrogável por período não superior a um ano.

A partir do desembaraço aduaneiro para admissão no regime, a empresa beneficiária responderá pela custódia e guarda das mercadorias na condição de fiel depositária.

A normatização da aplicação do regime é de competência da Secretaria da Receita Federal, que disporá quanto aos controles a serem exercidos (Decreto-lei nº 37, de 1966, art. 90, § 3º).

Exigência de tributos

Findo o prazo fixado para a permanência da mercadoria no regime, serão exigidos, em relação ao estoque, os tributos suspensos, com os acréscimos legais cabíveis (Decreto-lei nº 37, de 1966, art. 90, § 2º).

O disposto acima não dispensa o cumprimento das exigências legais e regulamentares para a permanência definitiva da mercadoria no país.

Os resíduos decorrentes do processo produtivo poderão ser:

I – destruídos, sem exigência de tributos, caso não se prestem à utilização econômica; ou

II – despachados para consumo, com o pagamento de tributos, tendo como base de cálculo o valor que lhes for atribuído em laudo técnico específico, e com a alíquota fixada para a mercadoria correspondente.

A Secretaria da Receita Federal estabelecerá a forma e o momento para o cálculo e para o pagamento dos tributos.

Considerações finais

O licenciamento não automático de importação, quando exigível, deverá ocorrer previamente à admissão das mercadorias no regime.

No despacho para consumo das mercadorias admitidas no regime, o licenciamento será automático.

6.8 RECOM

O regime aduaneiro especial de importação de insumos destinados a industrialização por encomenda de produtos classificados nas posições 8701 a 8705 da Nomenclatura Comum do Mercosul (Recom) é o que permite a importação, sem cobertura cambial, de chassis, carroçarias, peças, partes, componentes e acessórios, com suspensão do pagamento do imposto sobre produtos industrializados (Medida Provisória nº 2.189-49, de 2001, art. 17 e §§ 1º e 2º e Decreto nº 4.543/2002, art. 381).

O regime será aplicado exclusivamente a importações realizadas por conta e ordem de pessoa jurídica encomendante domiciliada no exterior (Medida Provisória nº 2.189-49, de 2001, art. 17).

O imposto de importação incidirá somente sobre os insumos importados empregados na industrialização dos produtos referidos no art. 381, inclusive na hipótese do inciso II do art. 383 (Medida Provisória nº 2.189-49, de 2001, art. 17, § 3º).

Os produtos resultantes da industrialização por encomenda terão o seguinte tratamento tributário (Medida Provisória nº 2.189-49, de 2001, art. 17, § 4º):

I – quando destinados ao exterior, resolve-se a suspensão do pagamento do imposto sobre produtos industrializados incidente na importação e na aquisição, no mercado interno, dos insumos neles empregados; e

II – quando destinados ao mercado interno, serão remetidos obrigatoriamente a empresa comercial atacadista, controlada, direta ou indiretamente, pela pessoa jurídica encomendante domiciliada no exterior, por conta e ordem desta, com suspensão do pagamento do imposto sobre produtos industrializados.

Habilitação e concessão do regime

A concessão do regime dependerá de habilitação prévia perante a Secretaria da Receita Federal, que expedirá as normas necessárias (Medida Provisória nº 2.189-49, de 2001, art. 17, § 6º).

6.9 EXPORTAÇÃO TEMPORÁRIA

O regime de exportação temporária é o que permite a saída, do país, com suspensão do pagamento do imposto de exportação, de mercadoria nacional ou nacionalizada, condicionada à reimportação em prazo determinado, no mesmo estado em que foi exportada (Decreto-lei nº 37, de 1966, art. 92, com a redação dada pelo Decreto-lei nº 2.472, de 1988, art. 1º e Decreto nº 4.543, art. 385).

Concessão, prazo e aplicação do regime

A concessão do regime poderá ser requerida à unidade que jurisdiciona o exportador ou àquela que jurisdiciona o porto, aeroporto ou ponto de fronteira de saída das mercadorias.

A verificação da mercadoria poderá ser feita no estabelecimento do exportador ou em outros locais permitidos pela autoridade aduaneira.

O registro de exportação, no SISCOMEX, constitui requisito para concessão do regime.

O registro de exportação não será exigido para bagagem e para os veículos referidos nos incisos II e III (os veículos para uso do proprietário ou possuidor, quando saírem por seus próprios meios e os veículos de transporte comercial brasileiro, conduzindo carga ou passageiros) do art. 394 do Decreto nº 4.543/2002.

A Secretaria da Receita Federal, ouvida a Secretaria de Comércio Exterior, poderá estabelecer outros casos de não exigência do registro de exportação para a concessão do regime.

A autoridade competente poderá indeferir pedido de concessão do regime em decisão fundamentada, da qual caberá recurso hierárquico, na forma estabelecida pela Secretaria da Receita Federal.

O indeferimento do pedido não impede a saída da mercadoria do território aduaneiro, exceto no caso das mercadorias cuja exportação definitiva esteja proibida e em casos em que haja autorização do órgão competente (Decreto nº 4.543, art. 387).

Estará sujeita ao pagamento de tributos, em sua reimportação, a mercadoria para a qual foi indeferido, em decisão administrativa final, o pedido de concessão do regime (Decreto-lei nº 37, de 1966, art. 92, § 4º, com a redação dada pelo Decreto-lei nº 2.472, de 1988, art. 1º).

No caso de indeferimento do pedido, em decisão administrativa final, o fato será comunicado à Secretaria de Comércio Exterior.

O prazo de vigência do regime será de até um ano, prorrogável, a juízo da autoridade aduaneira, por período não superior, no total, a dois anos (Decreto-lei nº 37, de 1966, art. 92, § 1º, com a redação dada pelo Decreto-lei nº 2.472, de 1988, art. 1º).

A título excepcional, em casos devidamente justificados, a critério do Ministro de Estado da Fazenda, o prazo de vigência do regime poderá ser prorrogado por período superior a dois anos (Decreto-lei nº 37, de 1966, art. 92, § 2º, com a redação dada pelo Decreto-lei nº 2.472, de 1988, art. 1º).

Quando o regime for aplicado a mercadoria vinculada a contrato de prestação de serviços por prazo certo, o prazo de vigência do regime será o previsto no contrato, prorrogável na mesma medida deste (Decreto-lei nº 37, de 1966, art. 92, § 3º, com a redação dada pelo Decreto-lei nº 2.472, de 1988, art. 1º).

Nessa hipótese prevista, o prazo de vigência do regime poderá ser prorrogado com base em novo contrato de prestação de serviço no exterior, desde que o pleito seja formulado dentro do prazo de vigência do regime.

Não estão sujeitos a prazo os bens compreendidos no conceito de bagagem que, nessa condição, saiam do país.

O regime será aplicado pela autoridade aduaneira da unidade que jurisdicione o exportador ou por aquela que jurisdicione o porto, aeroporto ou ponto de fronteira de saída dos bens do país, de acordo com as normas estabelecidas pela Secretaria da Receita Federal.

Na aplicação do regime, deverão ser atendidos os controles especiais, se for o caso.

Considera-se exportação temporária, independentemente de qualquer procedimento administrativo:

I – a bagagem acompanhada;
II – os veículos para uso de seu proprietário ou possuidor, quando saírem por seus próprios meios; e
III – os veículos de transporte comercial brasileiro, conduzindo carga ou passageiros.

No caso de bagagem acompanhada, será feito, a pedido do viajante, simples registro de saída dos bens para efeito de comprovação no seu retorno.

O regime contempla ainda:

I – mercadorias destinadas a feiras, competições esportivas ou exposições, no exterior;
II – produtos manufaturados e acabados, inclusive para conserto, reparo ou restauração para seu uso ou funcionamento;
III – animais reprodutores para cobertura, em estação de monta, com retorno cheio, no caso de fêmea, ou com cria ao pé, bem como animais para outras finalidades;
IV – veículos para uso de seu proprietário ou possuidor.

O regime será aplicado aos bens relacionados em ato normativo da Secretaria da Receita Federal e aos exportados temporariamente ao amparo de acordos internacionais.

Não será permitida a exportação temporária de mercadorias cuja exportação definitiva esteja proibida, exceto nos casos em que haja autorização do órgão competente.

A autoridade aduaneira que aplicar o regime deverá manter controle adequado de saída dos bens, tendo em vista sua reimportação e o prazo concedido.

Se os bens não retornarem ao país no prazo estabelecido, o fato deverá ainda ser comunicado à Secretaria de Comércio Exterior.

Considera-se cumprido o regime na data do embarque da mercadoria, no exterior, desde que efetivada a reimportação com o ingresso da mercadoria no território aduaneiro.

Considerações finais

O exame do mérito de aplicação do regime exaure-se com sua concessão, não cabendo mais discuti-lo na reimportação da mercadoria.

Quando se tratar de exportação temporária de mercadoria sujeita ao imposto de exportação, a obrigação tributária será constituída em termo de responsabilidade, não se exigindo garantia.

O termo de responsabilidade será baixado quando comprovada uma das seguintes providências:

I – reimportação da mercadoria no prazo fixado; ou

II – pagamento do imposto de exportação suspenso.

Os veículos de uso particular exclusivos de residentes no país poderão sair do território aduaneiro, para viagem de turismo nos países integrantes do Mercosul, de conformidade com o estabelecido no art. 309 (Norma de Aplicação sobre Circulação de Veículos Comunitários do Mercosul de Uso Particular Exclusivo dos Turistas, art. 4º, aprovada pela Resolução GMC nº 131, de 1994, internalizada pelo Decreto nº 1.765, de 1995).

6.10 EXPORTAÇÃO TEMPORÁRIA PARA APERFEIÇOAMENTO PASSIVO

O regime de exportação temporária para aperfeiçoamento passivo é o que permite a saída, do país, por tempo determinado, de mercadoria nacional ou nacionalizada, para ser submetida a operação de transformação, elaboração, beneficiamento ou montagem, no exterior, e a posterior reimportação, sob a forma do produto resultante, com pagamento dos tributos sobre o valor agregado (Decreto-lei nº 37, de 1966, art. 93, com a redação dada pelo Decreto-lei nº 2.472, de 1988, art. 3º e Decreto nº 4.543/2002, art. 402).

O regime aplica-se, também, na saída do país de mercadoria nacional ou nacionalizada para ser submetida a processo de conserto, reparo ou restauração.

O crédito correspondente aos impostos incidentes na exportação será constituído em termo de responsabilidade, ficando seu pagamento suspenso pela aplicação do regime.

Concessão, prazo e aplicação do regime

O Ministério da Fazenda regulamenta a concessão e a aplicação do regime, respeitado o disposto no Decreto nº 4.543/2002.

O prazo para importação dos produtos resultantes da operação de aperfeiçoamento será fixado tendo em conta o período necessário à realização da respectiva operação e ao transporte das mercadorias.

A mercadoria importada com isenção ou com redução de tributos vinculada a sua destinação não poderá ser admitida no regime enquanto perdurarem as condições fixadas para fruição da isenção ou da redução.

A aplicação do regime não gera direitos decorrentes de operação de exportação a título definitivo.

Extinção da aplicação do regime

Na vigência do regime, deverá ser adotada uma das seguintes providências, para extinção de sua aplicação:

I – reimportação da mercadoria, inclusive sob a forma de produto resultante da operação autorizada; ou

II – exportação definitiva da mercadoria admitida no regime.

O valor dos tributos devidos na importação do produto resultante da operação de aperfeiçoamento será calculado, deduzindo-se, do montante dos tributos incidentes sobre este produto, o valor dos tributos que incidiriam, na mesma data, sobre a mercadoria objeto da exportação temporária, se esta estivesse sendo importada do mesmo país em que se deu a operação de aperfeiçoamento.

Na reimportação de mercadoria exportada temporariamente, nos termos previstos no § 1º do art. 402, do Decreto nº 4.543/2002, são exigíveis os tributos incidentes na importação dos materiais acaso empregados.

O despacho aduaneiro da mercadoria deverá compreender:

I – a reimportação da mercadoria exportada temporariamente; e

II – a importação do material acaso empregado, apurando-se o valor aduaneiro desse material e aplicando-se a alíquota que lhe corresponda, fixada na Tarifa Externa Comum.

Consideração final

Aplicam-se ao regime, no que couber, as normas previstas para o regime de exportação temporária (Decreto nº 4.543/2002, art. 410).

6.11 REGIME ADUANEIRO ESPECIAL DE EXPORTAÇÃO E DE IMPORTAÇÃO DE BENS DESTINADOS ÀS ATIVIDADES DE PESQUISA E DE LAVRA DAS JAZIDAS DE PETRÓLEO E DE GÁS NATURAL (REPETRO)

Instituído pelo Decreto nº 3.161, de 2-9-1999, o regime aduaneiro especial de exportação e de importação de bens destinados às atividades de pesquisa e de lavra das jazidas de petróleo e de gás natural (Repetro), conforme definidas na Lei nº 9.478, de 6-8-1997.

Os bens de que trata esse regime são os constantes de relação específica estabelecida pela Secretaria da Receita Federal na Instrução Normativa nº 87, de 1º-9-2000.

Aplicabilidade do regime

O Repetro poderá ser aplicado, ainda, às máquinas e aos equipamentos sobressalentes, às ferramentas e aos aparelhos e a outras partes e peças destinadas a garantir a operacionalidade dos bens referidos no parágrafo anterior.

O Repetro admite a possibilidade, conforme o caso, de utilização dos seguintes tratamentos aduaneiros:

I – exportação, com saída ficta do território nacional e posterior aplicação do regime de admissão temporária, no caso de bem, de fabricação nacional, vendido a pessoa sediada no exterior;

II – exportação, com saída ficta do território nacional, de partes e peças de reposição destinadas aos bens referidos no anterior, já submetidos ao regime aduaneiro especial de admissão temporária;

III – importação, sob o benefício de *drawback* na modalidade de suspensão do pagamento dos impostos incidentes, de matérias-primas, produtos semielaborados ou acabados e de partes ou peças, utilizados na fabricação dos bens referidos anteriormente, e posterior comprovação do adimplemento das obrigações decorrentes da aplicação desse benefício mediante a adoção do procedimento de exportação.

As partes e peças de reposição referidas anteriormente poderão também ser submetidas ao regime de admissão temporária, pelo mesmo prazo concedido aos bens a que se destinem.

Exigibilidades do regime especial

Constituem requisitos para a aplicação do disposto anteriormente:

I – tratar-se de bens de produção nacional adquirido diretamente do respectivo fabricante, por pessoa sediada no exterior, em moeda estrangeira de livre conversibilidade, mediante cláusula de entrega, sob controle aduaneiro, no território nacional; e

II – tratar-se de bens de propriedade de pessoa sediada no exterior, importados sem cobertura cambial pelo contratante dos serviços de pesquisa e produção de petróleo e de gás natural, ou por terceiro subcontratado.

Na hipótese dos incisos I e II, ficam assegurados ao vendedor dos bens nacionais a que se refere este Decreto, após a conclusão do despacho aduaneiro de exportação, os benefícios fiscais concedidos por lei para incentivo às exportações.

Para fins de aplicação do disposto no Decreto nº 3.161, de 2-9-1999, o regime de admissão temporária será concedido com suspensão total do pagamento dos impostos incidentes na importação, até 31 de dezembro de 2005, nos termos do parágrafo único do art. 79 da Lei nº 9.430, de 27-12-1996, introduzido pelo art. 14 da Medida Provisória nº 1.855-22, de 25-8-1999.

Fundamento Legal: Decreto nº 3.161, de 2-9-1999; Instrução Normativa SRF nº 150, de 20-12-1999; Instrução Normativa nº 87, de 1º-9-2000; e Decreto nº 4.543/2002.

6.12 REGIME ADUANEIRO ESPECIAL PARA A IMPORTAÇÃO DE PETRÓLEO BRUTO E SEUS DERIVADOS PARA POSTERIOR EXPORTAÇÃO (REPEX)

Repex é o regime aduaneiro especial para importação de petróleo bruto e seus derivados – óleos brutos de petróleo; gasolina automotiva; querosene de aviação, *Gasoleo* (óleo diesel); *fuel-oil* (óleo combustível); outros óleos combustíveis; e gás liquefeito de petróleo (GLP) – com suspensão do pagamento dos impostos incidentes e posterior exportação no mesmo estado em que foram importados.

O regime aduaneiro especial foi instituído pelo Decreto nº 3.312, de 24-12-1999, Instrução Normativa SRF nº 53, de 18-5-2000, alterada pela IN SRF nº 65, de 9-6-2000.

Será admitida, na vigência do regime, a utilização de produto importado submetido ao Repex para suprir demanda de abastecimento interno, sem a exigência dos impostos suspensos e independentemente de prévia autorização da Secretaria da Receita Federal (SRF).

Na hipótese de que trata o parágrafo anterior, o produto importado poderá ser substituído, para fins de comprovação da exportação a que se refere o *caput*, por produto equivalente e de idêntica classificação fiscal, de origem estrangeira ou nacional.

Aplicação do regime

O Repex somente poderá ser utilizado por pessoa jurídica previamente habilitada pela SRF.

A habilitação será realizada a requerimento da pessoa jurídica interessada que comprove o atendimento aos seguintes requisitos:

I – esteja autorizada pela Agência Nacional do Petróleo (ANP), nos termos da Lei nº 9.478, de 6-8-1997, a importar e a exportar qualquer dos produtos citados em conceito;

II – possua sistema informatizado de controle das operações de importação realizadas ao amparo do regime.

Habilitação ao regime

O requerimento para habilitação ao Repex deverá ser protocolizado na unidade da SRF com jurisdição sobre o domicílio fiscal de seu estabelecimento matriz, instruído com os documentos que comprovem o atendimento aos requisitos estabelecidos.

O requerimento será apresentado pelo estabelecimento matriz e deverá identificar todos os estabelecimentos da empresa para os quais é solicitada a habilitação.

Admissão de produtos no regime

A admissão de produto importado no Repex terá por base Declaração de Importação (DI) formulada, no Sistema Integrado de Comércio Exterior (SISCOMEX), por pessoa jurídica habilitada ao regime.

Prazo de vigência do regime

O prazo de vigência do regime será de noventa dias, contados da data do desembaraço aduaneiro do produto importado.

O regime poderá ser prorrogado uma única vez, por período igual ao estabelecido no artigo anterior, pelo titular da unidade da SRF responsável pelo respectivo despacho aduaneiro de admissão no Repex.

Extinção do regime

O Repex será extinto mediante a comprovação da exportação:

I – do produto importado;

II – de produto nacional em substituição ao importado, em igual quantidade e idêntica classificação fiscal.

Exigência do crédito tributário suspenso

O crédito tributário suspenso será exigido quando o regime não for extinto no prazo de vigência estabelecido.

Controle do regime

O controle aduaneiro das importações, permanência e substituições no país, bem assim das exportações dos produtos admitidos no Repex, será efetuado com base em sistema informatizado da empresa habilitada que atenda às especificações estabelecidas pela Coana e pela Cotec.

O sistema referido estará sujeito a auditoria, a qualquer tempo, pela SRF.

Cancelamento da habilitação

A habilitação ao Repex será cancelada na hipótese de o beneficiário não efetuar o pagamento do crédito tributário exigido em razão de descumprimento do regime, no prazo estabelecido na legislação específica.

Fundamento Legal: Decreto nº 3.312, de 24-12-1999, Instrução Normativa SRF nº 53, de 18-5-2000. Alterada pela IN SRF nº 65, de 9-6-2000.

6.13 REGIME DE DESPACHO ADUANEIRO EXPRESSO (LINHA AZUL)

A Linha Azul é um regime aduaneiro que, sem comprometer os controles, reduz o tempo das liberações das mercadorias de empresas que operem no comércio exterior mediante a racionalização da movimentação da carga, nas operações de importação, exportação e de trânsito aduaneiro.

A Linha Azul atende somente a empresas habilitadas cujos despachos ocorram em locais alfandegados credenciados pela Receita Federal.

Objetivos da linha azul

Propiciar menores custos nas importações e nas exportações mediante a agilização nos despachos aduaneiros, conferindo, dessa forma, maior competitividade do produto brasileiro no mercado externo.

Diminuir o tempo do desembaraço de mercadorias também para as empresas não habilitadas à Linha Azul, tendo em vista que a simplificação do tratamento das grandes cargas liberará mão de obra para as demais operações aduaneiras.

Habilitação à linha azul

- Ser empresa industrial;

- Estar inscrita, há mais de cinco anos, no Cadastro Nacional de Pessoas Jurídicas (CNPJ) (antigo CGC) ou possuir capital integralizado igual ou superior a três milhões de reais;
- No exercício fiscal ou nos doze meses anteriores à apresentação do pedido de habilitação, ter cumprido pelo menos uma das exigências a seguir relacionadas:
  - exportado em valor igual ou superior a trinta milhões de dólares dos Estados Unidos da América ou o equivalente em outra moeda; ou
  - importado em valor superior a trinta milhões de dólares dos Estados Unidos da América ou o equivalente em outra moeda desde que suas exportações tenham sido de valor igual ou superior a 50% do valor das importações.
- Estar em situação regular quanto à aplicação de regime aduaneiro especial do qual tenha sido ou seja beneficiária, condicionada, no caso de contenciosos, à decisão final;
- Não tenha sido submetida à fiscalização especial de que trata o art. 33 da Lei nº 9.430, de 27-12-1996;
- Fazer jus à Certidão Negativa de Débitos ou à Certidão Positiva, com Efeitos de Negativa, de que tratam o art. 2º e o art. 9º da Instrução Normativa nº 80, de 23-10-1997; e
- Dispor de sistema informatizado de controle das mercadorias, construído e mantido conforme especificações da Receita Federal, estabelecidas no Ato Declaratório Coana nº 29, de 4-4-2000.

Restrições à habilitação

Não poderá ser habilitada pessoa jurídica que atue nos seguintes ramos industriais:

- fumo e produtos de tabacaria;
- armas e munições;
- bebidas;
- joias e pedras preciosas;
- extração de minerais; e
- produtos de madeira.

Fundamento Legal: Regime autorizado pela Instrução Normativa SRF nº 153, de 22-12-1999; alterada pela Instrução Normativa SRF nº 64, de 8-6-2000; Ato Declaratório Coana nº 15, de 1º-2- 2000; Decreto nº 4.543/2002, no que couber.

6.14 LOJA FRANCA

O regime aduaneiro especial de loja franca é o que permite a estabelecimento instalado em zona primária de porto ou de aeroporto alfandegado vender mercadoria nacional ou estrangeira a passageiro em viagem internacional, contra pagamento em cheque de viagem ou em moeda estrangeira conversível (Decreto-lei nº 1.455, de 1976, art. 15 e Decreto nº 4.543/2002, art. 421).

O regime será outorgado somente às empresas selecionadas mediante concorrência pública, e habilitadas pela Secretaria da Receita Federal (Decreto-lei nº 1.455, de 1976, art. 15, § 1º).

A mercadoria estrangeira importada diretamente pelos concessionários das lojas francas permanecerá com suspensão do pagamento de tributos até a sua venda nas condições deste Capítulo (Decreto-lei nº 1.455, de 1976, art. 15, § 2º).

A venda da mercadoria estrangeira converterá automaticamente a suspensão de que trata o § 2º na isenção a que se refere a alínea *e* do inciso II do art. 135 (Lei nº 8.032, de 1990, art. 2º, II, *e*, e Lei nº 8.402, de 1992, art. 1º, inciso IV).

Quando se tratar de aquisição de produtos nacionais, estes sairão do estabelecimento industrial ou equiparado com isenção de tributos (Decreto-lei nº 1.455, de 1976, art. 15, § 3º, e Lei nº 8.402, de 1992, art. 1º, inciso VI).

Poderão ser admitidas no regime de loja franca as mercadorias nacionais exportadas na forma estabelecida no art. 233 do Decreto nº 4.543/2002 e as submetidas ao regime de depósito alfandegado certificado, conforme previsto na alínea *c* do inciso III do art. 445 (Decreto nº 4.543/2002).

A importação para admissão no regime, inclusive a que se encontra em depósito alfandegado certificado, será feita em consignação, e o pagamento ao consignante no exterior será permitido somente após a efetiva venda da mercadoria na loja franca.

6.15 DEPÓSITO ESPECIAL

O regime aduaneiro de depósito especial é o que permite a estocagem de partes, peças, componentes e materiais de reposição ou manutenção, com suspensão do pagamento de impostos, para veículos, máquinas, equipamentos, aparelhos e instrumentos, estrangeiros, nacionalizados ou não, nos casos definidos pelo Ministro de Estado da Fazenda (Decreto nº 4.543/2002, art. 428).

Concessão, prazo e aplicação do regime

A autorização para operar no regime é de competência da Secretaria da Receita Federal e poderá ser cancelada ou suspensa a qualquer tempo, nos casos de descumprimento das condições estabelecidas, ou de infringência de disposições legais ou regulamentares, sem prejuízo da aplicação de penalidades específicas.

Poderão habilitar-se a operar no regime as empresas que atendam aos termos, limites e condições estabelecidos em ato normativo pela Secretaria da Receita Federal.

Serão admitidas no regime somente mercadorias importadas sem cobertura cambial, ressalvados os casos autorizados pelo Ministro de Estado da Fazenda.

O prazo de permanência da mercadoria no regime será de até cinco anos, a contar da data do seu desembaraço para admissão.

Entretanto, o Ministro de Estado da Fazenda, em casos de interesse econômico relevante, poderá autorizar a permanência da mercadoria no regime por prazo superior ao estabelecido no *caput*.

Extinção da aplicação do regime

Na vigência do regime, deverá ser adotada uma das seguintes providências, para extinção de sua aplicação:

I – reexportação;

II – exportação, inclusive quando as mercadorias forem aplicadas em serviços de reparo ou manutenção de veículos, máquinas, aparelhos e equipamentos estrangeiros, de passagem pelo país;

III – transferência para outro regime aduaneiro especial ou aplicado em áreas especiais;

IV – despacho para consumo; ou

V – destruição, mediante autorização do consignante, às expensas do beneficiário do regime.

A exportação de mercadorias admitidas no regime prescinde de despacho para consumo.

A aplicação do disposto no inciso V não obriga ao pagamento dos tributos suspensos.

O despacho para consumo de mercadoria admitida no regime será efetuado pelo beneficiário até o dia 10 do mês seguinte ao da saída das mercadorias do estoque, com observância das exigências legais e regulamentares, inclusive as relativas ao controle administrativo das importações.

O despacho para consumo poderá ser feito pelo adquirente de mercadoria admitida no regime, nos casos em que ele seja beneficiário de isenção ou de redução de tributos vinculada à qualidade do importador ou à destinação das mercadorias.

O controle aduaneiro da entrada, da permanência e da saída de mercadorias será efetuado mediante processo informatizado, com base em *software* desenvolvido pelo beneficiário, que atenda ao estabelecido em ato normativo da Secretaria da Receita Federal.

O beneficiário do regime deverá assegurar o livre acesso da Secretaria da Receita Federal à base informatizada.

6.16 DEPÓSITO AFIANÇADO

O regime aduaneiro especial de Depósito Afiançado (DAF) é o que permite a estocagem, com suspensão do pagamento de impostos, de materiais importados sem cobertura cambial, destinados à manutenção e ao reparo de embarcação ou de aeronave pertencentes a empresa autorizada a operar no transporte comercial internacional e utilizadas nessa atividade (Decreto nº 4.543/2002, art. 436, e Instrução Normativa SRF nº 113, de 27-12-1994).

O DAF localizado em zona primária pode ser utilizado, inclusive, para a guarda de provisões de bordo.

Autorização do regime

A autorização para operar o regime DAF está sujeita ao atendimento cumulativo das seguintes exigências:

I – a empresa deve titular-se de uma base operacional de depósito afiançado;

II – as mercadorias devem ser importadas com suspensão dos tributos e sem cobertura cambial;

III – a empresa deve manter serviços de transportes aéreos internacionais regulares.

Operacionalização do regime

A admissão das mercadorias no regime de DAF far-se-á mediante despacho de admissão, que terá por base:

a. manifesto de carga ou documento de efeito equivalente, que contenha a seguinte cláusula: *"MERCADORIA DESTINADA AO DEPÓSITO AFIANÇADO DA EMPRESA .... NO AEROPORTO INTERNACIONAL DE ....";*
b. conhecimento de transporte (via original);
c. lista de material embarcado (*packing list*).

Autorização para instalação de depósito afiançado

A instalação de DAF será autorizada pela autoridade aduaneira do local de sua jurisdição, a título precário, em atendimento a requerimento da empresa interessada, instruído com os seguintes documentos:

I – por empresa brasileira, comprovação de que está autorizada a operar os serviços de transporte aéreos internacionais regulares;

II – por empresa estrangeira, cópia do ato que autorizou seu funcionamento no país;

III – por todas as empresas interessadas:

a. documento onde conste descrição minuciosa da exata localização e dimensões do DAF pretendido;

b. certificado de vistoria prévia do local e das respectivas instalações do DAF, emitido por auditor-fiscal do Tesouro Nacional, informando as condições de segurança fiscal para movimentação, guarda e conservação das mercadorias importadas.

Vigência do regime

O regime de DAF subsiste a partir da admissão, até sua extinção, que se dará nos casos em que a mercadoria tenha uma das seguintes destinações:

I – aplicação em serviço de manutenção e reparo de aeronaves;

II – reexportação, inclusive quando integrar mercadoria destinada a consumo de bordo;

III – destruição, mediante autorização do consignante, às expensas do beneficiário do regime e sob controle aduaneiro.

A remessa de provisões de bordo, pelo beneficiário, para empresa de industrialização alimentar (*catering*), não extingue o regime.

O prazo de permanência da mercadoria no regime será de até cinco anos, a contar da data de sua admissão.

6.17 DEPÓSITO ALFANDEGADO CERTIFICADO (DAC)

O regime de depósito alfandegado certificado é o que permite considerar exportada, para todos os efeitos fiscais, creditícios e cambiais, a mercadoria nacional depositada em recinto alfandegado, vendida a pessoa sediada no exterior, mediante contrato de entrega no território nacional e à ordem do adquirente (Decreto-lei nº 2.472, de 1988, art. 6º e Decreto nº 4.543/2002, art. 441).

Somente será admitida no DAC a mercadoria vendida mediante contrato *Delivered Under Customs Bond* (DUB), convencionadas entre exportador e importador (Portaria SCE nº 2, de 22-12-1992, da Secex, MDIC, Capítulo XIII).

O regime foi criado com o objetivo de desvincular algumas exportações da necessidade de transferência física das mercadorias para o exterior e de proporcionar aos interessados uma modalidade flexível de operações. Revela-se interessante mecanismo de incentivo às exportações.

Concessão, prazo e aplicação do regime

O regime será operado, mediante autorização da Secretaria da Receita Federal, em recinto alfandegado de uso público.

O regime poderá ainda ser operado em instalação portuária de uso privativo misto, atendidas as condições estabelecidas pela Secretaria da Receita Federal.

A admissão no regime ocorrerá com a emissão, pelo depositário, de conhecimento de depósito alfandegado, que comprova o depósito, a tradição e a propriedade da mercadoria.

Para efeitos fiscais, creditícios e cambiais, a data de emissão do conhecimento referido no *caput* equivale à data de embarque ou de transposição de fronteira da mercadoria.

O prazo de permanência da mercadoria no regime não poderá ser superior a um ano, contado da emissão do conhecimento de depósito alfandegado.

A extinção da aplicação do regime será feita mediante:

I – a comprovação do efetivo embarque, ou da transposição da fronteira, da mercadoria destinada ao exterior;

II – o despacho para consumo; ou

III – a transferência para um dos seguintes regimes aduaneiros:

   a. *drawback*;
   b. admissão temporária, inclusive para as atividades de pesquisa e exploração de petróleo e seus derivados (Repetro);
   c. loja franca; ou
   d. entreposto aduaneiro.

6.18 DEPÓSITO FRANCO

O regime aduaneiro especial de depósito franco é o que permite, em recinto alfandegado, a armazenagem de mercadoria estrangeira para atender ao fluxo comercial de países limítrofes com terceiros países (Decreto nº 4.543, art. 447).

Concessão e aplicação do regime

O regime de depósito franco será concedido somente quando autorizado em acordo ou convênio internacional firmado pelo Brasil.

Será obrigatória a verificação da mercadoria admitida no regime:

I – cuja permanência no recinto ultrapasse o prazo estabelecido pela Secretaria da Receita Federal; ou

II – quando houver fundada suspeita de falsa declaração de conteúdo.

Aplicam-se às mercadorias admitidas no regime de depósito franco as vedações estabelecidas no art. 279 do Decreto nº 4.543/2002.

Estão em atividade no país os seguintes Depósitos Francos:

- do Paraguai, em Santos (carga geral) e Paranaguá (carga geral e granéis sólidos);
- da Bolívia, em Santos (carga geral).

Regimes Aduaneiros Aplicados em Áreas Especiais

6.19 ZONA FRANCA DE MANAUS (ZFM)

É uma área de livre comércio de importação e de exportação e de incentivos fiscais especiais, estabelecida com a finalidade de criar no interior da Amazônia um centro industrial, comercial e agropecuário dotado de condições econômicas que permitam seu desenvolvimento, em face dos fatores locais e da grande distância a que se encontram os centros consumidores de seus produtos (Instituída pelo Decreto-lei nº 288/67; regulamentado pelo Decreto nº 61.244/67; Decreto nº 4.543/2002, art. 452).

As mercadorias estrangeiras não industrializadas na ZFM, quando dela saírem para qualquer ponto do território nacional, ficam sujeitas ao pagamento de todos os impostos, como se fosse uma importação comum.

As mercadorias produzidas na ZFM sem componentes estrangeiros serão internadas, apenas, com o recolhimento de ICMS. Portanto, não há incidência de IPI.

As mercadorias produzidas na ZFM, quando saírem para qualquer ponto do país, estão sujeitas ao Imposto de Importação, relativo a matérias-primas, produtos intermediários, materiais secundários, embalagens e insumos de origem estrangeira, calculando-se o imposto mediante coeficiente de redução da alíquota *ad valorem* desse imposto.

A redução do Imposto de Importação, conforme fórmula anterior, somente será concedida para os produtos industrializados constantes de projetos aprovados pela Suframa (Superintendência da ZFM).

Os produtos produzidos na Zona Franca de Manaus e exportados para fora do Brasil estão isentos de tributos.

A importação e exportação de mercadorias para ou da Zona Franca de Manaus são objeto de benefícios fiscais previstos em legislação específica. A Lei nº 8.387/91 e suas citações tratam da Zona Franca de Manaus, Macapá e Santana, estas, no Amapá.

6.20 ZONAS DE PROCESSAMENTO DE EXPORTAÇÃO (ZPE)

As Zonas de Processamento de Exportações (ZPE) sujeitas ao regime jurídico instituído por lei foram criadas com a finalidade de reduzir desequilíbrios regionais, bem como fortalecer o balanço de pagamentos e promover a difusão tecnológica e o desenvolvimento econômico e social do país.

As ZPE caracterizam-se como áreas de livre comércio com o exterior, destinadas à instalação de empresas voltadas para a produção de bens a serem comercializados exclusivamente no exterior. São consideradas zonas primárias para efeito de controle aduaneiro (Lei nº 8.396, de 2-1-1992 e Decreto-lei nº 2.452, de 29-7-1988).

As ZPE são criadas pelo decreto que delimita a área, à vista de propostas de Estados ou de Municípios, em conjunto ou isoladamente. O Tesouro Nacional não assumirá nenhum ônus para a implantação de ZPE.

A empresa que pretende instalar-se em ZPE apresentará projeto ao Conselho Nacional de Zonas de Processamento de Exportação, que faz parte do MICT.

Benefícios

A legislação assegura inúmeros benefícios às empresas que pretendam instalar-se em ZPE, por um prazo de vinte anos, prorrogável por sucessivos períodos. Entre eles:

- isenção do II, do IPI, do Finsocial, do AFRMM e outras contribuições federais; isenção de IR nas remessas de lucros, dividendos e quaisquer outros pagamentos feitos a não residentes;
- direito à constituição de empresas 100% estrangeiras, com capital externo constituído do produto de conversão da moeda estrangeira e, também, com a internação de bens de origem externa;
- livre disponibilidade de divisas obtidas na exportação;
- simplificação de procedimentos burocráticos, na importação e na exportação.

A empresa instalada na ZPE não poderá constituir filial, firma em nome individual ou participar de outra empresa localizada fora da ZPE.

Já foi autorizada a implantação de 18 ZPE no país, entre elas as seguintes: Imbituba (SC), Rio Grande (RS), Corumbá (MS), Itacoatiara (AM) e São Luís (MA).

A mercadoria reintroduzida no país, procedente da ZPE, será processada pelo SISCOMEX.

6.21 ÁREAS DE LIVRE COMÉRCIO

Constituem áreas de livre comércio de importação e de exportação as que, sob regime fiscal especial, são estabelecidas com a finalidade de promover o desenvolvimento de áreas fronteiriças específicas da Região Norte do país e de incrementar as relações bilaterais com os países vizinhos, segundo a política de integração latino-americana (Lei nº 7.965, de 22-12-1989, art. 1º, Lei nº 8.210, de 19-7-1991, art. 1º, Lei nº 8.256, de 25-11-1991, art. 1º, Lei nº 8.387, de 1991, art. 11, e Lei nº 8.857, de 8-3-1994, art. 1º e Decreto nº 4.543/2002, art. 472).

Diferente da ZPE, a Área de Livre Comércio (ALC) é uma área demarcada, contínua, cuja finalidade é promover o comércio de importação, exportação, com regime fiscal especial, incentivando o desenvolvimento da região onde for demarcada.

A primeira área de livre comércio criada foi de Tabatinga, no Amazonas, pela Lei nº 7.965/89.

As entradas dos produtos, para consumo ou reexportação, se fazem via suspensão de impostos.

Mais tarde, atendidas as finalidades, quando destinadas ao consumo interno, beneficiamento (de acordo com a mercadoria), agropecuária e piscicultura, instalações de turismo, atividades de construção e reparos navais, estocagem para reexportação, as obrigações fiscais são transformadas em isenções.

A finalidade é promover o desenvolvimento regional, conforme o espírito da lei.

Também combatida por parcela ponderável do Governo Federal que, acompanhando as críticas às ZPE, vê possibilidade de contrabando, com desvio de parte da mercadoria importada para outros locais do Brasil e a renúncia fiscal do Estado a essas receitas de importações.

Além de Tabatinga, podemos alinhar as seguintes ALC: Guajará-Mirim, em Rondônia; Pacaraima e Bonfim, em Roraima; Macapá e Santana, no Amapá; Brasileia, com extensão ao município de Epitaciolândia, e Cruzeiro do Sul, no Acre.

Recomendação ao leitor, interessado nos regimes aduaneiros especiais: considerando a dinâmica do comércio exterior e a agilidade com que são tomadas medidas na área, recomenda-se consultar a repartição da Secretaria da Receita Federal mais próxima de seu domicílio para confirmar as informações sobre o regime desejado.

7

Câmbio

Câmbio é uma operação financeira que consiste em vender, trocar ou comprar valores em moedas de outros países ou papéis que representem moedas de outros países.

É a troca de moeda de um país pela de outro.

Já o Contrato de Câmbio é definido como o instrumento especial firmado entre o vendedor e o comprador de moeda estrangeira, no qual se mencionam as características das operações de câmbio e as condições sob as quais se realizam.

O Mercado de Câmbio no Brasil é regido pela Circular nº 3.691, de 16-12-2013, que começou a viger em 3 de fevereiro de 2014, cancelando a Circular nº 3.280, de 9 de março de 2005, derrogando portanto o Regulamento do Mercado de Câmbio e Capitais Internacionais (RMCCI) que fora instituído pela aludida Circular.

Tendo em vista o disposto no art. 217 da Circular nº 3.691/2013, que ressalvou da revogação determinada pelo art. 216 as disposições da seção 5 do capítulo 12 do título 1 do RMCCI para as irregularidades ali tratadas, desde que pendentes de julgamento definitivo nas instâncias administrativas, esse artigo (216) é o único não cancelado na referida Circular.

Ao longo deste capítulo, apresentamos as mudanças ocorridas no Mercado de Câmbio do Brasil, com especial ênfase nas alterações ocorridas em 2005 (com o fim da Consolidação das Normas Cambiais) até os dias atuais (início de 2014), com a saída do Banco Central do Brasil do controle das operações de câmbio, sua transferência (de controle) à Secretaria da Receita Federal e a autorização concedida aos exportadores para manterem 100% (art. 90 da Circular nº 3.691) de suas receitas de exportações de mercadorias e serviços mantidas em conta junto a banqueiro no exterior.

Para alegria dos usuários do Mercado de Câmbio, principalmente Exportadores e Importadores, podemos afirmar que a Circular nº 3.691 desburocratizou muito o mercado que, diga-se de passagem, já estava muito desburocratizado. O mercado de Câmbio e o Banco Central do Brasil são modelos a serem copiados e seguidos por outros Atores Governamentais que atuam na Área Internacional.

7.1 MERCADO DE CÂMBIO

É o conjunto de operações de câmbio, ajustadas entre operador e cliente ou entre operadores, situados na mesma cidade ou país, ou em cidades e países diferentes.

Características

De acordo com as condições, podemos ter:

Mercado calmo (estável): quando não há nenhuma pressão de compra ou venda sobre a moeda estrangeira ou mesmo sobre a moeda nacional.

Mercado nervoso (sujeito a oscilações de segundos ou minutos): pelas razões apontadas a seguir, o mercado poderá estar nervoso, sem um rumo definido de alta ou baixa, provocado por ações externas ao próprio mercado.

Mercado oferecido (grande oferta de moeda ou excesso): ocorrerá no caso de grande entrada de divisas no país, motivada por exportações em larga escala ou entrada de FDI (*Foreign Direct Investment* – Investimento Estrangeiro Direto).

Mercado procurado (grande procura de moeda ou escassez): ocorrerá devido à procura de moeda estrangeira para cumprir compromissos de importação ou pagamento de juros, dividendos, amortizações e liquidações de empréstimos ou financiamentos externos.

De acordo com as características das operações, temos:

Mercado pronto: é o mercado em que as divisas são entregues até 48 horas do fechamento de câmbio; neste caso, entrega significa o crédito (ou débito) na conta no exterior do banqueiro comprador (ou vendedor) de moeda estrangeira.

Mercado futuro: refere-se ao crédito ou débito de conta no exterior, em prazos superiores a dois dias úteis.

Mercado interbancário: refere-se ao mercado de compra e venda de moeda estrangeira praticado entre os bancos autorizados a operar em câmbio e que atuam no mercado, comprando e vendendo, para atender a compromissos próprios ou de clientes.

Aspectos considerados no mercado de câmbio

Medidas adotadas pelas autoridades monetárias: as autoridades monetárias podem afrouxar ou apertar a política monetária, reduzindo ou aumentando os meios de pagamento. Tais medidas podem refletir-se no mercado de câmbio, provocando alterações para mais ou para menos, pelo custo mais elevado ou mais favorecido da moeda nacional.

Balanços de pagamentos: resultados não satisfatórios nas exportações podem tornar o país dependente de recursos externos para fechar suas contas do balanço de pagamentos. Esse déficit poderá provocar maior procura pela moeda estrangeira, encarecendo seu custo, visto que o mercado não poderá atender toda a demanda. Demanda alta e oferta baixa dão como resultado um aumento na cotação da moeda estrangeira. Se por um lado favorecem o exportador ou recebedor de receitas externas, por outro lado penalizam o importador ou pagador de empréstimos e financiamentos externos.

Cotações do ouro: as oscilações no mercado interno e externo da cotação do ouro podem aliviar ou pressionar a moeda estrangeira. O aumento do metal pode provocar uma oscilação, para cima, da moeda estrangeira, obrigando as autoridades monetárias a desvalorizar a moeda local.

Alterações acentuadas nas condições climáticas: secas prolongadas ou enchentes podem provocar o insucesso de safras agrícolas que, muitas vezes, representam os principais produtos exportáveis de uma nação. Menos produção, menos excedentes exportáveis, menos divisas, mais gastos com moeda estrangeira. Indicam desvalorização de moeda local.

Resultados de eleições presidenciais: são um ingrediente político com forte influência na política econômica. A vitória de um ou outro candidato, com mais ou menos inclinação à participação em um mundo de economia globalizante, pode provocar anseios frustrantes ou exultantes no mercado. E o mercado, principalmente o financeiro, reage à sua maneira diante de tais resultados. Uma fuga de capitais sempre provoca alta na moeda local.

Conflitos entre nações: os conflitos entre as nações são sempre olhados com muita reserva pela comunidade mundial. Além de se procurarem soluções para o acerto das pendências, via órgãos mundiais (ONU, OEA, UE etc.), o fluxo financeiro, tão importante para manter e financiar o comércio e as finanças internacionais, tende a refrear-se e refluir. Essa fuga de capitais costuma provocar desvalorizações das moedas dos países envolvidos na disputa.

7.2 CLASSIFICAÇÃO DAS OPERAÇÕES DE CÂMBIO

Quanto ao tipo:

Câmbio manual: compra e venda de moeda estrangeira em espécie, isto é, troca física de dinheiro estrangeiro pela moeda nacional ou vice-versa. Ocorre nas compras e vendas para os turistas que se encaminham ao exterior, bem como para aqueles que nos visitam.

Câmbio sacado: operações que envolvem saques sobre haveres junto a banqueiro no exterior. São as operações fechadas nos bancos autorizados a operar em câmbio e que *sacam*, isto é, autorizam o débito de suas contas junto a banqueiros no exterior.

Quanto à natureza:

Comerciais: são as operações relacionadas com o comércio exterior, como: importação, exportação, frete, seguro, comissão de agente.

Financeiras: são as operações relacionadas com o ingresso e a saída de capitais (sob a forma de empréstimos ou investimentos diretos); pagamento de assistência técnica; pagamento de direitos autorais; *royalties*; juros; dividendos; lucros.

Esclarecimentos para entender os quadros exibidos a seguir e que mostram as contratações de câmbio no país:

Câmbio contratado: é o valor comprado (vendas de natureza comercial dos exportadores) e vendido (compras de natureza comercial dos importadores) ou valor comprado (venda de caráter financeiro das empresas) e vendas (compras de caráter financeiro das empresas).

Em março de 2005, o Conselho Monetário Nacional promoveu a unificação dos mercados de câmbio (até aquela data divididos em Segmento de Taxas Livres e Segmento de Taxas Flutuantes) e flexibilizou o prazo para ingresso no país da moeda estrangeira decorrente de exportação. Foi permitido que o prazo passasse para 210 dias a partir do embarque das mercadorias ou da prestação do serviço ao exterior, independentemente das condições de pagamento ajustado entre o exportador brasileiro e o importador estrangeiro. Esse prazo foi posteriormente alterado para 360 dias depois do embarque.

Na unificação, o CMN definiu, como regra geral, o fim de limites e restrições para compra e venda de moeda estrangeira e para transferências internacionais de reais, passando a vigorar os princípios da legalidade, da fundamentação econômica e do respaldo documental.

Apresentamos a seguir o movimento de câmbio de 2006 a novembro/2014, registrado no Banco Central do Brasil.

Quadro 7.1 *Câmbio contratado.*

US$ milhões

Período		Comercial						Financeiro[1/]			Saldo
		Exportação				Importação	Saldo	Compras	Vendas	Saldo	
		Total	ACC	PA	Demais						
2006		144.376	38.685	33.182	72.510	86.778	57598	195.382	215.710	−20.328	37.270
2007		184.764	46.169	45.284	93.310	108.018	76746	348.281	337.573	10.708	87.454
2008		187.984	46.110	45.305	96.569	140.084	47900	421.240	470.123	−48.883	−983
2009		144.666	31.374	35.851	77.441	134.742	9.924	336.257	317.450	18.808	28.732
2010		176.590	37.618	41.169	97.802	178.240	−1.650	378.356	352.351	26.004	24.354
2011		251.185	51.754	50.463	148.968	207.236	43950	393.997	372.669	21.329	65.279
2012		224.612	47.599	40.215	136.798	216.238	8.373	391.550	383.170	8.380	16.753
2013	Jan.	14.847	2.460	2.365	10.022	19.603	−4.755	31.194	28.825	2.370	−2.386
	Fev.	15.612	2.893	2.653	10.066	14.922	690	26.796	27.591	−795	−105
	Mar.	19.428	3.833	4.206	11.389	17.410	2.019	32.594	34.221	−1.627	391
	Abr.	25.208	3.485	8.234	13.489	18.535	6.673	36.170	39.327	−3.157	3.515
	Maio	31.764	4.817	15.341	11.606	17.666	14098	33.899	37.243	−3.343	10.755
	Jun.	16.452	3.529	3.839	9.085	18.317	−1.865	51.528	52.299	−771	−2.636
	Jul.	18.378	3.119	3.616	11.643	18.490	−111	40.507	41.842	−1.335	−1.447
	Ago.	17.839	3.136	4.435	10.268	19.697	−1.858	36.621	40.613	−3.992	−5.850
	Set.	14.862	2.834	3.541	8.487	19.908	−5.046	47.306	44.318	2.988	−2.058
	Out.	19.314	2.727	4.965	11.622	20.378	−1.063	33.714	38.850	−5.137	−6.200
	Nov.	21.638	2.403	4.551	14.684	17.402	4.237	36.145	37.842	−1.697	2.540
	Dez.	17.576	3.023	4.713	9.840	19.457	−1.881	45.267	52.166	−6.898	−8.780
	Ano	232.920	38.259	62.460	132.202	221.785	11136	451.740	475.136	−23.396	−12.261
2014	Jan.	19.157	2.537	6.333	10.288	17.566	1.591	43.344	43.324	19	1.610
	Fev.	15.665	3.417	4.604	7.645	17.794	−2.129	34.165	33.892	272	−1.856
	Mar.	17.008	3.376	4.643	8.988	17.529	−521	40.706	37.881	2.825	2.304
	Abr.	23.080	3.574	7.036	12.470	19.282	3.798	45.867	46.882	−1.015	2.783
	Maio	21.449	3.998	5.587	11.864	19.527	1.922	41.677	44.412	−2.735	−813
	Jun.	17.047	3.640	4.048	9.358	18.819	−1.772	42.543	40.652	1.890	118
	Jul.	21.511	3.804	6.924	10.783	19.894	1.617	40.769	44.177	−3.408	−1.791
	Ago.	15.736	2.998	3.572	9.166	17.776	−2.040	44.605	45.620	−1.016	−3.056
	Set.	19.474	2.907	6.699	9.868	18.453	1.021	45.931	44.909	1.022	2.044
	Out.	19.871	3.244	4.827	11.801	18.356	1.515	53.072	47.661	5.412	6.927
	Nov.	14.674	2.682	3.231	8.760	16.032	−1.358	35.187	37.335	−2.149	−3.507
	Jan.- -nov.	204.671	36.176	57.503	110.993	201.026	3.645	467.864	466.746	1.118	4.763
Memo:											
2013	Nov.	21.638	2.403	4.551	14.684	17.402	4.237	36.145	37.842	−1.697	2.540
	Jan.- -nov.	215.344	35.236	57.747	122.361	202.327	13.017	406.473	422.971	−16.498	−3.481

1/ Exclui operações do interbancário e operações externas do Banco Central.

Fonte: Extraído do site <www.bcb.gov.br>, em dezembro de 2014.

Moedas estrangeiras

Moeda é a unidade de valor aceita como instrumento de troca numa comunidade. A moeda estrangeira é, portanto, a unidade de troca de outro país.

Sob o aspecto cambial, temos:

As *Moedas Conversíveis* (aceitas livremente por outros países), como, por exemplo:

Dólar dos Estados Unidos	Estados Unidos
Libra Esterlina	Inglaterra
Iene	Japão
Franco Suíço	Suíça
Coroa Sueca	Suécia
Coroa Dinamarquesa	Dinamarca
Coroa Norueguesa	Noruega
Euro	União Europeia
Dólar Canadense	Canadá

Moedas Inconversíveis: são moedas não aceitas ou que têm curso dificultado por outros países, como, por exemplo:

Real	Brasil
Guarani	Paraguai
Rúpia	Índia
Dinar Argelino	Argélia

No sentido de facilitar o intercâmbio comercial mundial, foram criados outros instrumentos cuja utilização dispensa, num primeiro momento, o pagamento ou o recebimento em moeda conversível.

7.3 PAÍSES COM DISPOSIÇÕES CAMBIAIS ESPECIAIS

7.3.1 Cuba

O art. 113 da Circular nº 3.691 dispõe que considerando as condições estabelecidas no Acordo-Marco firmado pela República Federativa do Brasil e pela República de Cuba em 26 de setembro de 2003, publicado no *Diário Oficial da União* de 20 de novembro de 2003, referente ao Memorando de Entendimento de 4 de março de 1994, cujo extrato foi publicado no *Diário Oficial da União* de 30 de março de 1994, e tendo em vista a sistemática operacional ajustada para cumprimento do disposto nos referidos Acordo-Marco e Memorando, as operações de câmbio relativas a pagamento de importação de produtos ou serviços cubanos da área de saúde, tais como vacinas, outros medicamentos para uso humano, meios de diagnóstico, equipamentos médicos, o produto veterinário "vacina recombinante contra carrapato", embarcações pesqueiras de lagosta terminadas ou semielaboradas e outros produtos ou serviços que venham a ser escolhidos por acordo entre os dois países para realização do pagamento de débitos indicados no referido Acordo-Marco, bem como as relativas a pagamento de *royalties* sobre a venda de produtos farmacêuticos, subordinam-se às seguintes particularidades, sem prejuízo do cumprimento das demais normas a elas aplicáveis:

I – o valor da mercadoria (não incorporado o valor referente ao frete e ao seguro) deve ser transferido ao exterior a favor do Banco do Brasil S.A., na forma especificada por aquela instituição;

II – deve ser emitido aviso, com antecedência de dois dias úteis em relação à data de liquidação da operação de câmbio, ao Banco do Brasil S.A., na forma especificada por aquela instituição.

7.3.2 Convênio de Créditos Recíprocos (CCR)

O Convênio de Pagamentos e Créditos Recíprocos (CCR) foi firmado em 25 de agosto de 1982, no âmbito da Associação Latino-Americana de Integração (Aladi). São signatários do Convênio os Bancos Centrais dos países-membros da Aladi – Argentina, Bolívia, Brasil, Chile, Colômbia, Equador, México, Paraguai, Peru, Uruguai e Venezuela (exceto Cuba) – e da República Dominicana, no total de doze participantes.

O CCR foi concebido, originalmente, com o propósito de facilitar o intercâmbio comercial da região, ao reduzir as transferências internacionais num cenário de escassez de divisas que marcou a década de 80.

Na verdade, tal convênio veio suprir a falta de moeda forte, o dólar norte-americano, pois a moeda, embora grafada em dólares, é escritural e não desembolsada no momento em que a operação é liquidada.

A partir daquele ano, o BCB celebrou, com os Bancos Centrais de diversos países da área, Convênios de Créditos Recíprocos (CCR), em dólares norte-americanos de livre conversibilidade. Tais convênios se destinam ao registro de pagamentos correspondentes a operações diretas de qualquer natureza que se efetuem entre o Brasil e aqueles países conveniados, com reembolso pelo Banco Central.

Os convênios de créditos recíprocos são, também, fixados pelos pares de países participantes, mas o acerto de contas (compensação multilateral) é realizado quadrimestralmente (final de abril, agosto e dezembro de cada ano).

Como dissemos, é a contabilização escritural da moeda e não sua transferência bancária para a conta do credor. Seria, nos dias de hoje, uma moeda virtual. Por isso, é possível que alguns países fiquem inadimplentes na compensação, pois o acerto tem que ser em moeda forte, isto é, o dólar dos Estados Unidos. Nesses encontros de contas (Compensação), cada Banco Central comunica a seu respectivo país quanto tem de haver e quanto deve em relação ao parceiro convenente. Cada Banco Central efetua apenas um pagamento ao Banco Agente, ou faz jus ao recebimento, se for o caso.

As operações ao amparo de CCR dos clientes com bancos autorizados a operar no convênio, e destes com o Banco Central, são expressas em dólares dos Estados Unidos, bem como todos os documentos pertinentes (saques, faturas etc.).

A condução das operações com os países conveniados não é obrigatória no sistema de pagamentos CCR.

Ocorre que, com os problemas nas balanças de pagamentos de muitos países (Brasil, inclusive), os países convenentes exigem de seus importadores que comprem dentro do convênio e, dos exportadores, que vendam fora do convênio.

Mesmo assim, são muitas as operações cursadas dentro do convênio, pela segurança que oferecem a exportadores e importadores, pois a garantia do pagamento deixa de ser comercial (importador) e passa a ser política (Governo), pois os Bancos Centrais é que se responsabilizam pelo reembolso.

MUITO CUIDADO: a operação só é considerada segura se tiver uma garantia bancária. Uma exportação em cobrança não oferece a garantia dada pelo convênio, embora transitada dentro do mesmo, mas sem a garantia bancária. Ocorre que os Bancos Centrais garantem os Bancos Conveniados, o que não ocorre com outras empresas não financeiras.

O Banco Central do Brasil mantém Convênio de Pagamentos e Créditos Recíprocos (CCR) com os Bancos Centrais da Argentina, Bolívia, Chile, Colômbia, Equador, México, Paraguai, Peru, República Dominicana, Uruguai e Venezuela.

Atualmente, o Banco Central do Brasil mantém convênios com os seguintes países, de acordo com o item 1, Seção 1, Capítulo 17, Título 1 do RMCCI: Argentina, Bolívia, Chile, Colômbia, Equador, México, Peru, República Dominicana, Uruguai e Venezuela.

Para saber se o banco no exterior é autorizado por seu Banco Central a operar no convênio, o interessado poderá solicitar a seu banco no Brasil que acesse o Sistema Sisbacen – transação PCCR910. Ali se encontra a lista das instituições autorizadas a operar no Brasil e no exterior dentro do Convênio de Créditos Recíprocos.

7.3.3 Operações de longo prazo cursadas ao amparo do CCR

É conveniente que o interessado/exportador verifique junto ao banco de sua preferência se os prazos de financiamentos foram alterados no Banco Central do

Brasil, visto que o BCB deixou de dar cobertura para operações com vencimento para mais de 360 dias (Carta Circular nº 2.916, de 13-6-2000).

7.4 PARIDADE

Definida como o preço de uma moeda estrangeira em relação a outra. A mais utilizada é a paridade em relação ao dólar dos Estados Unidos. Exemplo: se para comprar US$ 1,00 é necessário CAN$ 1,55, diz-se que a paridade do dólar canadense em relação ao dólar norte-americano é de 1,55 por 1, isto é, CAN$ 1,55 por US$ 1,00.

Assim, se tenho CAN$ 155,00 e quero transformá-los em dólares, divido o valor por 1,55, que é a paridade, resultando US$ 100,00.

7.5 *CROSS-RATE* (TAXAS CRUZADAS)

Se tiver os mesmos CAN$ 155,00 e quiser transformá-los em francos suíços, porém só dispuser da paridade do franco suíço em relação ao dólar e a paridade do dólar canadense em relação ao dólar, faço o *cross-rate*, isto é, faço o cruzamento das paridades:

Se US$ 1,00 = CAN$ 1,55 (paridade do dólar canadense)

E US$ 1,00 = Fr. Sw. 1,80 (paridade do franco suíço)

Temos:

CAN$ 1,55 = Sw. Fr 1,80

CAN$ 1,00 = x Sw. Fr.

Logo

x Sw. Fr. = 1,161290

Resultado: Sw. Fr. 1,161290 = CAN$ 1,00.

Isso significa dizer que, se preciso de Sw. Fr. 1,80 para comprar US$ 1,00, e CAN$ 1,55 para comprar o mesmo US$ 1,00, estabeleço o "cruzamento" das taxas, isto é, faço o *cross-rate* e acho a paridade de determinada moeda, no caso o franco suíço, em relação a outra, no exemplo, o dólar canadense.

Assim agindo, chego ao resultado de Sw. Fr. 1,161290 por dólar canadense. Com meus CAN$ 155,00, compro Sw. Fr. 180,00.

O mesmo ocorre em nosso mercado.

Se CAN$ 1,55 é a paridade do dólar canadense em relação ao dólar norte-americano, o *cross-rate* é 0,645161 (razão de US$ 1,00/CAN$ 1,55). Como o real, unidade monetária brasileira, está cotado, por exemplo, a três unidades por dólar (US$ 1,00 = R$ 3,00), temos que R$ 3,00 × 0,645161 (*cross-rate*) nos dará a cotação do dólar canadense em reais = 1,935484.

Isso significa que a paridade do franco suíço em relação ao dólar canadense é 1,161290 e o *cross-rate* é 0,861111. Por isso, o valor CAN$ 155,00 equivale a Sw. Fr. 180,00.

Exercício: Um importador canadense efetuou uma compra de seu fornecedor suíço, tendo que lhe remeter Sw. Fr. 100.000,00. Procurou um banco para que este fizesse a compra de francos suíços. Esse banqueiro, que tem suas reservas em dólares dos Estados Unidos, foi ao mercado comprar os francos suíços necessários ao pagamento da operação. A paridade do CAN$ em relação ao dólar é de CAN$ 1,55 por US$ 1,00; a paridade do Sw. Fr. em relação ao dólar é de Sw. Fr. 1,80 por US$ 1,00. O banqueiro despende US$ 55.555,55 para comprar os francos suíços. Como a paridade do dólar canadense é de CAN$ 1,55 por US$ 1,00, o importador deverá desembolsar CAN$ 86.1111,10 para pagar os francos suíços.

Perceba que CAN$ 86.1111,10 divididos por Sw. Fr. 100.000,00 dão a paridade do dólar canadense em relação ao franco suíço: CAN$ 0,861111 por Sw. Fr. 1,00.

7.6 ARBITRAGEM

É a troca de determinada moeda estrangeira por outra. Essas transações são efetuadas, geralmente, para:

1. **Suprir o saldo em determinada moeda estrangeira junto a banqueiro que não tem disponibilidade para cumprir compromissos nessa moeda, mas tem disponibilidade em outra.**

Exemplo: O banqueiro fez uma venda para atender à importação de um cliente.

Ocorre que sua posição em moeda estrangeira mantida no exterior é em dólares norte-americanos e a venda interna foi em ienes. Vendeu 125.000.000,00 ienes e precisa comprar os mesmos no exterior para atender à importação. Verifica qual é a paridade do iene em relação ao dólar: US$ 1,00 por ienes 125,00. Assim, necessita de US$ 1.000.000,00 para comprar os ienes necessários. Isso é o que o banqueiro faz. E o importador no Brasil, quanto pagará por essa transação?

Sabemos que

US$ 1,00 = ienes 125,00

E que

US$ 1,00 = R$ 1,75

Então

Ienes 125,00 = R$ 1,75

1 iene = *x* R$

Logo

x real: = 0,01400 (que é a cotação do iene em R$)

O *cross-rate* é = 0,00800

Assim, US$ 1,000.000,00 equivale a 125,000,000,00 ienes, que é igual a R$ 1.750.000,00.

Qual será o ganho do banqueiro?

Poderá ganhar em uma ou nas duas operações. Como?

Comprando os ienes no exterior por 130,00 ienes por dólar norte-americano e revendendo no Brasil por 125,00 ienes, ganhando 0,005 ienes por US$, o que lhe daria um ganho de 1.000.000,00 × 0,005 = 5.000.000,00 ienes ou US$ 40.000,00.

Poderia ganhar na outra ponta, isto é, na venda dos ienes ao importador. Poderia vender à cotação de R$ 0,001470, cobrando R$ 1.837.500,00.

De qualquer maneira, o banqueiro acrescentou um ganho de 5% sobre a moeda estrangeira.

2. Obter vantagens em transações que envolvem duas ou mais praças.

Cotações do franco suíço em duas praças:

New York	US$ 0,50	Sw. Fr. 1,00
Zurique	Sw. Fr. 1,00	US$ 0,52

O Banco Operador compra Sw. Fr. em New York e envia-os para Zurique, onde alcança US$ 0,52, obtendo vantagem de US$ 0,02 por Sw. Fr. negociado.

New York: com US$ 1.000.000,00, compra Sw. Fr. 2.000.000,00.

Em Zurique, vende os Sw. Fr. por US$ 1.040.000,00.

É claro que as compras e as vendas são feitas com bancos diferentes.

3. Evitar riscos com determinadas moedas que, no mercado cambial, oscilam com frequência, ou presume-se que se desvalorizarão.

Exemplificando: Alguém que tenha tomado recursos em euro em 5-1-1999.

1.000.000,00 euros valiam US$ 1.180.000,00; em 6-4-1999, o euro tinha perdido 8,8% em relação ao dólar norte-americano. A mesma quantia de euros valia US$ 1.007.000,00. Para o tomador fora ótimo tomar em euros, porque agora sua necessidade em dólares norte-americanos era 8,8% menor do que há quatro meses. Porém, se ele demorou em se desfazer dos euros e só resolveu vender em 6-4-1999, a equação se inverte: ele, tomador, teve o prejuízo porque estaria recebendo menos pelo valor tomado.

Imagine a perda se considerarmos que em 31-1-2000 a cotação estava em US$ 0,9885 por euro.

A decisão de se arbitrar depende da "posição" em que nos encontramos. Exemplo recente foi a desvalorização do real frente ao dólar norte-americano. Quem estava "comprando" em dólar norte-americano ganhou e a ponta "vendedora" perdeu.

A arbitragem pode ser:

- *Direta*: troca de US$ por outra moeda, utilizando-se diretamente a paridade.
- *Indireta*: envolvendo três moedas, utilizando-se o *cross-rate*. É nosso sistema cambial, envolvendo a paridade do real em relação ao dólar e este em relação à sua paridade com terceiras moedas.
- *Quanto à entrega da moeda estrangeira*, poderá ocorrer:
- *Prontas (spots)*: operações em que a entrega das moedas se dará dentro de dois dias úteis.
- *Futuras (forwards)*: operações em que a entrega da moeda se dará em prazo superior a dois dias úteis.

As paridades e o *cross* utilizados neste caso (futuro) podem ser diferentes dos utilizados em operações prontas, porque as moedas envolvidas podem sofrer oscilações em suas cotações.

Podem estar com "prêmio" ou "desconto". Isto é, você vai receber mais ou menos moeda estrangeira no futuro. Ou você despenderá mais ou menos moeda na operação.

Dizemos que a moeda está sendo vendida a prêmio no mercado futuro quando o vendedor receber mais que se vendesse à taxa pronta. Do mesmo modo podemos dizer que, vendendo com desconto, ele (vendedor) receberá menos.

Percebam que se um vendedor está vendendo com prêmio, o comprador está adquirindo com desconto, pois o que é prêmio para um é desconto para o outro.

Na prática, essas cotações são feitas entre os bancos que transacionam no mercado, pois a taxa futura, com prêmio ou desconto, é fornecida ao exportador ou importador na sua cotação de entrega.

A seguir, apresentamos um quadro de cotações futuras. Observemos que se a primeira cotação for *menor* do que a segunda, haverá *prêmio*, isto é, seu valor deverá ser somado à taxa pronta e o vendedor receberá **mais** pela venda efetuada; se a primeira cotação for *maior* do que a segunda, haverá desconto, portanto o vendedor receberá **menos** no futuro, devendo seu valor ser diminuído da taxa pronta.

Cotação de várias moedas, efetuadas no interbancário de New York:

Moeda	Pronto	1 mês	2 meses	3 meses	6 meses
CAN$	0,4545/48	5/10	8/12	10/8	12/11
Sw. Fr.	0,555555/59	10/5	12/8	8/10	11/12

Cotações a vista, no vencimento:

Moeda	Pronto	1 mês	2 meses	3 meses	6 meses
CAN$	Compra 0,454545	0,454550	0,454553	0,454535	0,454533
CAN$	Venda 0,454548	0,454558	0,454557	0,454540	0,454537
Sw. Fr.	Compra 0,555555	0,555545	0,555543	0,555563	0,555544
Sw. Fr.	Venda 0,555559	0,555554	0,555551	0,555567	0,555571

Significado das operações

A cotação do dólar canadense (CAN$) a vista significa que o banco procurado em New York está disposto a entregar CAN$ 1,00 por US$ 0,454548 e pagará US$ 0,454545 por CAN$ ofertado. Em um mês, está disposto a entregar moeda canadense a US$ 0,454558 e pagará US$ 0,454550, se esta lhe for ofertada. Já em três meses, pagará US$ 0,454535 pela moeda canadense e a venderá por US$ 0,454540.

No primeiro mês, a moeda canadense está a prêmio para o banqueiro vendedor a desconto para o comprador; no terceiro mês, a situação inverte-se, está a desconto para o vendedor e prêmio para o comprador.

Em princípio, as arbitragens futuras servem para fazer o *hedge* (proteção) da moeda comprada ou vendida para entrega futura.

Exemplo: Se a empresa tem compromisso para pagar CAN$ 1.000.000,00 em 90 dias e o Financeiro acha que poderá ocorrer uma valorização da moeda em relação ao dólar norte-americano, poderá ser feita arbitragem no mercado futuro, pagando-se, provavelmente, algum prêmio.

Assim, hoje CAN$ 1.000.000,00 são comprados no mercado *spot* por US$ 550.000,00 e no mercado futuro (90 dias) por US$ 600.000,00. Se pagar a vista, despenderá o primeiro valor; se no vencimento, o segundo. O segundo valor corresponde a uma desvalorização de 9,09% do dólar em relação ao dólar canadense. Aí caberá ao Financeiro decidir: compra a vista (*spot*) e entrega os dólares, ou compra a prazo (*forward*), suportando aquele custo.

Poderá ocorrer o contrário: o dólar valorizar-se e ele perder na operação.

Conhecimento do cenário e tendências do mercado serão os balizadores da tomada de decisão.

Muitas vezes a arbitragem futura nada tem a ver com operação comercial, tornando-se meramente operação especulativa, como ocorreu recentemente em nosso país (janeiro de 1999 para ser mais exato; é certo que as operações datavam de período anterior, mas muitas foram feitas dias antes da desvalorização, deixando no ar a dúvida de vazamento de informações sobre a valorização do dólar).

7.7 *SWAPS*

É a combinação de uma compra ou venda futura de determinada moeda, com sua simultânea venda ou compra pronta. Trata-se, na prática, de operação de duplo financiamento, como demonstramos a seguir.

Exemplo: O banqueiro "x" tem CAN$ 10.000.000,00 que equivalem a US$ 5.500.000,00, mas não tem interesse ou não tem mercado para desfazer-se da moeda. Se aparecer uma operação de compra de US$ 5.500.000,00 por 90 dias, ele poderá valer-se do *swap*, vendendo a vista seus dólares canadenses e comprando-os para entrega em 90 dias.

Em 90 dias, ele recebe os dólares de seu cliente e liquida a posição do *swap* em dólares canadenses, refazendo sua posição na moeda canadense.

7.8 TAXA DE CÂMBIO

Taxa de câmbio é o preço convencionado para recebimento por estabelecimento bancário autorizado a operar em câmbio pela venda de moeda estrangeira, ou paga pelo estabelecimento, pela compra de moeda estrangeira.

Esse valor arbitrado para compra ou venda é denominado de *cotação*. Por isso dizemos que existe cotação para compra e cotação para a venda da moeda estrangeira. Para operarmos corretamente, temos que nos posicionar em uma das pontas: vendedora ou compradora.

Chegamos às cotações das diversas moedas estrangeiras em relação ao real utilizando-se do *cross-rate* da paridade das mesmas em relação ao dólar e à da paridade deste em relação à moeda nacional, isto é, o real ou R$.

Taxa de compra

É a cotação que o operador de câmbio dos bancos autorizados utiliza para as operações de compra de uma determinada moeda.

Exemplo: US$ 1,00 está cotado a R$ 1,7305/7400.

A cotação para a compra pelos bancos é a da *esquerda*, isto é, os bancos estão dispostos a comprar dólar norte-americano por R$ 1,7305.

Taxa de venda

É a cotação utilizada pelos operadores de câmbio dos bancos autorizados para as operações de venda de determinada moeda estrangeira.

Exemplo: US$ 1,00 está cotado a R$ 1,7305/7400.

A cotação para a venda pelos bancos é a da *direita*, isto é, os bancos estão dispostos a vender dólar norte-americano por R$ 1,7400.

As taxas de compra e venda acima nos levam ao *spread*.

Spread é a diferença entre a taxa de compra e taxa de venda da moeda estrangeira negociada, diferencial esse com que os bancos ou estabelecimentos autorizados a operar em câmbio cobrem seus custos e realizam seus lucros.

Assim é que nos exemplos anteriores pudemos perceber um *spread* de R$ 0,095 por US$ comprado/vendido.

Taxas fixas e taxas variáveis

Taxas fixas são aquelas mantidas invariáveis em um determinado nível, seja por determinação governamental (congelamento de taxa), seja por operações de compra e venda de divisas por parte das autoridades governamentais sempre que as cotações de mercado se desviarem das taxas determinadas pelo governo.

As taxas variáveis são aquelas que mudam, de acordo com a oferta e procura da moeda no mercado de câmbio. Normalmente, essas taxas variam dentro de uma *banda cambial*, isto é, num intervalo sugerido – ou determinado – pelas autoridades cambiais, que considera, entre outros agentes sensibilizadores da formação da taxa (cotação) de câmbio, o balanço de pagamentos do país, suas reservas em divisas estrangeiras, o resultado fiscal de suas contas etc.

7.9 MERCADO BRASILEIRO DE CÂMBIO

Segundo estudo desenvolvido e divulgado pelo Banco Central do Brasil, nosso país vivenciou nos últimos 30 anos três fases distintas em seu mercado de câmbio.

A primeira fase, iniciada na década de 1980, foi marcada pela criação e implantação de controle cambial rígido; restrições cambiais; monopólio de câmbio; limites e proibições nas vendas de moeda estrangeira pelos bancos; encargo financeiro na compra de moeda estrangeira e de passagens internacionais; exigências burocráticas: necessidade de autorização do Banco Central para a maioria das operações de câmbio; aquecimento do mercado "paralelo" com substancial elevação do ágio e motivação para prática de ilícitos e fraudes cambiais.

Tivemos a criação do Mercado de Câmbio de Taxas Administradas.

Este Mercado era oficial, inteiramente regulado pelo Banco Central; as taxas de câmbio fixadas pelo Banco Central; imperou a política de minidesvalorizações; havia a obrigatoriedade da realização de operações de repasse e de cobertura com o Banco Central.

Posteriormente, tivemos a implantação do Mercado de Câmbio de Taxas Flutuantes.

Inicialmente chamado de "mercado de dólar turismo" por incorporar operações relacionadas a turismo internacional, representou um grande passo rumo à maior liberdade cambial.

As principais operações albergadas por esse Mercado Cambial eram:

- as viagens internacionais (turismo, cartões de crédito, tratamento de saúde etc.);
- transferências unilaterais (doações, manutenção de residentes, patrimônio etc.);
- pagamento e recebimento de serviços (passe de atletas, vencimentos, ordenados etc.), operações com ouro e outras contas;
- mercado de câmbio, apartado do câmbio oficial, no qual pudessem ser negociadas moedas estrangeiras por preços e condições livremente pactuadas;
- regras mais flexíveis;
- inexistência de repasse e cobertura;
- a regulamentação manteve limites quantitativos para cada tipo de operação, que foram gradativamente extintos;
- a taxa de câmbio flutuaria conforme a oferta e procura pelas moedas, sem intervenção direta do Banco Central.

Posteriormente, entramos numa segunda fase (década de 1990), com a divisão do Mercado de Câmbio em Mercado de Taxas Livres e Regime de Flutuação de Câmbio.

Ocorreram um aperfeiçoamento e flexibilização gradativa das regras cambiais; o regime de bandas cambiais até 1999; e a unificação das posições de câmbio.

O Mercado de Câmbio de Taxas Livres, criado pela Resolução nº 1.690, de 18-3-1990, veio substituir o então existente Mercado de Câmbio de Taxas Administradas. Trouxe importantes alterações, destacando-se:

- a permissão à negociação de divisas a taxa de câmbio livremente pactuada entre os agentes;

- o fim do limite para posição de câmbio comprada e elevação do limite para posição de câmbio vendida;
- eliminação do sistema de repasses e coberturas;
- possibilidade de o Banco Central realizar operações de compra e venda no mercado interbancário para liquidação no segundo dia útil;
- principais operações: contratações de câmbio do comércio exterior (exportações e importações), principais movimentações de capitais (investimentos diretos e em bolsa, empréstimos etc.) e pagamentos e recebimentos dos principais itens de serviços.

As operações cambiais de pessoas jurídicas de direito público interno, independentemente da natureza da negociação, também deveriam ser contabilizadas nesse segmento.

A implantação do Regime de Flutuação da Taxa de Câmbio ocorreu a partir de 1999, de forma efetiva. Até então, embora existissem dois mercados de câmbio com características de livre pactuação da taxa de câmbio, havia interferência indireta da Autoridade Monetária na formação da taxa de câmbio.

Chegamos à terceira fase, iniciada no século 21, marcadamente em 2005.

A Resolução nº 3.265, de 4-3-2005, do Conselho Monetário Nacional, promoveu a unificação dos Mercados de Câmbio. Neste momento deixou de existir a Consolidação das Normas Cambiais (CNC) e começou a viger o Regulamento do Mercado de Câmbio e Capitais Internacionais (RMCCI).

Mudou-se a filosofia de controle de câmbio no país. Até março de 2005, somente podiam ser feitas operações regularmente permitidas (pela antiga CNC e outros instrumentos legais); e a documentação era detalhada pelo Banco Central. Após março de 2005, todas as operações passaram a ser permitidas, exceto aquelas sujeitas à regulamentação específica (Exemplo: não era permitida a remessa direta de documentos de exportação pelo vendedor/exportador ao comprador/importador. A partir de março/2005 passou a ser permitida).

Ou seja, tudo que é legal pode ser feito. Ficaram sujeitas à regulamentação específica: as aplicações no exterior no mercado de capitais e de derivativos pelas pessoas físicas ou jurídicas em geral, bem como quaisquer aplicações no exterior por instituições autorizadas a funcionar pelo Banco Central do Brasil e fundos de qualquer natureza.

Além da nova regulamentação cambial citada acima, o Regulamento do Mercado de Câmbio e Capitais Internacionais (RMCCI) veio dar liberdade para compra e venda de moeda estrangeira; o Banco Central deixa de especificar documentos. Com isso, há uma sensível redução dos custos e simplificação de rotinas e procedimentos; e novas regras para as exportações brasileiras, com o fim da obrigatoriedade da entrega de documentos de embarque ao banco e possibilidade de o exportador manter as divisas no exterior por até 210 dias após o embarque das mercadorias.

Podemos dizer que houve uma revolução na legislação cambial.

TUDO É POSSÍVEL (DESDE QUE LEGAL).

A Medida Provisória nº 315, de 3-8-2006, que instituiu, entre outras medidas, o controle cambial pela Receita Federal do Brasil, mexeu com outros aspectos das operações internacionais.

Até agosto de 2006, existia obrigatoriedade (exceto em casos específicos) de cobertura cambial de 100% das exportações – Decreto nº 23.258/33; e a vinculação individualizada dos contratos de câmbio aos despachos averbados como forma de comprovação da cobertura cambial.

Após agosto de 2006, isto é, com a edição da Medida Provisória nº 315, algumas mudanças substanciais ocorreram no Mercado de Câmbio:

- ficou mantido o registro dos contratos de câmbio no Banco Central, conforme disposto na Lei nº 4.131/62; porém, os exportadores poderiam manter no exterior até 30% da receita de exportações, sem pagamento de CPMF. Entretanto, com a edição da Circular nº 3.691, de 16 de dezembro de 2013, esse limite foi estendido para 100%. Ou seja, mais liberdade, mais desburocratização;
- estabeleceu o fim da obrigatoriedade da vinculação dos contratos de câmbio de exportação aos despachos averbados;
- eliminaram-se os controles de exportação pelo Banco Central do Brasil e o fim da caracterização da infringência de sonegação de cobertura cambial. Ou seja, a operação é legal até que se prove algo em contrário.

Desregulamentou ainda mais o Mercado de Câmbio, foi editada a Resolução nº 3.412, de 27-9-2006, estabelecendo o fim das restrições para aplicações no exterior, no mercado de capitais e de derivativos, por pessoas físicas ou jurídicas em geral, permanecendo sujeitas à regulamentação do BCB ou CVM, dentro da área de competência de cada órgão, as aplicações de interesse de instituições financeiras ou de fundos de qualquer natureza. Mas isso não atinge o cidadão comum, a empresa que exporta e importa.

Cabe ao Banco Central, agora, informar as operações acima à Secretaria da Receita Federal na forma definida na Portaria Conjunta SRF/BCB 1.064, de 26-10-2006. A Receita Federal, a partir dessas informações e de outras que detém em seus registros, efetuará os acompanhamentos sobre recebimentos de exportação e, nas situações cabíveis, adotará os procedimentos administrativos pertinentes, aplicando as sanções previstas na legislação, de natureza tributária.

A quarta etapa desse processo de desburocratização do Mercado de Câmbio, a que vivemos atualmente, foi inaugurada com a edição da Circular nº 3.691, de 16 de dezembro de 2013, e vigência a partir de 3 de fevereiro de 2014.

Na contratação de câmbio de exportação estendeu o prazo da contratação cambial para até 1.500 dias.

O contrato de câmbio de exportação pode ser celebrado para liquidação pronta ou futura, prévia ou posteriormente ao embarque da mercadoria ou da prestação do serviço, observado o prazo máximo de 750 (setecentos e cinquenta) dias entre a contratação e a liquidação, bem como o seguinte:

I – no caso de contratação prévia, o prazo máximo entre a contratação de câmbio e o embarque da mercadoria ou da prestação do serviço é de 360 (trezentos e sessenta) dias;

II – o prazo máximo para liquidação do contrato de câmbio é o último dia útil do 12º mês subsequente ao do embarque da mercadoria ou da prestação do serviço.

Parágrafo único. Para os contratos de câmbio de exportação, no caso de requerimento de recuperação judicial, ajuizamento de pedido de falência do exportador ou em outra situação em que fique documentalmente comprovada a incapacidade do exportador para embarcar a mercadoria ou para prestar o serviço por fatores alheios à sua vontade, o embarque da mercadoria ou a prestação do serviço pode ocorrer até 1.500 (mil e quinhentos) dias a partir da data de contratação da operação de câmbio, desde que o prazo entre a contratação e a liquidação do contrato de câmbio não ultrapasse 1.500 (mil e quinhentos) dias.

A Resolução nº 3.417 estabeleceu, também, a obrigatoriedade às instituições integrantes do Sistema Financeiro Nacional autorizadas a operar no mercado de câmbio de, até o dia 15 do mês subsequente às correspondentes liquidações, fornecer por intermédio de mecanismo eletrônico regulado pelo Banco Central do Brasil, para acesso exclusivo da Receita Federal do Brasil, os dados necessários àquela Autarquia para execução dos controles de exportação.

Agentes e intervenientes no mercado de câmbio

Banco Central do Brasil

Entidade autárquica criada pela Lei nº 4.595, em 31-12-64, é o "Banco dos Bancos".

Por delegação do Conselho Monetário Nacional instrui, supervisiona, fiscaliza e controla o sistema financeiro brasileiro. É dele que parte toda orientação sobre o mercado cambial doméstico.

Bancos autorizados

São os bancos que, cumpridas as exigências determinadas pelo Banco Central do Brasil, são credenciados a operar nos mercados de câmbio.

Agências de turismo, hotéis e demais operadores autorizados a atuarem no mercado de câmbio para atender ao turismo.

Pessoas físicas e jurídicas

São as pessoas que buscam os mercados para comprar ou vender moeda estrangeira. Cumprida a legislação cambial, elas podem comprar ou vender a moeda estrangeira para o fim específico que atenda sua operação. Poderão ou não manter conta em moeda estrangeira, mas não poderão transacionar livremente.

Corretores de câmbio

Antigamente, era obrigatória a presença do corretor de câmbio nas praças que mantinham Bolsas de Valores, em operações de câmbio superior a US$ 100.000,00.

Desde a implantação do Plano Real não subsiste essa obrigação. Todavia, no interesse do comprador ou vendedor, haverá a interveniência do corretor.

7.10 CONTRATO DE CÂMBIO

Conceituação

Define-se contrato de câmbio como o instrumento especial firmado entre o vendedor e o comprador de moedas estrangeiras, no qual se mencionam as características completas das operações de câmbio e as condições sob as quais se realizam.

Características do contrato de câmbio:

Quanto à forma jurídica:

- bilateral: existência de um comprador e de um vendedor;
- sinalagmático: ambas as partes têm direitos e deveres concomitantes;
- consensual: depende do bom-senso, do consentimento e da anuência das partes;
- cumulativo e incondicional: faz a estimativa das obrigações a serem cumpridas independentemente de quaisquer eventos futuros e incertos;
- oneroso: as obrigações assumidas representam comprometimento patrimonial equivalente às vantagens visadas;
- solene: as normas cambiais exigem forma determinada e escrita.

Elementos essenciais:

- nome do comprador e vendedor;
- valor em moeda estrangeira;

- valor em moeda nacional;
- taxa de câmbio, prêmios e bonificações;
- vencimento;
- natureza da operação;
- forma de entrega da moeda estrangeira.

Elementos imutáveis:

- comprador e vendedor;
- moeda estrangeira;
- taxa cambial;
- moeda nacional.

São os seguintes os tipos de contratos de câmbio e suas aplicações:

I – compra: destinado às operações de compra de moeda estrangeira realizadas pelas instituições autorizadas a operar no mercado de câmbio;

II – venda: destinado às operações de venda de moeda estrangeira realizadas pelas instituições autorizadas a operar no mercado de câmbio.

As cláusulas ajustadas entre as partes devem ser inseridas nos contratos de câmbio e somente devem ser informadas ao Banco Central do Brasil quando solicitadas.

7.11 PRINCIPAIS CLÁUSULAS CONTRATUAIS (OBRIGATÓRIAS)

As cláusulas ajustadas entre as partes devem ser inseridas nos contratos de câmbio por meio da transação PCAM900.

As seguintes cláusulas padronizadas, constantes das transações, devem constar do contrato de câmbio, à exceção do boleto:

a. para todas as contratações:

CLÁUSULA 1: "O presente contrato subordina-se às normas, condições e exigências legais e regulamentares aplicáveis à matéria."

b. para as alterações contratuais:

CLÁUSULA 5: "A presente alteração subordina-se às normas, condições e exigências legais e regulamentares aplicáveis à matéria, permanecendo inalterados os dados constantes do contrato de câmbio descrito acima, exceto no que expressamente modificado pelo presente instrumento de alteração."

c. para as transferências para a posição especial:

CLÁUSULA 6: "Valor transferido para posição especial na forma da regulamentação em vigor."

Todas as demais cláusulas deverão ser pactuadas entre os compradores e os vendedores da moeda estrangeira, motivo por que os contratos devem ser revistos quando chegam às empresas contratantes (o que dificilmente ocorre pelo comodismo dos envolvidos).

7.12 DISPOSIÇÕES PRELIMINARES PARA A CELEBRAÇÃO DE CONTRATOS DE EXPORTAÇÃO

De acordo com o disposto na Circular nº 3.691, de 16 de dezembro de 2013, o exportador de mercadorias ou de serviços pode manter, no exterior, a integralidade dos recursos relativos ao recebimento de suas exportações.

O ingresso, no País, dos valores de exportação pode se dar em moeda nacional ou estrangeira, independentemente da moeda constante da documentação que ampara a exportação, prévia ou posteriormente ao embarque da mercadoria ou à prestação dos serviços, e os contratos de câmbio podem ser celebrados para liquidação pronta ou futura, observada a regulamentação em vigor.

Os contratos de câmbio de exportação são liquidados mediante a entrega da moeda estrangeira ou do documento que a represente ao banco com o qual tenham sido celebrados.

O recebimento do valor decorrente de exportação deve ocorrer:

I – mediante crédito do correspondente valor em conta no exterior mantida em banco pelo próprio exportador;

II – a critério das partes, mediante crédito em conta mantida no exterior por banco autorizado a operar no mercado de câmbio no País, na forma da regulamentação em vigor; ou

III – por meio de transferência internacional em reais, aí incluídas as ordens de pagamento oriundas do exterior em moeda nacional, na forma da regulamentação em vigor.

É admitido o recebimento em forma distinta das indicadas no *caput* nos casos de cartão de uso internacional emitido no exterior, de vale postal internacional ou de outro instrumento, nas situações previstas na Circular nº 3.691/2013.

São vedadas (art. 94 da citada Circular) instruções para pagamento ou para crédito no exterior a terceiros, de qualquer valor de exportação, exceto nos casos de:

I – comissão de agente e parcela de outra natureza devida a terceiro, residente ou domiciliado no exterior, prevista no documento que ampara o embarque ou a prestação do serviço;

II – exportações conduzidas por intermediário no exterior, cujo valor individual seja de até US$ 10.000,00 (dez mil dólares dos Estados Unidos) ou seu equivalente em outras moedas.

O recebimento da receita de exportação pode ocorrer em qualquer moeda, inclusive em reais, independentemente da moeda constante da documentação que amparou o embarque ou a prestação do serviço.

Para os fins e efeitos do disposto acima, considera-se:

I – exportação de serviço: as operações assim definidas pelo MDIC;

II – data de embarque: a data de emissão do conhecimento de transporte internacional ou, nos casos em que essa data não estiver disponível, a data de averbação do despacho ou, no caso de mercadoria admitida em regimes alfandegados especiais, a data do documento equivalente ao conhecimento de transporte internacional.

A regularização de contrato de câmbio de exportação ocorre mediante prorrogação, liquidação, cancelamento ou baixa, observados os prazos e demais condições estabelecidos na regulamentação.

A celebração de contrato de câmbio e o registro de transferência internacional em reais referentes a receitas de exportação podem ser realizados por pessoa diversa do exportador nos casos de:

I – fusão, cisão ou incorporação de empresas e em outros casos de sucessão previstos em lei;

II – decisão judicial;

III – outras situações em que fique documentalmente comprovado que o beneficiário dos recursos possui a prerrogativa, considerando os aspectos de legalidade e fundamentação econômica, de ser o recebedor das receitas de exportação.

7.13 ADIANTAMENTO SOBRE CONTRATO DE CÂMBIO (ACC)

O adiantamento sobre contrato de câmbio constitui antecipação parcial ou total por conta do preço em moeda nacional da moeda estrangeira comprada para entrega futura, podendo ser concedido a qualquer tempo, a critério das partes.

No caso de exportação, o valor do adiantamento deve ser consignado no próprio contrato de câmbio, mediante averbação do seguinte teor: "Para os fins e efeitos do art. 75 (e seus parágrafos) da Lei nº 4.728, de 14.7.1965, averba-se por conta deste contrato de câmbio o adiantamento de R$_______."

7.14 COMISSÃO DE AGENTE NA EXPORTAÇÃO

Pode ser efetuado nas seguintes modalidades:

I – em conta gráfica, observado que o valor do contrato de câmbio da exportação não inclui a parcela relativa à comissão de agente e que a fatura comercial e o saque abrangem o valor da comissão de agente;

II – por dedução na fatura comercial, observado que o valor da fatura comercial abrange o valor da comissão e que o valor do contrato de câmbio da exportação e do saque não incluem o valor da comissão;

III – a remeter, observado que o valor do contrato de câmbio da exportação, da fatura comercial e do saque abrangem o valor da comissão e que o pagamento da comissão ocorre mediante celebração e liquidação de contrato de câmbio pelo exportador, destinado à transferência financeira para o exterior em favor do beneficiário da comissão.

7.15 CÂMBIO DE IMPORTAÇÃO DE ATÉ 360 DIAS

O pagamento da importação brasileira, em reais ou em moeda estrangeira, deve ser amparada em documentação com previsão de pagamento.

Caracteriza-se como legítimo credor externo aquele que possui a prerrogativa, mediante comprovação documental, de ser o recebedor dos recursos, considerando os aspectos de legalidade e fundamentação econômica.

O pagamento de importação brasileira em reais, no País, deve ser efetuado mediante transferência internacional em reais para crédito à conta corrente em moeda nacional, aberta e mantida no Brasil nos termos da legislação e regulamentação em vigor, de titularidade do legítimo credor.

A celebração de contrato de câmbio e o registro de transferência internacional em reais referentes a importação podem ser realizados por pessoa diversa do importador nos casos de:

I – fusão, cisão ou incorporação de empresas e em outros casos de sucessão previstos em lei;

II – decisão judicial;

III – outras situações em que fique documentalmente comprovado que o pagador da importação possui a prerrogativa, considerando os aspectos de legalidade e fundamentação econômica, de realizar tal pagamento.

É facultada a antecipação do pagamento de importação registrada para pagamento a prazo de até 360 (trezentos e sessenta) dias, observada a regulamentação de competência de outros órgãos.

O pagamento antecipado de importação pode ser efetuado com antecipação de até 180 (cento e oitenta) dias à data prevista para:

I – o embarque, nos casos de mercadorias importadas diretamente do exterior em caráter definitivo, inclusive sob o regime de *drawback*, ou quando destinadas a admissão na Zona Franca de Manaus, em Área de Livre Comércio ou em Entreposto Industrial;

II – a nacionalização de mercadorias que tenham sido admitidas sob outros regimes aduaneiros especiais ou atípicos.

Exclusivamente para máquinas e equipamentos com longo ciclo de produção ou de fabricação sob encomenda, o prazo de antecipação deve ser compatível com o ciclo de produção ou de comercialização do bem, prevalecidas as condições pactuadas contratualmente, tais como sinal e parcelas intermediárias, observado que o prazo máximo de antecipação diretamente na rede bancária para importações da espécie é de 1.080 (mil e oitenta) dias com relação às datas indicadas nos incisos I e II.

Não ocorrendo o embarque ou a nacionalização da mercadoria até a data informada na ocasião da liquidação do contrato de câmbio, deve o importador providenciar, no prazo de até trinta dias, a repatriação dos valores correspondentes aos pagamentos efetuados.

7.16 ALTERAÇÕES

Com exceção dos elementos considerados imutáveis, pode ser efetuada qualquer alteração, desde que haja mútuo consenso entre as partes:

- Prazo para entrega dos documentos de exportação.
- Prazo para liquidação de câmbio.
- Cláusulas contratuais.
- Forma de entrega de moeda estrangeira.
- Natureza da operação.
- Pagador/recebedor no exterior.
- Prêmio/bonificação.
- Prazo das cambiais.

7.17 PRORROGAÇÕES

É admissível a prorrogação do contrato de câmbio de exportação, por mútuo consenso das partes – vendedor e comprador da moeda estrangeira –, desde que dentro dos prazos regulamentares previstos na legislação cambial.

Já o contrato de câmbio de importação que ampare carta de crédito com vencimento a vista e negociada no exterior não poderá ser prorrogado.

7.18 CANCELAMENTO DE CONTRATO DE CÂMBIO

São livremente cancelados, por acordo entre as partes, os contratos de câmbio de exportação sem mercadoria embarcada ou sem que tenha ocorrido a prestação do serviço, observada a incidência do encargo financeiro de que trata a Lei nº 7.738, de 9-3-1989.

Na regularização de contratos de câmbio por cancelamento relativos a mercadorias não embarcadas ou a serviço que não tenha sido prestado devem ser observados, nos casos de falência do exportador ou de intervenção ou de liquidação extrajudicial do banco comprador da moeda estrangeira, os procedimentos indicados na Circular nº 3.681/3013.

O cancelamento de contrato de câmbio de exportação após o embarque da mercadoria não exime o exportador da responsabilidade pela comprovação do ingresso da receita de exportação devida.

No caso de já ter ocorrido o embarque da mercadoria ou a prestação do serviço, o cancelamento do contrato de câmbio de exportação deve ser efetuado em até 360 dias da data do embarque da mercadoria ou da prestação do serviço.

7.19 BAIXA NA POSIÇÃO CAMBIAL

O contrato de câmbio não prorrogado, por falta de consenso entre as partes – comprador e vendedor –, poderá sofrer baixa na posição cambial do banco interveniente.

Para que o banco faça a baixa cambial, é necessário, preliminarmente, que o comprador (importador) ou o vendedor (exportador) seja protestado. Este é um requisito mínimo exigido pela legislação cambial para que o banco promova a baixa cambial e tire o contrato de sua posição de câmbio.

A posição de câmbio de cada banco é o montante de câmbio contratado pela instituição financeira e é controlada pelo Banco Central do Brasil.

Para o banco trata-se tão somente de uma operação contábil, pois o contrato, para todos os efeitos legais, continua vigendo.

7.20 LIQUIDAÇÃO DO CONTRATO DE CÂMBIO

A liquidação de contrato de câmbio ocorre quando da entrega de ambas as moedas, nacional e estrangeira, objeto da contratação ou de títulos que as representem.

A liquidação pronta é obrigatória nos seguintes casos:

1. operações de câmbio simplificado de exportação ou de importação;
2. compras ou vendas de moeda estrangeira em espécie ou em cheques de viagem;
3. compra ou venda de ouro – instrumento cambial.

As operações de câmbio contratadas para liquidação pronta devem ser liquidadas:

a) no mesmo dia, quando se tratar: de compras e de vendas de moeda estrangeira em espécie ou em cheques de viagem; ou de operações ao amparo da sistemática de câmbio simplificado de exportação.
b) em até dois dias úteis da data da contratação, nos demais casos, excluídos os dias não úteis nas praças das moedas envolvidas (dias não úteis na praça de uma moeda e/ou na praça da outra moeda).

As operações de câmbio a seguir indicadas podem ser contratadas para liquidação futura, devendo a liquidação ocorrer em até:

- 1.500 dias, no caso de operações interbancárias e de arbitragem;
- 360 dias, no caso de operações de câmbio de natureza financeira, com ou sem registro no Banco Central do Brasil/Departamento de Combate a Ilícitos Financeiros e Supervisão de Câmbio e Capitais Internacionais;
- 3 dias úteis, no caso de operações de câmbio relativas a aplicações de títulos de renda variável que estejam sujeitas a registro no Banco Central do Brasil/Departamento de Combate a Ilícitos Financeiros e Supervisão de Câmbio e Capitais Internacionais.

7.21 PROTESTO DE CONTRATO DE CÂMBIO

O contrato de câmbio será protestado quando se revelar infrutífera a existência de consenso entre as partes, embora exequível o cancelamento. Não concordando, o banco levará o contrato a protesto e promoverá a baixa cambial.

Por ser uma medida quase extrema para reaver seus direitos, representados por adiantamentos, diferenças de taxas e ágios não pagos, o comprador (banco) só tomará essa medida quando as negociações para cancelamento tornarem realmente indispensável tal atitude, até por imposição da legislação cambial, que não permite que contratos inadimplidos permaneçam nessa situação por prazo indeterminado.

Tal impasse é indesejável para ambas as partes, que devem negociar à exaustão para evitar esse desfecho.

7.22 COMISSÃO DE AGENTE NA IMPORTAÇÃO

O beneficiário da comissão de agente deverá constar da declaração de importação ou do contrato mercantil firmado entre as partes, na fatura *pro forma* ou outro documento.

A comissão de agente poderá ser:

a. transferida ao exterior e constará do contrato de câmbio;
b. retida no país, em favor do beneficiário.

7.23 CARTA DE CRÉDITO DOCUMENTÁRIO

Por ser uma das condições de pagamento mais utilizadas nas operações de comércio exterior, ocorrendo seu trânsito, pagamento, aceite e negociação no mercado de câmbio, achamos conveniente ao leitor tomar conhecimento de algumas particularidades desse documento, utilizado nas importações e exportações brasileiras, de mercadorias e serviços.

A carta de crédito documentário é a condição de pagamento mais difundida no comércio internacional. A Câmara de Comércio Internacional divulgou a Brochura 600, que está vigendo desde 1º-7-2007 e que veio substituir a Brochura 500.

Apresentamos, a seguir, itens comuns à importação e exportação:

Tomador: é a pessoa (física ou jurídica), normalmente o importador/comprador, que solicita a um banco, em seu país, que promova a abertura do crédito a favor do exportador/vendedor.

Beneficiário: é o favorecido da carta de crédito, isto é, via de regra, o exportador/vendedor; aquele que deve cumprir as condições estabelecidas na carta de crédito para receber o valor nela expresso.

Emitente (ou Instituidor): é aquele banco, localizado no país do Tomador (importador/comprador), que institui o documento de crédito e que se compromete a honrá-lo, desde que o exportador/vendedor cumpra as condições expressas no crédito.

Avisador: é aquele banco no país do Beneficiário (exportador/vendedor) por intermédio do qual é remetido o Documento de Crédito (Crédito Documentário) e que avisa (*contata*) o Beneficiário, entregando-lhe a Carta de Crédito.

Banco Designado: é o banco escolhido para receber os documentos e, consequentemente, reembolsar o Beneficiário, pela operação, em nome do Banco Emitente, desde que esse crédito documentário não esteja restrito a outro banco.

Confirmador: é o banco autorizado pelo Emitente (o instituidor da carta de crédito) a confirmar o documento em seu nome (dele, emitente), pagando, aceitando em seu nome a documentação do exportador/vendedor.

Todavia, é importante outro lembrete muito especial: independentemente de a negociação ocorrer em ordem, sem discrepâncias, é necessário que o exportador tenha informações seguras sobre o importador e vice-versa.

Os bancos negociam documentos. Há que se considerar com cuidado os aspectos cadastrais da outra parte, bem como a idoneidade de seus proprietários.

Precaução e caldo de galinha não fazem mal a ninguém.

Apêndice
O Balanço de Pagamentos Brasileiro

I – Balanço de pagamentos – Novembro de 2014

O balanço de pagamentos apresentou *superavit* de US$ 416 milhões em novembro. O *deficit* em transações correntes somou US$ 9,3 bilhões no mês, e US$ 80 bilhões no ano, até novembro, patamar superior ao registrado no mesmo período de 2013, US$ 72,5 bilhões. Nos doze meses encerrados em novembro, as transações correntes acumularam *deficit* de US$ 88,7 bilhões, equivalentes a 4,05% do PIB. A conta financeira registrou *superavit* de US$ 9,1 bilhões no mês, destacando-se o ingresso líquido de US$ 4,6 bilhões em investimentos estrangeiros diretos (IED).

A conta de serviços apresentou *deficit* de US$ 3,7 bilhões no mês, elevação de 7,9% na comparação com novembro de 2013. O gasto líquido com viagens internacionais alcançou US$ 1,2 bilhão, redução de 4,1% relativamente ao verificado em novembro do ano anterior. O saldo decorreu de recuos de 14,5% nos gastos de viajantes estrangeiros ao Brasil e de 7,2% nos gastos de residentes brasileiros em viagens ao exterior. As despesas líquidas com transportes somaram US$ 711 milhões, decréscimo de 4,4% comparativamente ao resultado de mês equivalente, em 2013. Dentre os demais itens da conta de serviços, destacaram-se, em novembro, as elevações nas despesas líquidas relativas a aluguel de equipamentos, e computação e informações, na ordem, 13,3% e 10,7%. As despesas líquidas de *royalties* e licenças recuaram 8,6%, na mesma base de comparação.

As remessas líquidas de renda para o exterior alcançaram US$ 3,4 bilhões no mês, redução de 2,1% relativamente ao resultado de novembro 2013. As remessas líquidas de lucros e dividendos atingiram US$ 2,7 bilhões no mês, ante US$ 2,8 bilhões, ocorridos no mesmo período de 2013. Em 2014, até novembro, as remessas brutas de lucros e dividendos totalizaram US$ 23,7 bilhões, recuo de 7,9% em relação aos onze primeiros meses de 2013. As despesas líquidas de juros somaram US$ 729 milhões no mês, aumento de 8,1% na comparação com novembro de 2013.

No mês, as transferências unilaterais atingiram ingressos líquidos de US$ 172 milhões, superiores ao resultado de novembro de 2013, US$ 111 milhões. O ingresso bruto de manutenção de residentes somou US$ 151 milhões, recuo de 3,9% na mesma base de comparação.

Os investimentos brasileiros diretos no exterior registraram retornos líquidos de US$ 128 milhões no mês. A participação no capital de empresas no exterior somou aplicações líquidas de US$ 486 milhões, enquanto os ingressos líquidos provenientes de empréstimos intercompanhias de filiais no exterior às matrizes brasileiras atingiram US$ 614 milhões.

O ingresso líquido de IED somou US$ 4,6 bilhões em novembro, composto por US$ 3,3 bilhões na modalidade participação no capital e US$ 1,4 bilhões em desembolsos líquidos de empréstimos intercompanhias. No ano, até novembro, os ingressos líquidos de IED atingiram US$ 55,8 bilhões. Em doze meses, os ingressos líquidos de IED totalizaram US$ 62,3 bilhões, equivalentes a 2,85% do PIB.

Os investimentos estrangeiros em carteira somaram remessas líquidas de US$ 18 milhões em novembro, compostos por saídas líquidas de US$ 319 milhões em ações e ingressos de US$ 300 milhões em títulos de renda fixa. Os investimentos em títulos de renda fixa negociados no País apresentaram saídas líquidas de US$ 389 milhões. Os bônus públicos negociados no exterior totalizaram amortizações líquidas de US$ 99 milhões. Os ingressos líquidos de *notes* e *commercial papers* atingiram US$ 735 milhões no mês, resultado de desembolsos de US$ 1 bilhão e amortizações de US$ 274 milhões. Os desembolsos líquidos em títulos de renda fixa de curto prazo negociados no exterior somaram US$ 53 milhões.

Os outros investimentos brasileiros no exterior registraram retornos líquidos de US$ 1,8 bilhão em novembro. As concessões líquidas de empréstimos e créditos comerciais ao exterior somaram US$ 1,5 bilhão no mês, acumulando US$ 33,3 bilhões no ano. Registraram-se, adicionalmente, redução de depósitos no exterior por parte de bancos brasileiros, US$ 4,4 bilhões, e elevação de depósitos de empresas não financeiras, US$ 1,1 bilhão.

Os outros investimentos estrangeiros no País registraram ingressos líquidos de US$ 3,2 bilhões em novembro. O crédito comercial de fornecedores registrou desembolsos líquidos de US$ 1,1 bilhão, concentrados em operações de curto prazo. Os empréstimos de longo prazo totalizaram ingressos líquidos de US$ 1,8 bilhão, com destaque para os ingressos líquidos de empréstimos diretos, US$ 1,5 bilhão. As operações de curto prazo geraram desembolsos líquidos de US$ 448 milhões.

Reservas internacionais

As reservas internacionais no conceito liquidez totalizaram US$ 375,6 bilhões em novembro, redução de US$ 407 milhões em relação ao mês anterior. Em novembro, o estoque de linhas com recompra manteve-se no mesmo patamar de outubro, US$ 200 milhões. A receita de remuneração das reservas somou US$ 236 milhões. As variações por preços aumentaram o estoque em US$ 245 milhões, enquanto as variações por paridades provocaram diminuição de US$ 1,1 bilhão. No conceito caixa, o estoque de reservas atingiu US$ 375,4 bilhões em novembro, redução de US$ 407 milhões em relação ao mês anterior.

III Dívida externa

A posição da dívida externa bruta estimada para novembro totalizou US$ 345,5 bilhões, elevação de US$ 7,1 bilhões em relação ao montante apurado de setembro de 2014. A dívida externa estimada de longo prazo atingiu US$ 292,8 bilhões, aumento de US$ 5,8 bilhões, enquanto o endividamento de curto prazo somou US$ 52,6 bilhões, elevação de US$ 1,3 bilhão no mesmo período.

Dentre os determinantes da variação da dívida externa de longo prazo no período, destacam-se os empréstimos tomados pelo setor bancário, US$ 2,4 bilhões, pelo setor não financeiro, US$ 1,1 bilhão, e pelo governo, US$ 2,1 bilhões.

A variação da dívida externa de curto prazo no período é explicada por empréstimos de curto prazo tomados pelos setores não financeiro e financeiro, US$ 803 milhões e US$ 364 milhões, respectivamente.

Quadro I – *Balanço de pagamentos.*

US$ milhões

Discriminação	2013*			2014*	
	Nov.	Jan.--nov.	Ano	Nov.	Jan.--nov.
Balança comercial (FOB)	1.739	−251	2.399	−2.351	−4.223
Exportações	20.861	221.188	242.034	15.646	207.610
Importações	19.122	221.439	239.634	17.996	211.833
Serviços	−3.473	−42.901	−47.096	−3.747	−43.704
Rendas	−3.479	−32.293	−39.778	−3.407	−33.733
Transferências unilaterais correntes (líquido)	**111**	**2.966**	**3.366**	**172**	**1.630**
Transações correntes	**−5.101**	**−72.479**	**−81.108**	**−9.333**	**−80.030**
Conta capital e financeira	**5.700**	**69.089**	**74.245**	**9.167**	**96.683**
Conta capital	86	1.101	1.193	47	535
Conta financeira	5.614	67.988	73.052	9.120	96.147
Investimento direto (líquido)	8.839	60.851	67.491	4.772	57.207
No exterior	505	3.331	3.495	128	1.362
Participação no capital	−34	−14.808	−14.760	−486	−19.448
Empréstimos intercompanhias	539	18.138	18.256	614	20.810
No país	8.334	57.520	63.996	4.644	55.845
Participação no capital	5.250	38.107	41.644	3.274	40.905
Empréstimos intercompanhias	3.084	19.413	22.352	1.371	14.940
Investimentos em carteira	−966	26.527	25.689	227	38.735
Ativos	−203	−9.249	−8.975	245	−4.336
Ações	−30	−1.462	−1.462	77	−220
Títulos de renda fixa	−172	−7.787	−7.513	168	−4.116
Passivos	−764	35.777	34.664	−18	43.071
Ações	881	10.731	11.636	−319	12.147
Títulos de renda fixa	−1.644	25.046	23.028	300	30.924
Derivativos	−12	104	110	−888	−682
Ativos	17	360	382	882	6.730
Passivos	−29	−256	−271	−1.769	−7.412
Outros investimentos[1]	−2.246	−19.494	−20.238	5.009	887
Ativos	−4.180	−36.087	−39.870	1.788	−45.800
Passivos	1.934	16.593	19.632	3.220	46.687
Erros e omissões	−1.608	210	936	582	4.018
Variação de reservas (− = aumento)	**1.009**	**3.180**	**5.926**	**−416**	**−20.671**
Memo:					
Resultado global do balanço	**−1.009**	**−3.180**	**−5.926**	**416**	**20.671**
Transações correntes/PIB (%)	–	−3,51	−3,62	–	−3,98
IED/PIB (%)	–	2,79	2,85	–	2,78
[1] Registra créditos comerciais, empréstimos, moeda e depósitos, e outros ativos e passivos.					
* Dados preliminares.					

A informações foram publicadas pelo Banco Central do Brasil, em 19.12.2014.

8

Financiamentos de Exportação e Importação

Os bancos que atuam na área de câmbio oferecem um cardápio de opções em financiamentos às exportações e, em menor grau, às importações.

O governo, de sua parte, tem colocado linhas de crédito para fomentar as exportações, através das linhas do Proex, que veremos neste capítulo, cujos recursos são gerenciados pelo Banco do Brasil S.A., e recursos do Finamex, disponibilizados pelo BNDES, para operações pré e pós-embarque, atingindo 100% do valor FOB vendido, com prazos de sete ou até oito anos para pagar, dependendo do produto e de suas peculiaridades de venda, industrialização, valor agregado etc.

Assim, demonstraremos as diversas fontes de recursos existentes no mercado, entre as quais a empresa fará sua escolha.

8.1 ADIANTAMENTOS SOBRE CONTRATOS DE CÂMBIO (ACC)

O adiantamento sobre contrato de câmbio constitui antecipação parcial ou total por conta do preço em moeda nacional da moeda estrangeira comprada a termo, devendo ter sua concessão, pelos bancos, e utilização, pelos exportadores, dirigidas para o fim precípuo de apoio financeiro à exportação.

Celebrado o contrato de câmbio, o adiantamento pode ser concedido a qualquer termo, a critério das partes.

O prazo máximo do adiantamento está limitado àquele previsto no respectivo contrato de câmbio para a entrega dos documentos ou para a liquidação do contrato, conforme se trate, respectivamente, de adiantamento em fase anterior ou posterior à da entrega dos documentos ao banco comprador do câmbio.

Atualmente o ACC pode ser de até 360 dias. Embora o Banco Central do Brasil tenha alterado o prazo para o adiantamento, esticando-o de 180 para 360 dias, na prática é raro tal adiantamento ser concedido. Mas a legislação permite que tal operação seja realizada.

As taxas de juros estão por volta da Libor, de Londres, ou a *Prime Rate*, de New York, com o *spread* de, aproximadamente, até 5% a.a. Assim, se a Libor, por exemplo, estiver em 6% a.a., o exportador poderia ter uma despesa financeira de até 11% a.a.

O valor adiantado deve ser consignado no próprio contrato de câmbio, mediante averbação do seguinte teor: "Para os fins e efeitos do art. 75 (e seus parágrafos) da Lei nº 4.728, de 14-7-65, averba-se por conta deste contrato de câmbio o adiantamento de R$ .... (...........)."

8.2 ADIANTAMENTOS SOBRE CAMBIAIS ENTREGUES (ACE)

A segunda fase do financiamento à produção para exportação tem a sigla ACE e caracteriza-se pelo embarque das mercadorias, isto é, o exportador já remeteu sua mercadoria e agora deseja transformar sua moeda estrangeira em moeda nacional.

Lembramos que se trata de situação distinta da anterior; naquela, o exportador tomou recursos para produzir; nesta fase, ele já produziu e embarcou seu produto.

Em muitos casos (a maioria, diga-se de passagem), o exportador já tomou os recursos em ACC e, pela simples partida contábil, o banco negociador transforma o financiamento em ACE.

O valor adiantado pode ser averbado no próprio contrato de câmbio ou em instrumento em separado, que se integrará ao contrato.

Os juros pactuados são a Libor (taxa referencial para clientes de primeira linha em Londres) ou a Prime (taxa referencial, em New York), mais um *spread* que os bancos cobram para cobrir seus custos de captação e auferirem suas receitas nas operações pactuadas.

A taxa de juros variará de acordo com o risco da operação, seja de ordem política (que diz respeito ao país do pagador) ou de ordem comercial (diz respeito ao pagador). Operações contratadas para países da Europa, para os Estados Unidos, o Canadá e o Japão costumam ter taxas menores que os negócios efetuados para outros países em que haja instabilidades política e econômica.

8.3 PROGRAMA DE FINANCIAMENTO ÀS EXPORTAÇÕES (PROEX)

É o programa de financiamento às exportações de bens e serviços. Tem por finalidade proporcionar maior competitividade às vendas de produtos brasileiros no exterior.

Esses produtos – basicamente máquinas e equipamentos – poderão ser financiados em até 85% do valor FOB da exportação, por um prazo que varia de um ano e meio até dez anos, dependendo do tipo de mercadoria e valor da operação. Do total da transação, no mínimo 15% deverá ser pago a vista, e o saldo acrescido de juros, em parcelas trimestrais ou semestrais, iguais e consecutivas, com vencimentos definidos a partir do embarque da mercadoria.

Para a concessão do financiamento exige-se uma das seguintes garantias (ou a conjugação das mesmas):

a. saques aceitos pelo importador, com aval/fiança de banqueiro de primeira linha;
b. carta de crédito irrevogável, emitida por banqueiro de primeira linha;
c. garantia de liquidação automática das operações conduzidas ao amparo do Convênio de Créditos Recíprocos, quando efetuadas com países convenentes.

Os recursos para estes financiamentos poderão ser provenientes do Tesouro Nacional, de bancos brasileiros, de linhas de crédito obtidas pelos bancos junto a banqueiros no exterior ou do próprio exportador.

Informações complementares e atualizadas poderão ser conseguidas junto ao Serviço de Comércio Exterior, nas agências do Banco do Brasil S.A. autorizadas a operar em Comércio Exterior.

8.4 FINAMEX

Destina-se à exportação de máquinas e equipamentos novos, fabricados no Brasil e registrados no Finame. É operacionalizado por agentes financeiros autorizados pelo BNDES.

Modalidades:

a. Pré-embarque – para a produção de máquinas e equipamentos a serem exportados;
   a.1. prazo máximo: 30 meses;
   a.2. custos: Libor de seis meses ou TJLP (Taxa de Juros de Longo Prazo). Como os custos têm variado muito, é conveniente que o interessado informe-se junto aos Agentes Autorizados à época de negociação externa;

a.3. garantia: será uma garantia real ou pessoal. Se a operação estiver amparada em contrato de exportação, será exigida a constituição de penhor dos direitos creditórios do contrato de exportação firmado entre o fabricante e o importador.

b. Pós-embarque:

b.1. prazo máximo: 96 meses, de acordo com o tipo de equipamento e o valor exportador;

b.2. carência: trimestral ou semestral, de acordo com a periodicidade do pagamento;

b.3. custos: verificar junto à rede à época das negociações com o futuro importador.

8.5 *EXPORT NOTE*

Export note é a venda, pelos exportadores, dos direitos sobre a moeda estrangeira decorrente de exportação futura de produtos e serviços.

O exportador, a fim de obter recursos para o financiamento de suas exportações na fase pré-embarque, vende a um investidor (pessoa jurídica, importador ou não), o direito sobre a moeda estrangeira de determinada exportação. Com o dinheiro em seu caixa, ele pode, então, financiar a produção das mercadorias a serem exportadas.

O banco atua, neste caso, como intermediador da operação, isto é, procura no mercado um *Doador* de recursos em moeda nacional, com que se compromete a devolver o montante recebido, igualmente corrigido pela variação cambial do período, acrescido dos juros, que terá evidentemente um percentual superior ao que será pago ao *Doador*, residindo nesta diferença o ganho do banco na operação.

Vantagens da *export note* para exportadores e investidores:

a. o exportador deixa de depender de linhas bancárias de curto prazo para financiar suas vendas externas (o prazo pode chegar a 180 dias – seis meses);

b. o prazo de financiamento, como colocado anteriormente, é maior do que as operações de ACC (os bancos não gostam de fazer ACC longo, embora a legislação o permita);

c. o investidor faz um *hedge* (proteção) de moeda estrangeira, protegendo seu patrimônio das oscilações cambiais.

A desvantagem é que, enquanto o ACC não necessita de operações de exportações identificadas para serem fechadas, as *export notes* exigem um contrato formalizado de venda ao exterior.

8.6 *COMMERCIAL PAPERS*

São operações de curto prazo, cuja finalidade é a obtenção de recursos para resolver os problemas de caixa de uma empresa. São títulos emitidos com prazos mínimos de dois ou até três anos, que permitem às empresas e aos bancos terem os recursos desejados em apenas um mês, já que o Banco Central do Brasil leva até três semanas para aprovar a emissão.

Os custos são diferenciados, dependendo da garantia dos títulos. Os papéis com garantia bancária têm custo menor, evidentemente. Entretanto, variam muito, pois há que se considerar a própria oferta interna de recursos em moeda nacional. Com a implantação do Plano Real, as taxas chegaram a ser quase negativas.

Antes de captar tais recursos é conveniente consultar as instituições financeiras sobre os custos, pois, com o excesso de reservas, as operações de captação externas têm-se tornado gravosas, com a incidência e aumento do IOF nas referidas operações.

Abstraindo-se o custo (incidência) do IOF, a taxa deve estar ao redor de 22% a.a. (vinte e dois por cento ao ano), mais correção cambial.

8.7 *SUPPLIER'S CREDIT*

Nesta modalidade, o financiamento é concedido por um banco ao exportador, mediante desconto das cambiais representativas de vendas a prazo. O exportador vende a prazo e as divisas também vão ingressar futuramente, isto é, nos respectivos vencimentos.

O exportador permanece responsável, junto ao banqueiro *financiador*, pelo pagamento da cambial de exportação, quer na condição de sacador quer na qualidade de endossante.

Tendo em vista que o financiamento ao exportador é feito sob a forma de desconto de cambiais, o *financiador* pode exercer o direito de regresso contra o exportador/financiado.

8.8 *BUYER'S CREDIT*

Neste caso, o financiamento é concedido diretamente ao importador estrangeiro.

Há um banco no exterior financiando a operação ao importador.

Assim, apenas o importador estrangeiro e seus avalistas, quando houver, permanecem responsáveis junto ao banqueiro *financiador*, pelo pagamento das cambiais de exportação, não havendo qualquer vinculação do exportador às cambiais.

Essa negociação é realizada com dispensa de direito de regresso sobre o exportador, motivo por que o mesmo não tem responsabilidade sobre o pagamento ou não das cambiais.

8.9 SECURITIZAÇÃO DAS EXPORTAÇÕES

É o mecanismo criado pela Circular nº 1.979, de 26-6-91, do Bacen, pelo qual o exportador compromete seu fluxo de exportações para obter financiamento no exterior a custos muito mais baixos.

Com base no contrato de exportação, o exportador emite um papel de, no mínimo, 1 (um) ano de prazo, para buscar financiamento junto aos investidores institucionais estrangeiros e/ou instituições financeiras internacionais.

Esse papel poderá ser, por exemplo, a *floating rate note*.

Tais papéis estarão garantidos pelo desempenho do exportador ao longo do tempo.

O investidor estrangeiro vai acompanhar os dados, que serão registrados numa conta de passagem, onde será contabilizada a receita auferida pelo exportador com a venda do produto no mercado internacional.

Além disso, para facilitar o processamento dessas operações, os exportadores poderão abrir uma conta de depósito em moeda estrangeira no exterior (diferente da conta de passagem), onde vão depositar os recursos necessários para o pagamento do principal, dos juros e dos encargos, conforme cronograma contratado no momento da colocação do papel.

Ao permitir as duas contas, o Bacen considerou:

a. eliminar o risco Brasil com a conta de passagem, que vai manter à disposição do investidor estrangeiro o demonstrativo financeiro do exportador;
b. evitar qualquer suspeita de inadimplência nos pagamentos, por meio da existência da conta de depósito em moeda estrangeira no exterior. Esta conta não poderá ser movimentada pelo exportador, sendo usada para efetuar desembolsos comprometidos no esquema de captação.

8.10 RESOLUÇÃO Nº 2.770, DE 30 DE AGOSTO DE 2000

Essa Resolução, que cancelou a Resolução nº 63, permite às empresas que:

- tomem recursos diretamente com instituições financeiras ou mesmo outras empresas não financeiras sediadas no exterior; ou

- tomem recursos que sejam captados no exterior pelas instituições financeiras nacionais para repasse às empresas instaladas no Brasil.

As empresas que já exportam terão seus riscos diminuídos porque já contam com o *hedge* natural, que é o resultado de suas vendas externas. Assim, qualquer solavanco na economia, como uma desvalorização muito alta, será coberto pelo fluxo de entrega em sua tesouraria das vendas de exportação realizadas.

O custo sempre girará em torno da Libor ou da *Prime Rate*, mais um *spread*, que será mais alto – ou menor – conforme os investidores externos tenham mais ou menos confiança no desempenho global de nossa economia.

8.11 FINANCIAMENTO DE 360 DIAS OU MAIS (ROF)

Sujeitam-se ao *Registro de Operação Financeira* (ROF), instrumento criado pela Resolução nº 2.337, de 28-11-96 do Bacen, as seguintes operações:

1. importações financiadas pelo fornecedor do bem ou serviço ou por outro financiador, ou concessão de linha de crédito a bancos autorizados a operar em câmbio no país, para pagamento acima de 360 (trezentos e sessenta) dias;
2. arrendamento mercantil (*leasing*) externo, com prazo superior a 360 dias;
3. arrendamento simples, aluguel de equipamentos e afretamento de embarcações, contratadas com não residentes, sem opção de compra, com prazo superior a 360 dias; e
4. importação de bens sem cobertura cambial destinados à integralização de capital de empresas brasileiras.

Essa resolução provocou o cancelamento dos Comunicados Firce nºs 25 e 26, normativos que vigoraram por mais de 20 anos e norteavam o registro e condução das operações financiadas por mais de 360 dias.

Registro da Operação: deverá ser providenciado antes da Declaração de Importação, via sistema eletrônico do Bacen, mediante declaração do importador ou arrendatário, com a utilização das seguintes transações do Sisbacen:

I – PEMP500: para inclusão dos dados dos titulares contratantes do ROF;

II – PCEX370, quando acessado pelo Serpro, pelo importador ou arrendatário, que deverão estar cadastrados antecipadamente junto à Secretaria da Receita Federal;

III – PCEX570, quando realizado pela rede bancária, em nome do importador ou arrendatário.

Na dúvida, consulte seu assessor, consultor, despachante ou, por último, o banco negociador de suas remessas.

Informações para preenchimento do ROF:

I – devedor;
II – fornecedor;
III – financiador;
IV – arrendador;
V – garantidor e assemelhados;
VI – condições financeiras;
VII – prazo de pagamento:
- do principal;
- juros e encargos;

VIII – manifestação do credor ou documento em que constem as condições da operação, além de manifestação do garantidor, se houver;
IX – outras informações requeridas na tela do sistema.

Disposições diversas:

Não havendo manifestação no Sisbacen, no prazo de cinco dias úteis as operações serão aprovadas automaticamente, nas condições inicialmente informadas.

Os importadores devem manter, atualizados e em perfeita ordem, os documentos que comprovem as informações prestadas, à disposição do Bacen, por 5 (cinco) anos além do prazo final da operação.

Exemplo: uma operação paga em dois anos (720 dias), deverá ter seus documentos mantidos à disposição do Banco Central nos sete anos. Esses documentos compreendem todos aqueles que serviram para o pedido inicial de registro, bem como a fatura comercial, o conhecimento de embarque, os saques, os contratos de câmbio das remessas efetuadas ao exterior etc.

Para mais informações, deve-se verificar a Circular nº 2.731/96, do Bacen.

8.12 CÂMBIO FUTURO

Tendo em vista que o prazo máximo permitido aos fechamentos de câmbio de importação situa-se, no máximo, em 360 dias, entende-se que o importador poderá solicitar tal financiamento ao banco parceiro.

Os bancos oferecem financiamento às importações e utilizam as linhas externas (abundantes, diga-se de passagem).

Entretanto, o financiamento à importação revela-se um grande negócio para a indústria bancária: é a oportunidade de auferirem receitas com as diversas comissões bancárias que acabam impondo ao importador, bem como patrocinam o incremento de sua carteira de cobranças, com o vínculo criado de entrega de tais títulos para garantir a operação contratada.

Os custos variam da Prime ou Libor, mais um *spread* de até 5% (cinco por cento), mais uma comissão de compromisso, em torno de 0,5% a 2% (meio por cento a dois por cento), o Imposto de Renda sobre os juros do financiamento e, evidentemente, a correção cambial do período. Convém esclarecer com o banqueiro financiador todos os itens dos custos (taxa de juro, *spread*, comissões etc.) para não se surpreender com o crescimento da planilha de custos.

8.13 BNDES/FINAMIM

Destina-se ao financiamento de importação de máquinas e equipamentos, sujeito à disponibilidade de recursos específicos e à aprovação do pedido de financiamento de instituição credora dos recursos, podendo ser utilizado no apoio à empresa sob controle de capital estrangeiro somente quando a importação se constituir em um dos itens de investimento apoiados pelo BNDES.

O importador deverá dirigir-se à rede bancária solicitando o enquadramento e o financiamento da operação.

Os prazos são extremamente atraentes, em torno de quatro a cinco anos, com taxas competitivas, mesmo em nível internacional.

9

Mercado Comum do Sul – Mercosul

9.1 O QUE É O MERCOSUL?

O Mercado Comum do Sul ou, Mercado Comum do Cone Sul, ou simplesmente Mercosul, visa à unificação dos mercados da Argentina, Brasil, Paraguai e Uruguai, ou seja, a constituição de um território econômico comum no cone sul latino-americano.

Na verdade, ele é, na atualidade, mais um processo do que um resultado: o próprio título do documento diplomático que o lançou, o Tratado de Assunção, assinado em 26 de março de 1991, indica que é um tratado "para a constituição de um mercado comum" e não de um tratado do "Mercado Comum do Sul".

Tal como definido nesse instrumento, o objetivo final a ser alcançado é a livre circulação de bens, serviços e fatores produtivos entre os países-membros, através da eliminação de direitos alfandegários e de restrições não tarifárias vigentes atualmente no comércio recíproco.

Em outros termos, o Mercosul pretende ser antes de mais nada, uma zona de livre comércio, que é a primeira etapa das diferentes formas de integração entre dois ou mais países. Essa zona de livre comércio deverá ser complementada pelo estabelecimento de uma política comercial conjunta dos países-membros em relação a terceiros países, o que implica a definição de uma tarifa externa comum, configurando o que se denomina correntemente de união aduaneira.

Essa união aduaneira resultou na formatação básica do Mercosul em 1995, quando teve início verdadeiramente a construção do mercado comum, que representa o terceiro grau dos processos de integração.

O aprofundamento eventual desse processo, através da definição de uma união econômica, tal como pretendida, por exemplo, pelos acordos de Maastricht (1991) da Comunidade Econômica Europeia (CEE), fica reservado para uma etapa mais avançada da unificação dos espaços econômicos do Cone Sul.

O que o Mercosul representa para o Brasil?

Trata-se de pergunta que é feita em toda e qualquer reunião, seminário ou conclave em que se debata o Mercado Comum.

O Tratado de Assunção, que permitiu à constituição de um Mercado Comum entre a Argentina, o Brasil, o Paraguai e o Uruguai em 1995, define, como um de seus principais objetivos, a livre circulação de bens e serviços. Lembramos, por oportuno, o que dispõe o artigo 2º do Tratado (Apêndice I): "O Mercado Comum estará fundado na reciprocidade de direitos e obrigações entre os Estados-partes."

Percebe-se a disposição dos integrantes de fazerem funcionar dentro de premissas fincadas nos direitos e obrigações de cada partícipe e no respeito comum.

E o bloco tende a crescer, transformando-se em prazo muito curto, em uma Associação Sul-Americana de Livre Comércio (ALCSA), com a entrada de outros parceiros da América do Sul. Aliás, já se conversa com o Chile e também com a Bolívia, que já foi convidada a participar de reuniões como observadora.

Os países do Pacto Andino poderão vir a participar de outras rodadas. Por que não? Assim como a Bolívia e o Chile, a Venezuela, o Equador, o Peru e a Colômbia poderiam sentar-se à mesa das negociações.

É a integração regional que está a caminho.

Que ganhos econômicos ou que vantagens sociais o Brasil poderia esperar dessa zona de livre comércio e dessa união aduaneira que são, em primeira instância, os objetivos imediatos do Tratado de Assunção?

Sumarizamos abaixo os ganhos dessa integração:

a. maior eficiência na produção, pela especialização crescente dos agentes econômicos segundo suas vantagens comparativas ou competitivas;
b. altos níveis de produção, pelo maior aproveitamento das economias de escala permitidas pela ampliação do mercado;
c. uma melhor posição de barganha no plano internacional, em virtude das dimensões ampliadas na nova área, resultando em melhores termos de intercâmbio;
d. mudança positiva na eficiência econômica dos agentes em virtude de maior concorrência intrassetorial;
e. transformações tanto em qualidade quanto na quantidade dos fatores de produção por força de avanços tecnológicos;
f. mobilidade de fatores através das fronteiras entre os países-membros, permitindo uma alocação ótima de recursos;

g. coordenação de políticas monetárias e fiscais num sentido teoricamente mais racional, já subordinadas a uma lógica impessoal e não à pressão de grupos setoriais ou correntes politicamente influentes em escala nacional; e
h. os objetivos de pleno emprego, altas taxas de crescimento econômico e de uma melhor distribuição de renda tornam-se as metas comuns.

9.2 COMO SÃO OS PAÍSES-MEMBROS DO MERCOSUL

Um estudo efetuado pelo Banco do Brasil S.A. e apresentado no **I Encontro – BB Mercosul**, realizado em Foz de Iguaçu, no Estado do Paraná, apresenta com muita propriedade como são os países do Mercosul, suas diferenças, suas riquezas, suas potencialidades, como veremos a seguir.

Os países integrantes do Mercado Comum apresentam as seguintes diferenças:

1. econômicas, territoriais, climáticas, de solo, população, PIB etc. conforme verificamos pela confrontação dos dados disponíveis:
   a. quanto ao PIB, verifica-se que a economia Argentina representa 3/4 da economia do Estado de São Paulo e 1/4 da brasileira;
   b. o Paraguai, com PIB de US$ 5,6 bilhões, pode ser comparado com Mato Grosso do Sul, cujo PIB é de aproximadamente US$ 5,1 bilhões;
   c. o Uruguai, com PIB de US$ 7 bilhões, aproxima-se ao do Estado de Pernambuco, cuja economia aproxima-se de US$ 7,5 bilhões;
2. ampliação de demanda/conquista de novos consumidores:
   a. as oportunidades reservadas ao Brasil são, em geral, bem menores do que aquelas relativas aos outros três países;
   b. como exemplos, citamos que:
      b1. 90% do mercado uruguaio equivale a 2% do brasileiro;
      b2. uma empresa argentina conquistando 20% do mercado brasileiro, obteria vendas equivalentes a 80% do mercado argentino;
      b3. 30 a 35% da produção brasileira de autopeças pode encontrar mercado na Argentina, Paraguai e Uruguai;
3. aspectos naturais:
   a. extensão territorial:
      - Argentina: 2,7 milhões de km^2;
      - Brasil: 8,5 milhões de km^2;
      - Paraguai: 0,41 milhão de km^2;
      - Uruguai: 0,17 milhão de km^2.

b. climas e solos:
  - Argentina e Uruguai: excelentes solos, que em alguns casos não precisam de adubação, com redução de custos e predominância de clima temperado, propício à produção de cereais, bovinos e ovinos;
  - Brasil: apresenta diversas opções em termos de clima e solo;
  - Paraguai: vocação agrícola, devido às condições adequadas privilegiadoras de culturas como soja, milho e algodão e, ainda, pecuária;

c. disponibilidade de recursos energéticos:
  - Argentina: produção de energia elétrica com predominância do tipo termoelétrica. Possui reservas naturais de gás, que é muito empregado. A produção nacional de petróleo atende a mais de 80% do consumo;
  - Brasil: produção de energia elétrica fortemente calcada em processo hidroenergético, além de outras fontes, tais como petróleo e álcool etílico;
  - Paraguai: exporta energia elétrica: Itaipu e Yasiretá;
  - Uruguai: importa 100% da energia que consome, de origem petrolífera;

d. disponibilidade de matérias-primas:
  - Argentina: possui reservas de sal, além de petróleo e gás;
  - Brasil: ampla gama de recursos minerais, sendo importante exportador de minério de ferro, de manganês e titânio;
  - Paraguai: petróleo;
  - Uruguai: ferro;

4. Indicadores sociais:

a. desemprego urbano	%
• Argentina	6,9
• Brasil	5,9
• Paraguai	6,0
• Uruguai	9,3
Média Mercosul	7,0

b. analfabetismo	%
• Argentina	4,7
• Brasil	18,9
• Paraguai	9,9
• Uruguai	3,8
Média Mercosul	9,3

c. mortalidade infantil (por mil, nascidos vivos):

• Argentina	28,8
• Brasil	56,4
• Paraguai	47,0
• Uruguai	20,0

d. expectativa de vida (número de anos):

• Argentina	71,4
• Brasil	66,3
• Paraguai	67,3
• Uruguai	72,4
Média Mercosul	69,4

5. Indicadores econômicos:

a. renda *per capita* (mil dólares)

• Argentina	2,46
• Brasil	2,81
• Paraguai	1,40
• Uruguai	2,56
Média Mercosul	2,31

b. Produto Interno Bruto – em bilhões de dólares – ano 1990

• Argentina	79,40
• Brasil	422,80
• Paraguai	6,00
• Uruguai	7,93
Total Mercosul	516,13

c. Taxa de Inflação no ano (até abril/93 em %)

• Argentina	3,34
• Brasil	163,95
• Paraguai	9,95
Uruguai	16,09

Observação: com a implantação do Plano Real (mudança da moeda nacional de Cruzeiro Real para Real) ocorrida em 1º de julho de 1994, a inflação brasileira reduziu-se sensivelmente, tendo permanecido em patamares baixíssimos no período julho/outubro de 1994. Medida pelo índice IPC-r, o total do período mencionado atingiu 15,67%, com tendência e a permanecer ao redor de 2,5% ao mês até o final daquele ano.

9.3 MERCOSUL LEGAL E MERCOSUL REAL

Embora o Tratado de Assunção abranja a extensão territorial dos quatro países – Argentina, Brasil, Paraguai e Uruguai –, algumas regiões, em cada país, participarão mais ativamente do Mercosul.

Apesar de existirem casos isolados de operações envolvendo empresas localizadas em diversos pontos dos países integrantes, a concentração do maior volume de negócios concentra-se como descrito adiante:

a. Argentina: região compreendida por Bahia Blanca, Buenos Aires, Córdoba, Mendoza, Neuquém e Rosário;
b. Brasil: Espírito Santo, Minas Gerais (parte), Paraná, Rio de Janeiro, Rio Grande do Sul, Santa Catarina, São Paulo, Mato Grosso do Sul (parte);
c. Paraguai: metade do seu território, aproximadamente;
d. Uruguai: todo o território.

9.4 TARIFA EXTERNA COMUM (TEC)

A instituição da TEC, para terceiros países que não os integrantes do Mercosul, provocou discussões, pelos interesses conflitantes dos Estados-membros.

O Uruguai estava propondo proteção especial a seus produtos agrícolas, a Argentina fazia suas reivindicações, assim como o Brasil e o Paraguai.

Uma das reuniões foi tão acalorada que a missão uruguaia ameaçou retirar-se das negociações e abandonar o próprio Tratado. A Argentina jogou duro e afirmou que, com Uruguai ou sem Uruguai, o Tratado seguiria em frente. Tudo por causa da Tarifa Externa Comum.

No final, o bom-senso acabou prevalecendo e uma primeira lista da TEC foi publicada. Explica-se por que se discutia tanto: mais de 80% dos produtos vendidos ao exterior pelos quatro países do Mercosul deverão constar da lista da TEC.

Entretanto, os dois principais parceiros, Argentina e Brasil, continuavam discutindo a lista de trezentas exceções da tarifa externa comum, sem conseguirem chegar ao denominador comum.

A Argentina reclamava dos subsídios concedidos pelo Brasil à produção de produtos siderúrgicos, têxteis, papéis e açúcar; o Brasil, por sua vez, não aceitava a política alfandegária argentina para seus produtos lácteos e têxteis.

Entretanto, o interesse maior pela integração e a ampliação dos mercados nacionais dos países envolvidos, com a promoção e desenvolvimento de suas economias impulsionadas pela livre circulação de bens, serviços e fatores produtivos, fez com que o governo brasileiro emitisse o Decreto nº 1.343, de 23-12-94, alterando a Tarifa Aduaneira do Brasil, para o fim da aplicação da Tarifa Externa Comum, aprovada no âmbito do Conselho do Mercado Comum do Mercosul.

Esse mesmo decreto publicou a Lista de Exceção à Tarifa Externa Comum. Alguns produtos, por divergências dos interessados, sejam de motivo econômico ou setorial, foram excluídos da TEC. Todavia, gradativamente esses produtos deverão ser incorporados.

As exclusões estão relacionadas na Lista de Convergência que abrange as listas do setor de Bens de Capital, de Informática e de Telecomunicações e de Exceções Nacionais à TEC.

O mais importante aconteceu, qual seja, a implantação do MERCOSUL na data avençada. Agora é só trabalhar para que a finalidade maior de integração regional aconteça. E essa vontade, menos do governo e mais da sociedade brasileira, é a extraordinária força indutora que guiará as ações de sucesso do Tratado de Assunção.

Apêndice A
Dois Anos de Mercosul – Convergências e Divergências

A união aduaneira formada pelos quatro países do Cone Sul vai caminhando a passos largos para a consolidação do que convencionou-se chamar de bloco econômico do Mercosul.

Divergências à parte, não se pode negar ou reconhecer que os passos à frente sempre foram maiores do que as pendências procrastinadoras.

Comecemos pelas listas de exceções ou regime de adequação de cada país, na verdade restrições não tarifárias e medidas não tarifárias, que formam uma barreira ao livre comércio intrazonal.

A Argentina tem 212 itens, englobando produtos siderúrgicos, têxteis e calçados, papel e cartão, madeiras, eletrodomésticos, suco de laranja, café solúvel, móveis, madeiras, pneus e açúcar.

Já o Brasil apresenta apenas 29, contemplando produtos têxteis, manufaturas de borracha, pêssegos em conserva e vinhos.

O Paraguai apresenta uma extensa lista de 432 produtos, em cujo acervo aparecem produtos têxteis, calçados, alimentos, madeira, papel e cartão, manufaturas de vidro, plástico e cimento, couros e produtos farmacêuticos, siderurgia, maquinário e equipamentos.

O Uruguai, campeão da lista de exceções, apresenta 958 produtos: têxtil e calçados, maquinaria e equipamentos, produtos siderúrgicos, alimentos, manufaturas de vidro, pedras e cerâmicas, móveis, brinquedos, produtos farmacêuticos, química, plásticos.

Brasil e Argentina negociavam no primeiro trimestre de 1997 um pacote para pôr fim às divergências entre os dois grandes do Mercosul.

A Argentina reclamava dos benefícios concedidos pelo Brasil notadamente na área automobilística. Alimentos, medicamentos (que ensejaram caloroso bate-boca jornalístico entre autoridades brasileira e argentina), lubrificantes, arroz, milho e compras governamentais, foram assuntos que motivaram queixas de parte a parte.

Da outra parte, o Brasil reclama de problemas nos setores têxteis e de confecções, couro cru, carrocerias, pneus, café e açúcar.

Nos setores têxtil e de confecções, a reclamação prende-se à obrigatoriedade exigida pela Argentina de se costurar em cada peça de roupa importada que entre naquele país um selo de importação, mesmo naquelas originárias do Mercosul. O Brasil não aceita tal exigência e a solução estava próxima de ser alcançada, cedendo a Argentina aos reclamos brasileiros.

Quanto às pendências no setor açucareiro, o livre comércio intrazonal só será alcançado, provavelmente, em 1º-1-2000. Por enquanto, os países mantêm suas tarifas nominais tanto para o comércio intrazonal quanto para os terceiros países.

Já o couro cru apresenta um problema bem localizado: a Argentina taxa suas exportações da espécie para forçar seus empresários a vender no mercado local e assim suprirem a indústria calçadista doméstica, evitando-se a importação de matéria-prima de terceiros países ou mesmo do vizinho Uruguai. Ao Brasil interessava a eliminação desse imposto, desagravando o produto e permitindo às indústrias brasileiras socorrerem-se da matéria-prima no mercado platino.

Quanto às carrocerias e aos pneus, o acordo entre as partes deverá ser de consenso, isto é, sem contrapartidas nas cessões, visto que os problemas surgidos são do tempo da implantação inicial do bloco (surgiram em 1995, no início do Mercosul, dentro das listas de exceções da época). O Brasil pressiona a Argentina para que ceda no caso dos pneus, o que deverá ocorrer, e na importação (pela Argentina) dos chassis e carrocerias de ônibus.

Já em relação ao café, recentemente sob o peso de restrições, com a sobretaxação do café solúvel brasileiro, as equipes de negociação dos dois parceiros estão desenvolvendo gestões para contornar o óbice levantado. O assunto já deve estar convenientemente resolvido.

Processos *antidumping* abertos contra produtos brasileiros pela parte argentina foram tratados nos encontros das equipes dos parceiros envolvidos. O Brasil solicitou maior rigor na abertura de tais processos, pois entendiam nossas autoridades que maior cuidado deveria ser dispensado no estudo do mérito das questões levantadas. Sintetizando: O Brasil não concordará com pedidos de estudos *antidumping* sem uma análise mais acurada dos motivos reclamados pelos ditos prejudicados.

De outra parte, a Argentina reclamou bastante do governo brasileiro quando este promulgou a MP que trata dos incentivos especiais para instalação da indústria automobilística fora do Centro-Sul do Brasil. Entendia a Argentina que tais incentivos desestimulariam as empresas que estavam intencionalmente dispostas a se instalarem no país platino. O Brasil acabou concordando com o aumento da cota de exportação de carros da Argentina para o Brasil, o que, aparentemente, colocava um fim ou apresentava uma trégua naquelas escaramuças.

Alimentos e medicamentos revelaram-se outras áreas de atritos. Argentinos reclamaram das imposições burocráticas impostas pelos brasileiros nas importações de alimentos. Criticavam a criação de um controle sanitário para os alimentos industrializados vendidos no Brasil, considerando essa atitude uma barreira comercial. "Gritaram." Conseguiram reverter a situação.

As negociações referentes aos medicamentos são mais delicadas. Nesta área, reclamam que as exigências de proteção intelectual é uma verdadeira barreira não tarifária, assunto a ser tratado em próximos encontros governamentais.

Quanto aos lubrificantes, os argentinos reclamam que os produtos só podem ser comprados junto à Petrobras. Querem flexibilidade para negociar diretamente com outros fornecedores.

Na discussão quanto às vendas de arroz e milho para o Brasil, a Argentina reclama do prazo exíguo dado aos importadores para pagamento dos produtos. Os argentinos desejam que esse prazo, de 15 dias, seja estendido para até seis meses, viabilizando as exportações e beneficiando os importadores brasileiros. Um prazo compatível com esse mínimo exigido e o máximo solicitado deverá ser acordado entres as partes envolvidas.

Outra área que apresenta problemas é a de transportes. Os argentinos dizem que não podem concorrer contra o baixo salário pago aos caminhoneiros brasileiros, bem como sentem-se prejudicados por subsídios que estariam sendo concedidos pelo governo chileno às transportadoras do país andino.

Finalmente, reclamam os argentinos de uma possível discriminação sofrida pelas empresas portenhas nas concorrências públicas brasileiras. O assunto está sendo tratado pelos representantes governamentais dos dois países e alguma solução conciliatória deverá ser alcançada no curto prazo.

Por que os dois gigantes sul-americanos chegarão a um consenso?

Pela magnitude de seus números interzonais de comércio exterior. Em recente publicação da *Gazeta Mercantil Latino Americana*, de 10-3-97, o Estado de São Paulo isoladamente é o principal parceiro comercial da Argentina, comprando US$ 3 bilhões, representando 40% das compras efetuadas pelo Brasil, superando o segundo país importador da Argentina, no caso os Estados Unidos, que comprou US$ 2,1 bilhões dos portenhos. O Brasil comprou US$ 6,8 bilhões, sendo disparado à frente o maior comprador de produtos argentinos. Assim, São Paulo sozinho seria o segundo maior comprador da Argentina.

Essa posição brasileira – maior comprador – leva-nos a acreditar numa solução satisfatória para as diversas pendências que anotamos anteriormente. Sobram motivos para que tal ocorra e a consolidação do bloco é um objetivo perseguido tenazmente pelos governos brasileiro e argentino.

A intensificação do comércio entre esses parceiros, a conjugação dos interesses maiores dos agentes econômicos, leva-nos a crer num incremento das relações entre todos os parceiros do Mercosul.

O Uruguai, conforme relatório divulgado pelo Banco Central daquele país, remete 47% de suas exportações para os três integrantes do bloco, comprando 44% de suas importações daqueles seus parceiros.

O Brasil, mais uma vez, é o principal parceiro comercial. Exportações de 12 meses, fechadas em novembro de 1996, indicavam que 35% do total das vendas dos uruguaios se destinaram ao Brasil. E o segundo maior comprador individual foi a Argentina, que comprou 12%. De outra parte, o Uruguai comprou 24% de suas importações no Brasil e 21% junto à Argentina. Verificamos, pois, que os laços comerciais estão sendo estreitados.

Para aquilatarmos a importância da formação do bloco, verifiquemos os números abaixo, que demonstram as vendas brasileiras:

País	1995	1996	Incremento %
Argentina	US$ 4.041 milhões	US$ 5.170 milhões	27,94%
Paraguai	US$ 1.301 milhões	US$ 1.325 milhões	1,84%
Uruguai	US$ 811 milhões	US$ 812 milhões	–
Total	US$ 6.153 milhões	US$ 7.307 milhões	18,70%

Em relação aos parceiros, cumpre anotar que a Argentina exportou em 1991, cerca de US$ 11.976 bilhões, destinando 15% aos países-membros do futuro Mercosul; já em 1995, com apenas um ano de vigência do bloco, a Argentina aumentou suas exportações para US$ 20.963 bilhões, com 32% ou US$ 6.770 bilhões de vendas dirigidas aos países do Cone Sul.

O Uruguai tinha registrado exportações de US$ 1,574 bilhões em 1991, com 35% aos futuros parceiros; em 1995, fechou com exportações de US$ 2.116 bilhões, com 47% ou cerca de US$ 996 milhões destinados ao Mercosul.

Já o Paraguai exportara US$ 737 milhões em 1991, com vendas de 35% aos países do futuro Mercosul; em 1995, vendeu US$ 820 milhões, elevando para 57% ou US$ 466 milhões as vendas para os parceiros do Mercosul.

Do total exportado pelo Brasil em 1995, cerca de US$ 6.153 milhões, de um total de US$ 46.506 milhões, representando 13,23% do valor, destinaram-se ao Mercosul; em 1996, de um total global exportado pelo Brasil de US$ 47.753 milhões, cerca de US$ 7.307 milhões seguiram para o bloco do Cone Sul, representando 15,30% do total e com incremento de 18,70% sobre o exercício anterior.

Tais números justificam os esforços conjuntos para a criação e manutenção do bloco econômico. Os números podem parecer modestos se comparados com outros blocos, mas não podemos deixar de lembrar que o Mercosul foi implantado há apenas dois anos.

Destaques das exportações brasileiras, no ano de 1996, direcionadas aos parceiros: US$ 239 milhões em veículos de carga, US$ 328 milhões em automóveis de passeio e US$ 535 milhões em autopeças.

Desconhecido pela maioria dos importadores e exportadores, o Mercosul oferece uma mecanismo muito interessante na área financeira: o Convênio de Créditos Recíprocos.

Esse convênio, criado para abrigar negócios efetuados pelos países da Aladi (Associação Latino-Americana de Integração), é e deve ser utilizado largamente pelos compradores e vendedores dos países do Mercosul. Aliás, é recomendação do Bacen que os negócios sejam transacionados com respaldo nesse instrumento de pagamento.

Esse artifício, é uma solução inteligente para a falta de reservas conversíveis pois o país só paga o saldo devedor apurado a cada período decorrido, portanto sem desembolso efetivo quando do pagamento aos exportadores – permite aos países convenentes oferecerem linhas de crédito aos compradores e vendedores de seus países, sem sensibilizarem, num primeiro momento, suas reservas de moeda estrangeira.

Ora, interessa ao exportador ter suas divisas convertidas em moeda nacional. Não importa se o dólar seja *federal funds* ou "dólar escritural".

Interessa, isto sim, ao país devedor ou credor, ter suas contas debitadas ou creditadas a um tempo certo, determinado, permitindo inclusive demandar por empréstimos externos em moedas fortes se sua conta for devedora.

Porém, ainda não é essa a grande vantagem para o exportador.

Ao negociar cartas de crédito dentro do Convênio de Crédito Recíproco, a responsabilidade de haver as divisas no exterior ficam por conta do Banco Central de cada país.

Isto significa que sua negociação poderá ser efetuada com *a dispensa do direito de regresso*.

Lembrem-se, porém, de solicitar ao banqueiro avisador, aquele mesmo que enviou a carta de crédito, a confirmação de tal emissão. Esse documento, negociado em boa ordem, é direito líquido e certo do banco negociador sobre o Banco Central.

A dispensa do direito de regresso significa que uma vez negociada em ordem a carta de crédito, o banqueiro negociador não tem mais o direito de exercer, de exigir qualquer responsabilidade do exportador-negociador pelos documentos negociados em boa ordem.

Entretanto, apenas a documentação em ordem permitirá ao vendedor/exportador conseguir a dispensa do direito de regresso, isto é, livrar-se de uma ação restituitória do banco negociador sobre ele, exportador.

Assim, uma análise acurada da carta de crédito deverá ser feita pelos responsáveis do departamento de comércio exterior das empresas exportadoras, de maneira a evitar que alguma cláusula inexequível venha a ser feita pelo comprador/importador e que esta possa inviabilizar a negociação tranqüila da cambial e de seus documentos.

Assim revisto, acreditamos que a implantação dessa aliança aduaneira comum, apesar das idas e vindas, está se consolidando. Afinal, a Comunidade Europeia surgiu em 1956, com o Tratado de Roma. Já se passaram mais de 40 anos e os europeus ainda administram suas diferenças. Não poderia ser diferente no Mercosul.

Discute-se a formação da Alca (Área de Livre Comércio das Américas), de que tratamos no Apêndice B deste Capítulo, mas entendemos que a prioridade deva ser dada à plena consolidação do Mercosul. Por quê?

No mínimo, por dois motivos relevantes: primeiro, o bloco já existe, é uma realidade inconteste; segundo, a implantação da Alca vai permitir a entrada de um gigante – Estados Unidos – que implantou uma política agressiva de comércio exterior.

Precisamos preparar-nos para essa grande associação ou seremos engolfados pelas outras economias nesse processo mundial de globalização.

Apêndice B
Alca – Área de Livre Comércio das Américas

Lutam os parceiros comerciais para a consolidação definitiva do Mercosul e já surge uma discussão intensa para a implantação de uma zona de livre comércio nas Américas, a ALCA.

Os 34 países da área concordam em começar as discussões em 1998 (primeira etapa), mas a partir daí surgem as divergências quanto à velocidade e à implantação das medidas acordadas; por conseguinte, em quantas etapas se convolaria o que se começa a discutir em 1998 em Área de Livre Comércio das Américas? As diferenças já surgem entre eles, principalmente entre Mercosul, de um lado, e Estados Unidos e Canadá, de outro.

A *Gazeta Mercantil* de 27-2-97, à página A-11, traz excelente artigo sobre o assunto (EUA e Mercosul tentam aparar as arestas). Valemo-nos também de outra reportagem, desta vez de 26-2-97, do mesmo jornal, à página A-5, para ajudar a esclarecer melhor como estão as discussões a respeito da implantação da zona de livre comércio das Américas.

No mês de maio de 1997, deverá ter ocorrido a III Reunião dos Ministros Responsáveis por Comércio dos países do hemisfério, quando seriam apresentadas sugestões e propostas aos representantes governamentais.

Oportunidade ímpar oferecida aos empresários e entidades governamentais do Brasil, pois permitirá o aprofundamento das discussões em torno da formação dessa que poderá vir a ser uma das mais importantes zonas de livre comércio do mundo.

Além do próprio espaço físico, pois engloba toda a América, teremos a formação de um PIB da ordem de mais de sete trilhões de dólares.

Os primeiros entraves encontrados referem-se às etapas das negociações, com posições conflitantes dos integrantes do Mercosul, dos Estados Unidos e do Canadá.

Parece-nos que a questão é mais de implementação das fases acordadas do que de mérito de cada assunto tratado. É claro que o assunto pode interessar mais a um do que a outro país, mas o que se discute é o *timing:* quando começar?

Os países do Mercosul desejam que a implantação seja desenvolvida em três etapas, enquanto o Canadá prega uma negociação global e os Estados Unidos uma implantação em duas etapas, conforme veremos a seguir.

As propostas para a criação da Alca estão sendo arquitetadas por 11 grupos de trabalho, assim distribuídos:

1. GT Acesso a Mercado: esse grupo deverá levantar os números referentes ao fluxo de comércio e de todas as barreiras não tarifárias do hemisfério, no sentido de tornar o comércio mais ágil e desburocratizado.

Enfoque Mercosul: propõe três etapas; a primeira, de 1998 a 1999, tratando da facilitação de negócios, com resultados concretos a partir de 2000, uma fase dedicada à uniformização de documentos, nomenclatura e certificados de origem; iniciar-se-iam as discussões sobre o levantamento das barreiras não tarifárias na segunda etapa, a partir de 2000, e só seria negociada a redução de tarifas na terceira etapa, a partir de 2003.

Enfoque Estados Unidos: apenas duas etapas. A primeira a partir de março de 1998, englobando bens, investimentos, serviços, compras governamentais, normas técnicas, medidas sanitárias e fitossanitárias, procedimentos aduaneiros, propriedade intelectual. A segunda etapa a partir de 2000, com ênfase aos subsídios, direitos *antidumping*, salvaguardas, política de concorrência e solução de controvérsias.

Porém, para que tudo isso tenha valor e reconhecimento internacional e as ações sejam legalmente assumidas pelo Executivo americano, o governo estadunidense deverá ter um mandato do Congresso (*fast track act*) para que suas ações sejam consideradas válidas pelo mesmo Congresso.

Para que possamos entender melhor, seria como o acordo da dívida externa assinado pelo governo brasileiro em 1994 e depois referendado pelo Congresso Brasileiro.

2. GT Procedimentos Aduaneiros e Certificados de Origem: o grupo encarregado desses estudos já terminou seu trabalho, mas ainda precisa definir melhor todos os métodos e normativos do Hemisfério. Trabalho árduo, se considerarmos que são 34 países envolvidos.

Enfoque Mercosul: disposto a iniciar negociações desde a primeira fase, isto é, 1998, para a harmonização de documentação, nomenclatura e certificados de origem. As Regras de Origem ficariam para a terceira etapa.

Situação Brasileira: muito cômoda, tendo em vista a implantação final do Siscomex. Esse sistema que se iniciou em janeiro de 1993, com a implantação das exportações, teve prosseguimento no primeiro dia de 1997, com a implementação das importações, com sensível redução de papéis e exigências burocráticas. Assim, para adaptar-se a novas regras ou nova formatação de documentos, nomenclatura e certificados, o Brasil não deverá encontrar nenhum óbice impeditivo, seja de natureza administrativa, fiscal ou cambial.

3. GT Investimentos: esse grupo também já terminou o levantamento de regimes e legislações nacionais de investimentos estrangeiros.

Enfoque Mercosul: as negociações das harmonizações só devem ser implementadas na segunda etapa, e a presença comercial na terceira.

4. GT Padrões e Barreiras Não Tarifárias ao Comércio: grupo tem parte de seu trabalho concluído. Já possui o levantamento das práticas nacionais em matéria de certificação de normas de qualidade, faltando terminar o levantamento sobre o reconhecimento recíproco de certificação de qualidade.

Enfoque Mercosul: concluir os levantamentos e discutir as medidas na segunda etapa das negociações.

5. GT Compras Governamentais: embora tenha completado o levantamento de todas as legislações nacionais sobre compras e concorrências, ainda estava iniciando os estudos dos procedimentos internos dos países nas concorrências.

Enfoque Mercosul: discussões só na terceira etapa.

6. GT Medidas Sanitárias e Fitossanitárias: concluiu levantamento de medidas adotadas na área das Américas.

Enfoque Mercosul: disposto a iniciar as negociações já em 1998 para harmonização e reconhecimento mútuo dos certificados antes de 2000.

7. GT Subsídios: sem dúvida, as maiores discussões serão em torno dos subsídios agrícolas. Alguns estudos já foram concluídos, outros estão em andamento.

Enfoque Mercosul: pretende iniciar as negociações em 2000, visando à eliminação dos subsídios, para que medidas práticas sejam tomadas em 2003, quando iniciar-se-iam negociações para o término de outros subsídios.

8. GT Economias Menores: dados serão compilados e analisados de maneira a fornecer apoio e facilidades dentro das áreas que forem mais favoráveis aos países integrantes.

Enfoque Mercosul: preocupação constante e presente em todas as três etapas de discussão, negociação e implementação da Alca.

9. GT Propriedade Intelectual: o grupo já preparou documentos sobre aspectos da propriedade intelectual relacionados ao comércio e às falsificações e sobre a análise de novas tecnologias.

Enfoque Mercosul: começar a discutir a harmonização de disciplinas na segunda etapa e concluí-las na terceira.

10. GT Serviços: o grupo não conclui o levantamento sobre as legislações nacionais reguladoras dos países.

Enfoque Mercosul: discutir harmonização de procedimentos para reconhecimento de títulos e matrículas profissionais na segunda etapa e acesso na terceira.

11. GT Política de Competição: esse grupo já completou o levantamento sobre legislações nacionais para evitar criação de cartéis e monopólios.

Enfoque Mercosul: o Mercosul propõe a discussão da criação de um mecanismo comum de solução de controvérsias na segunda etapa.

Como se pode verificar, as dificuldades são muitas. As posições ou enfoques apresentados estiveram presentes na reunião de 26-2-1997, em Recife, Pernambuco, quando estiveram presentes os 34 vice-ministros dos 34 países da Área de Livre Comércio das Américas.

Resultado importante dessa reunião foi que todos os países concordaram em iniciar as discussões sobre a criação de uma zona de livre comércio continental em 2005, a partir de março de 1998. As principais diferenças, como citamos anteriormente, são o ritmo e as prioridades.

Com as negociações ocorridas, chegou-se ao consenso de que a implementação das discussões deverá ocorrer mesmo em três etapas.

Na verdade, há que se esperar o *start* da Alca, que deverá acontecer em março de 1998. Então, veremos como se comportarão todos os países diante de um fato consumado (a criação da Alca) e que ritmo e prioridades deverão ser implantados para que o objetivo maior seja alcançado.

Glossário Internacional de Importação e Exportação

Acceptance – Aceite – 1. O Aceite em um saque a prazo (ou uma letra de câmbio) é o comprometimento do sacado em pagá-lo incondicionalmente no vencimento. O saque deve ser apresentado primeiro para aceite e o sacado torna-se o aceitante para pagamento. A palavra *aceito,* a data e lugar do pagamento devem estar grafadas no Saque.

2. O ato de aceitar o saque obriga o sacado a pagá-lo no vencimento.

3. Em termos gerais, o aceite demonstra um acordo para comprar mercadorias ou serviços sob determinados termos e condições preestabelecidos.

Ad valorem – Tributação que se faz de acordo com o valor da mercadoria importada, e não por seu volume, peso, espécie ou quantidade.

Advance against documents – Adiantamento contra documentos (de embarque) – Empréstimo feito com garantia dos documentos de embarque. Similar ao ACE (Adiantamento sobre Cambiais Entregues).

Advising bank – Banco avisador – Banco que opera no país do exportador e notifica ao beneficiário-vendedor-exportador que foi aberta uma carta de crédito em seu favor. O banco avisador informa ao exportador todas as condições de uma carta de crédito, sem nenhuma responsabilidade de sua parte quanto ao pagamento e/ou aceite do referido instrumento de crédito.

Agent – Agente – Pessoa que trata de negócios por conta de outrem. Pode ser um agente de compras ou um agente de vendas.

Air waybill – Conhecimento aéreo – Conhecimento de embarque que cobre simultaneamente os vôos domésticos e internacionais de mercadorias a um destino específico. Um instrumento não negociável de transporte aéreo funciona como recibo para o expedidor e indica que o transportador aceitou as mercadorias discriminadas e se obrigou transportar a mercadoria despachada até o aeroporto de destino, sob condições especificadas. Compara-se a *Conhecimento de Transporte Interno (Doméstico), Conhecimento Marítimo* e *Conhecimento de Embarque "Through".*

All risks – Todos os riscos – Cláusula de seguro em transporte internacional que cobre a maioria dos riscos inerentes a um frete internacional. Não cobre alguns sinistros específicos.

Alongside – Ao longo de, no costado de – Expressão referente ao lado de um navio. Segundo os Incoterms 1990, mercadorias negociadas nessa condição devem ser colocadas no cais ao lado de um navio que tenha condições de alçá-las a bordo com seus próprios instrumentos ou portuários.

Arbitrage – Arbitragem – Modalidade de compra de moeda estrangeira, ações, bônus e outras mercadorias num mercado e imediata venda a outro, por preço maior, propiciando ganho ao investidor.

Asian dollars – Dólares asiáticos – Dólares americanos depositados na Ásia e no Pacífico. Comparam-se aos Eurodólares.

Balance of trade – Balança comercial – Diferença entre as importações e exportações efetuadas por um país. Se as exportações forem maiores, dizemos que existe uma Balança Comercial superavitária; se as importações superarem as exportações, dizemos que há déficit na Balança Comercial.

Barter – Troca – Operação comercial em que há troca direta de mercadorias sem o uso de dinheiro. *Barter* (troca) representa importante aspecto comercial, especialmente para os países que não têm moeda conversível. Nesse caso, o controle das importações e exportações é feito com uma moeda escritural, notadamente o dólar dos Estados Unidos.

Beneficiary – Veja **Letter of credit e draft.**

Bill of lading – Conhecimento de embarque – Documento que estabelece os termos de um contrato entre o embarcador e a companhia de transportes, cujo frete é estabelecido entre pontos (de partida, de transbordo, de chegada), com as despesas especificadas. Utilizado pelo remetente da mercadoria em formulários emitidos pelo transportador, serve como título de posse, contrato de viagem e recibo de mercadorias. Outros termos utilizados: *air waybill* (conhecimento aéreo), *inland bill of lading* (conhecimento interno-doméstico); *ocean bill of lading* (conhecimento marítimo) e *through bill of lading* (conhecimento de embarque *through*).

Bonded warehouse – Armazenagem garantida – Armazenagem autorizada pelas autoridades alfandegárias para armazenagem de mercadorias cujo pagamento de impostos é diferido (postergado) até que a mercadoria seja removida.

Booking – Reserva – Reserva de Praça – Reserva feita com um armador, com uma empresa transportadora, para o aceite e transporte da mercadoria.

Buying agent – Agente de compra. Veja **Purchasing agent.**

CAMEX – **Câmara de Comércio Exterior –** Órgão regulador e coordenador das atividades relativas ao comércio exterior brasileiro de bens e serviços. Criado pelo Decreto nº 1.386/95, seu primeiro secretário executivo foi nomeado em abril/98.

Cash against document (CAD) – Pagamento contra documentos – Os documentos só serão entregues ou transferidos ao comprador/consignatário mediante o pagamento.

Cash in advance (CIA) – Pagamento antecipado – Pagamento efetuado antes de se remeter a mercadoria. Método utilizado apenas para transações de pequeno valor, em mercadorias feitas sob encomenda a título de sinal e quando o comprador/importador não tem tradição com o fornecedor.

Cash with order (CWO) – Pagamento com ordem – Pagamento efetuado quando o comprador aceita os termos da negociação em comum acordo com o vendedor e a condição revela comprometimento das duas partes.

Certificate of inspection – Certificado de inspeção – Documento que certifica que a mercadoria (principalmente, bem perecível) estava em boas condições antes do embarque.

Certificate of manufacture – Certificado de fabricação – Atestado (reconhecido em cartório ou pelo consulado do país do comprador) em que o produtor certifica que o bem fabricado está pronto e à disposição do comprador.

Certificate of origin – **Certificado de origem –** Documento exigido por alguns países, com fins tarifários, certificando a origem do bem que especifica. Como exemplo, temos os Certificados de Origem para o Mercosul e Aladi.

C&F – Custo e frete – Expressão que indica que a cotação do preço abrange o custo da mercadoria e o frete. O comprador deverá providenciar o seguro.

Charter party – Contrato de afretamento – Contrato formal, usualmente em formulário próprio, entre o proprietário do navio e o *charter* – fretador – que aluga o navio ou parte dele. Geralmente, o contrato inclui as taxas de frete e os portos envolvidos no transporte.

C&I – Custo e Seguro – Condição que indica que o custo da mercadoria e o seguro estão incluídos no preço cotado.

Clean bill of lading – Conhecimento de embarque limpo – Documento (recebido) emitido pelo transportador indicando que as mercadorias foram recebidas "em aparente ordem e condições", sem danos ou outras irregularidades. Entende-se que a mercadoria foi conferida e achada em ordem pelo transportador. Compara-se a *Foul bill of lading* – Conhecimento de embarque "sujo".

Clean draft – Saque limpo – Saque cujos documentos (de importação, exportação, tais como fatura comercial, conhecimento original, *packing list* etc.) não foram anexados.

Collection papers – Papéis (documentos) de cobrança – Todos os documentos (fatura comercial, conhecimento de embarque, certificados etc.) apresentados ao comprador com a intenção de recebimento de pagamento pelo embarque (da mercadoria) efetuado. Usualmente, utiliza-se de bancos para fazer essa cobrança.

Commercial attache – Adido comercial – Especialista em comércio exterior, agregado ao serviço diplomático de um país, que age numa embaixada ou consulado. Figura indispensável no mundo globalizado.

Commercial invoice – Fatura comercial – Documento emitido pelo exportador/vendedor para formalizar a transferência de propriedade da mercadoria para o importador/comprador. Apresentação discriminada da mercadoria embarcada, usualmente juntada aos documentos de uma cobrança de exportação.

Commercial paper – Papel lançado por empresas para levantar fundos que serão utilizados em capital de giro ou em investimento. Normalmente, são papéis de curto prazo (em média, até três anos).

Commission agent – Veja **Purchasing agent.**

Commodity – Mercadoria – Mercadoria em estado bruto ou primário, como soja, café, estanho, cobre, ouro, petróleo etc.

Confirmed letter of credit – Carta de crédito confirmada – Carta de crédito emitida por banco estrangeiro, cuja validade é confirmada por um banco no país do exportador; este, solicitando a confirmação de um crédito no país, tem assegurado o pagamento do mesmo pelo banqueiro confirmador, mesmo que o banqueiro emissor no exterior venha a falir. Veja *Letter of Credit*.

Consignment – Consignação – Entrega de uma mercadoria pelo consignador (exportador) a um agente (o consignatário) sob a condição desse agente vender a mercadoria por conta do exportador. O consignatário vende a mercadoria, retém sua comissão de venda e remete o valor líquido ao vendedor (exportador) no exterior.

Consular declaration – Declaração consular – Declaração formal, feita por consulado de um país, que descreve a mercadoria a ser embarcada.

Consular invoice – Fatura consular – Documento exigido por alguns países que menciona detalhes da mercadoria embarcada, tais como: nomes do consignador e consignatário, valor da mercadoria etc. Autenticado por um representante consular do país do importador, é utilizado com propósitos alfandegários, no controle do preço da mercadoria, quantidade e procedência do embarque.

Convertible currency – Moeda conversível – Moeda (divisa) que pode ser comprada e vendida, sem restrições com livre curso. Exemplos: dólar americano, franco suíço, marco alemão etc. Compara-se a *moeda inconversível.*

Correspondent bank – Banco correspondente – Banco que, em muitos países, age por conta de um banco estrangeiro. O banco correspondente é utilizado para implementar os negócios do seu representado, como, por exemplo, na cobrança documentária de documentos de exportação, no aviso, aceite, negociação de carta de crédito.

CFR – Cost and freight – custo e frete (ponto de chegada indicado) – Condição dos Incoterms 1990 em que a cotação dada inclui o custo da mercadoria e o frete até o ponto de destino indicado. Exemplo: CFR Santos inclui o custo da mercadoria mais as despesas de frete do início ao ponto indicado.

CIF – Cost, insurance and freight – Custo, seguro e frete (ponto de chegada indicado) – Condição dos Incoterms 1990 em que a cotação dada para a mercadoria vendida inclui o custo da mesma, mais o frete e o seguro até o ponto de chegada. Exemplo: CIF Santos inclui o custo da mercadoria mais o seguro e o frete até o porto de Santos.

Countertrade – A venda de mercadorias ou serviços é paga em parte ou totalmente em mercadorias ou serviços fornecidos pelo comprador. Veja *Barter*.

Credit risk insurance – Seguro de risco de crédito – Seguro que objetiva cobrir os riscos de não pagamento pela entrega da mercadoria. Veja *Maritime insurance.*

Customs – Alfândega (Aduana) – Local onde se encontram as autoridades designadas para recolher as obrigações incidentes nas operações de comércio exterior, de exportação e importação. O termo também é usado para os procedimentos envolvidos nos serviços aduaneiros.

Customs duties – Imposto de importação – Tributo federal incidente sobre as compras efetuadas no exterior. Seu fato gerador é a nacionalização da mercadoria para utilização ou consumo.

Customhouse broker – Despachante aduaneiro – Indivíduo ou empresa autorizada a liberar mercadorias na alfândega.

Date draft – Saque com vencimento determinado – Saque que vence após determinados dias da data da emissão, desconsiderando-se a data do aceite. Veja *Draft, Sight draft* e *Time draft.*

Deferred payment credit – Crédito com pagamento suspenso – Tipo de carta de crédito que estipula o pagamento após decorrido determinado período da apresentação dos documentos de embarque pelo exportador ao banqueiro ou após o cumprimento de alguma outra exigência, como, por exemplo, o exame da mercadoria e a aceitação no destino.

Demand draft – Veja **Sight draft.**

Devaluation – Desvalorização – Perda de valor de uma moeda em relação a outras. Por exemplo, o real estava cotado a US$ 1,00 em setembro/1997 e hoje está cotado a US$ 0,85. Ou seja, precisamos de mais reais para comprar uma unidade de dólar americano. O real foi desvalorizado em relação ao dólar.

Discrepancy – Discrepância – Termo utilizado em negociação de Carta de Crédito, quando os termos e condições não foram fielmente cumpridos. Exemplo: carta de crédito negociada após a data determinada para tal. O banco negociador poderá aceitá-la, porém, anotará a "discrepância" e negociará "sob reserva".

Dispatch – Despacho (expedição da mercadoria) – Despacho ou expedição de uma mercadoria exportada/vendida.

Distributor – Distribuidor – Agente de vendas no exterior de um fornecedor/produtor que mantém um inventário dos produtos fornecidos pelo supridor/fabricante/exportador.

Dock receipt – Recibo de cais – Recibo emitido por um transportador marítimo que reconhece o recebimento de mercadoria para embarque, em seu próprio cais ou em armazéns apropriados.

Documentary draft – Saque documentário – Saque que vem acompanhado de documentos originais de embarque.

Documents against acceptance (D/A) – Documentos contra aceite – Instruções dadas pelo exportador da mercadoria estabelecendo que os documentos que transferem a posse da mercadoria só poderão ser entregues ao comprador (ou sacado) depois que o saque for aceito.

Draft (bill of exchange) – Saque (letra de câmbio) – Ordem escrita incondicional dada por uma pessoa (sacador) a outra (sacado), instruindo o sacado a pagar determinada quantia ao sacador em uma data determinada/fixada no futuro.

Drawback – Mercadoria industrializada no país e que utilizou matéria-prima importada, com a suspensão ou isenção de impostos. A mercadoria final deverá ser, obrigatoriamente, vendida ao exterior.

Drawee – Sacado – Pessoa ou empresa sobre a qual uma cambial é sacada.

Drawer – Sacador – Pessoa ou empresa que emite uma cambial (saque ou letra de câmbio) e pretende receber o valor do sacador.

Dumping – Exportação/Importação de mercadorias por um país, a preço menor do que o praticado no país onde foi produzido e exportado.

Duty – Obrigação/dever – Imposto incidente nas importações e determinado pelas autoridades aduaneiras do país. As obrigações são geralmente calculadas sobre o valor das mercadorias (imposto *ad valorem*), alguns calculados sobre o peso ou quantidade (impostos específicos) ou uma combinação de vários fatores (imposto combinado).

DDP – Delivery Duty Paid – Entregue direitos alfandegários pagos até (local de destino designado) – Termos dos Incoterms 1990 que estabelece que o vendedor cumpre sua obrigação de entrega quando tornar as mercadorias disponíveis no local designado, no país de destino, incluindo-se as despesas pelo desembaraço alfandegário. É a maior obrigação do vendedor, sendo que a menor obrigação é a estipulada pelo termo *Ex-Works*.

DDU – Delivery Duty Unpaid – Direitos não pagos – Entregue direitos não pagos até (local de destino designado). Significa que o vendedor cumpre sua obrigação de entrega quando as mercadorias tiverem sido postas em disponibilidade no local designado no país de importação, excluindo os direitos, impostos e outros encargos oficiais devidos em razão da importação. Termo dos Incoterms 1990.

Eurodollars – Eurodólares – Dólares americanos depositados nos bancos fora dos Estados Unidos, usualmente se referindo aos depósitos efetuados na Europa.

Ex – "De" – Quando utilizada em cotações de preço, tais como "*Ex Factory*" ou "*Ex Dock*", significa que o preço inclui todos os custos até o ponto de origem. Nesses casos, a obrigação do vendedor é quanto ao preço "Fábrica" ou "Cais", citando-se o ponto de origem: Fábrica São Paulo e Cais Santos, por exemplo. O vendedor coloca a mercadoria à disposição, naquele preço estipulado, num período fixado, no ponto estipulado/cotado.

EX – TEC – No Brasil, produto com redução do Imposto de Importação.

Exchange rate – Taxa de câmbio – Preço de uma moeda em relação a outra, isto é, quantas unidades (ou centésimos) de uma moeda são necessárias para comprar/vender outra moeda.

Eximbank – The Export – Import Bank of the United States – Banco de fomento às exportações e importações dos Estados Unidos. É o sonho de nosso BNDES – Banco Nacional de Desenvolvimento Econômico e Social: vir a tornar-se o **Eximbrasil.**

Export broker – Corretor de exportação – Pessoa ou empresa que une exportador e importador, por uma específica remuneração, mas não participa da operação de venda em si. É um aproximador das pontas.

Export commission house – Escritório comissionado de exportação – Organização que, sob comissão, atua como agente comprador de uma empresa estrangeira.

Export declaration – Declaração de exportação – Documento utilizado para algumas mercadorias exportadas. A maior parte de nossa pauta de exportações é amparada em registros de exportação.

Export license – Licença de exportação – Documento emitido pelas autoridades governamentais de alguns países que permite a licença de determinados produtos de exportação.

Export management company – Empresa de gerenciamento de exportação – Empresa terceirizada e que substitui o departamento de exportação das empresas, representando-as nos negócios de comércio exterior, mediante comissão, salário ou participação nos resultados.

Export Note – Nota de exportação – Documento manipulado pelos exportadores no levantamento de fundos, sem a utilização de contratos de câmbio. Operação de prazo mais longo e custos menores do que os recursos captados na moeda local. Instrumento muito usado e difundido no Brasil.

Export trading company – Companhia comercial exportadora – Veja **Trading company**

FAS – Livre no costado navio (porto de embarque designado) – Termo dos Incoterms 1990 que designa que o vendedor deve disponibilizar a mercadoria no costado do navio, no local.

FI – Free In – Termo que indica que as despesas de carga ficam por conta do exportador, sendo todas as restantes a cargo do armador.

FO – Free Out – Termo que indica que o consignatário paga as despesas de descarga, ficando as demais por conta do armador.

Floating policy – Apólice flutuante – Modalidade de grande utilidade para aqueles casos em que se deve cumprir compromissos de exportação e importação por meio de vários embarques.

FOB – Livre a bordo – Termo dos Incoterms 1990 que indica que a cotação inclui o custo da mercadoria, mais as despesas para colocá-la a bordo. Outras despesas, tais como frete e seguro, são de responsabilidade do comprador.

FPA – Free of Particular Average – Force majeure – Livre de Avaria Particular – Força Maior – Cláusula de contratos de seguro marítimo que exceptua o contratado do seguro a não cumprir suas obrigações com sinistro por causas fora de seu controle, tais como: terremotos, inundações ou guerra.

Foreign exchange – Contrato de câmbio – Formalização da compra e venda de moeda estrangeira, feita por meio de bancos autorizados a operar no mercado cambial. Em alguns países, moeda ou instrumento de crédito.

Foreign freight forwarder – Veja **Freigth forwarder.**

Foreign sales agent – Agente de vendas externas – Pessoa ou empresa que atua como representante externo de um fornecedor doméstico e procura vender no exterior para o fornecedor.

Foreign trade zone – Veja **Free trade zone.**

Foul bill of lading – Conhecimento de embarque "sujo" – Recibo emitido pelo transportador indicando que a mercadoria estava avariada quando recebida para embarque. Veja *Clean bill of lading.*

Free from particular average – FPA – Cláusula de seguro que representa a cobertura básica no contrato de transporte marítimo. Nessa modalidade, fica excluída toda reclamação por avaria particular, salvo se o sinistro tiver sido provocado por encalhe, naufrágio, incêndio ou explosão.

Free port – Porto livre – Área de uma cidade portuária (pode ser porto "seco") em que as mercadorias são movimentadas livremente sem o pagamento de impostos.

Free trade zone – Zona livre de comércio – Local especialmente designado pelo governo de um país para entrada livre de mercadoria, sem nenhuma proibição. A mercadoria pode ser armazenada, exibida, usada industrialmente etc. na zona e reexportada sem pagar os impostos. Os impostos só serão devidos e pagos quando a mercadoria destinar-se ao mercado interno, sujeitando-se a nacionalização e a todas obrigações daí decorrentes.

Freight forwarder – Agente expedidor – Agente independente que representa companhias de transporte marítimo ou aéreo e que presta serviços tanto para o importador como para o exportador, fazendo a "reserva de praça" para as mercadorias negociadas. Importante elo no comércio exterior.

Funding – Recursos (financeiros) – Recursos necessários a uma empresa para implementar suas atividades (compra de matéria-prima, pagamento da folha etc.) ou utilizados em seu ativo fixo. De acordo com sua aplicação e retorno, pode ser de curto ou longo prazo.

GATT – Acordo Geral de Comércio e Tarifas. Veja **WTO** – Tratado multilateral cujos objetivos maiores são reduzir as barreiras ao comércio entre os signatários do acordo e promover o comércio entre seus membros por meio da concessão de tarifas o menos onerosas possível, pugnando-se pela expansão da produção e das trocas de mercadorias em nível mundial.

Gross weight – Peso bruto – Peso total embarcado, incluindo mercadoria e embalagem. Compara-se a *Tare weight* (peso líquido), isto é, peso de um veículo sem a carga.

Import license – Licença de importação – Documento exigido na importação, para alguns produtos e por determinados países. O sistema administrativo de importação do Brasil prevê importações sujeitas e dispensadas do licenciamento de importação, que, no caso da obrigatoriedade, poderá ser antes do embarque no exterior ou antes do desembaraço no Brasil. No caso de dúvida, consultar o representante da Unidade Aduaneira Fiscal da Receita Federal de seu domicílio.

INCOTERMS – International Commercial Terms – Termos Comerciais Internacionais – Regras para serem usadas no comércio internacional, publicadas pela primeira vez em 1936. Mais sobre Incoterms, veja o Capítulo 3 deste livro.

Inland bill of lading – Conhecimento de embarque interno (Doméstico) – Conhecimento de embarque utilizado para transporte interno no país do exportador pelo transportador. Conhecimento de embarque *trough* também poderá ser usado, devendo ser preparado ambos como documento para uso interno e marítimo para embarque de exportação. Veja *Conhecimento aéreo, Conhecimento marítimo,* e *Conhecimento de embarque "through".*

International freight forwarder – Veja **Freight forwarder.**

IMF – International Monetary Fund – Fundo Monetário Internacional – Organização criada na Conferência das Nações realizada em Bretton Woods, em 1944, cujo objetivo maior é zelar pela liquidez internacional dos países-membros.

Irrevocable letter of credit – Carta de crédito irrevogável – Carta de crédito em que o pagamento é garantido pelo banco (emissor, negociador, confirmador) se os termos e condições do crédito forem satisfeitos. Compara-se a *Revocable letter of credit* (carta de crédito revogável).

Letter of credit (L/C) – Carta de crédito – Documento, emitido por um banqueiro, a pedido e por instruções de um comprador (tomador/importador) de mercadorias, autorizando o vendedor (beneficiário) a sacar determinado valor sob específicas condições, em tempo determinado. O banqueiro emissor pode valer-se de outros bancos – avisador, negociador, confirmador – paga implementação da carta de crédito.

Leasing – Arrendamento (mercantil) – Operação financeira entre uma empresa proprietária/fabricante de determinado bem e outra pessoa física ou jurídica, que usufrui desse bem mediante pagamento em prestações.

LIBOR – London Interbank Offered Rate – Taxa de juros cobrada pelos bancos de Londres a seus clientes de primeira linha. Serve de referencial na maioria dos empréstimos internacionais.

Licensing – Licenciamento – Contrato comercial em que o fabricante de um produto (ou o detentor de direitos sobre certa tecnologia, marca comercial etc.) dá permissão a outra pessoa, grupo ou empresa, para fabricar seu produto (ou fazer uso de seu material), mediante pagamento de *royalties* ou comissões.

Manifest – Veja **Ship manifest.**

Marine insurance – Seguro marítimo – Seguro pago ao proprietário da mercadoria transportada por mar em caso de sinistro que não possa ser recuperado junto ao transportador. Também cobre embarques aéreos. Compara-se a *Credit risk insurance* (seguro de risco de crédito).

Marking (marks) – Marcação (marcas) – Letras, números e outros símbolos colocados na embalagem da carga para facilitar sua identificação.

NCM – Nomenclatura Comum do Mercosul – Lista que consta o imposto de importação das mercadorias brasileiras e que compõe a Tarifa Externa Comum, TEC.

Ocean bill of lading – Conhecimento de embarque marítimo – Certificado de que o exportador confiou a transportador internacional sua mercadoria para transporte a outro país. Diferente do conhecimento interno (doméstico), o conhecimento marítimo vale como documento de cobrança. É um conhecimento *straight* quando o comprador obtém esse documento apenas identificando-se perante o transportador. É chamado "negociável" quando o mesmo só é obtido após o pagamento da mercadoria, aceita uma cobrança ou cumpre outras exigências acordadas com o vendedor. Compara-se a *Air Waybill, Inland bill of lading, Through bill of lading* (conhecimento aéreo, conhecimento interno – doméstico – e conhecimento de embarque, respectivamente).

OMC – Organização Mundial do Comércio – Veja **WTO.**

On board bill of lading (B/L) – Conhecimento de embarque com a cláusula "a bordo" – Conhecimento de embarque em que o transportador atesta que a mercadoria foi colocada a bordo de determinado navio.

Open account – Conta aberta (conta-corrente) – Acordo comercial em que a mercadoria é remetida ao comprador sem maiores garantias ou exigências do vendedor. Espécie de conta corrente. Pressupõe-se para esse tipo de negociação que o comprador já tenha um histórico comercial muito confiável.

Open insurance policy – Apólice de seguro em aberto – Apólice aberta, isto é, o exportador aplica as exportações (os embarques) no momento em que eles acontecem. Tal apólice é feita para determinado período e valor, negociados entre as partes.

"Order" bill of lading (B/L) – Conhecimento de embarque a "ordem" – Conhecimento de embarque consignado a ordem do embarcador (exportador), que por endosso em branco ou em preto permitirá a transferência para o receptor da mercadoria no destino.

Packing list – Lista de embalagem – Romaneio – Lista demonstrativa dos itens e tipos de itens que estão sendo expedidos, assim como outras informações necessárias ao transporte e identificação da mercadoria.

Parcel post receipt – Recibo de mala postal – Recibo postal que atesta a entrega de um embarque feito por mala postal.

Phytosanitary Inspection Certificate – Certificado de Inspeção Sanitária – Certificado emitido pelas autoridades sanitárias para atender à regulamentação sanitária nos países importadores; indica que o embarque foi inspecionado e se encontra em boas condições, sem risco de doenças ou outras infecções parasitárias.

Political risk – Risco político – Seguro que visa prevenir o exportador de perdas causadas por ações governamentais, tais como: inconversibilidade da moeda, proibição da entrada da mercadoria, expropriação ou confisco, guerra etc.

Prime-Rate – Taxa de juros cobrada dos clientes preferenciais (primeira linha), praticada pelos principais banqueiros na praça de New York.

Pro forma invoice – Fatura proforma – Fatura fornecida pelo fornecedor ao comprador, informando todo tipo e quantidade de mercadoria a ser remetida, seu valor, especificações, peso, tamanho etc. Podemos dizer que representa o contrato de compra e venda em comércio exterior. Sugere-se ao vendedor que acolha o "de acordo" do comprador na fatura *proforma*.

Purchasing agent – Agente de compra – Agente que compra mercadorias em seu próprio país, em nome e sob responsabilidade de um ou mais importadores. Por seu trabalho é remunerado pela comissão de agente. A comissão de agente pode ser: (a) debitada da fatura comercial; (b) a remeter; (c) em conta gráfica.

Quota – Cota – Quantidade de uma mercadoria específica que um país permite que seja importada sem restrições ou imposição de tarifas adicionais. Na prática, revela-se uma barreira não tarifária.

Quotation – Cotação – Oferta de venda de mercadoria a determinado preço e sob condições específicas.

Remitting bank – Banco remetente – Banco que remete os documentos de cobrança a outro banco no exterior.

Representative – Veja **Foreign sales agent.**

Revocable letter of credit – Carta de crédito revogável – Carta de crédito que pode ser revogada ou alterada pelo sacado, depois de sua emissão pelo banqueiro. Compara-se a *Carta de crédito irrevogável.*

Revolving letter of credit – Carta de crédito rotativa – Carta de crédito emitida por um valor e renovada automaticamente pelo mesmo valor a determinado período. É utilizada para cobrir embarques periódicos em contratos de fornecimento longo.

Schedule B – Classificação estatística de mercadorias domésticas e estrangeiras exportadas dos Estados Unidos. Todas as mercadorias exportadas pelos Estados Unidos devem apresentar obrigatoriamente a classificação de sete dígitos do Schedule B.

Shipper's export declaration – Declaração de embarque de exportação – Formulário exigido pelo Departamento de Tesouro dos Estados Unidos para todos os embarques preparados pelo embarcador (exportador), indicando o valor, peso, destinação e outras informações sobre a exportação embarcada.

Ship's manifest – Manifesto do embarcador – Instrumento escrito, assinado pelo capitão do navio, que lista individualmente os embarques que constituem a carga embarcada.

Sight draft (S/D) – Saque a vista – Saque pagável contra a apresentação ao sacado. Compara-se a *Saque a prazo,* a *Data certa* etc.

Spot exchange – Moeda pronta – Compra e venda de moeda estrangeira para entrega imediata, pronta.

Spread – Diferencial – Diferença que se paga pela captação de recursos no mercado financeiro. Diferencial percentual entre o que se toma e a taxa que se empresta, praticado pelas instituições financeiras.

Steamship conference – Conferência de navios – Grupo de operadores de navios que trabalham sob as mesmas regras mutuamente definidas quanto às taxas aplicadas aos fretes marítimos.

Straight bill of lading – Conhecimento de embarque *Straight* – Conhecimento de embarque em que as mercadorias são consignadas diretamente ao consignatário indicado. Compara-se ao conhecimento *to order,* que se negocia mediante endosso.

SWIFT – Society for Worldwide Interbank Financial Telecommunications – Sistema de comunicações específicas para o setor financeiro mundial que agiliza as operações bancárias.

TEC – Tarifa Externa Comum – Lista das alíquotas de importação das mercadorias brasileiras, em consonância com a NCM – Nomenclatura Comum do Mercosul.

Tare weight – Peso Líquido (do veículo) – Peso do *container*, embalagem ou veículo transportador sem o peso da mercadoria. Compara-se a *Gross weight* (Peso bruto). Não confundir com *Net weight*: peso líquido da mercadoria.

Tenor (or a draft) – Vencimento (ou saque) – Designação que diz se o pagamento do saque é a vista, a dias da vista (isto é, do aceite), ou a dias de determinada data (por exemplo, a *x* dias do embarque, da remessa dos documentos etc.).

Through bill of lading – Conhecimento de embarque *through* – Conhecimento com transbordo, utilizado no transporte intermodal, cobrindo o transporte interno (doméstico) e internacional em um embarque de exportação. Conhecimento aéreo, por excelência, é essencialmente um documento direto utilizado para embarques aéreos. Embarques marítimos, por outro lado, usualmente requerem dois conhecimentos – um para a parte doméstica e outro para o transporte internacional. Conhecimentos *through* são insuficientes para embarque marítimo. Compara-se a *Air waybill, Inland bill of lading* e *Ocean bill of lading* (conhecimento aéreo, conhecimento interno (doméstico) e conhecimento marítimo, respectivamente).

Time draft – Saque a prazo – Saque que vence a certos dias do aceite ou a certos dias depois da data do saque. Compara-se a *Date draft, Sight draft*. Saque a determinada Data, Saque a Vista.

Trading company – Empresa comercial exportadora – Brasil: empresas constituídas sob a égide do Decreto-lei nº 1.248/72, com a finalidade de incrementar as exportações brasileiras. São muitas ativas no mercado internacional e podem representar um canal de vendas ao exterior para as pequenas ou médias empresas que não disponham de estrutura suficiente para tal empreitada.

Tramp steamer – Navio *Tramp* – Navio que não opera em rotas regulares (ou conferenciadas).

Transaction statement – Comprovante de transação – Documento que comprova os termos e condições de um acordo entre o exportador e o importador. A fatura *pro forma* pode funcionar como uma *transaction statement*, convenientemente aceita pelo comprador.

Trust receipt – Recibo *trust* – Liberação da mercadoria pelo banco a um comprador, retendo sua propriedade sobre a mesma. O comprador, que obteve a mercadoria com o objetivo de industrializá-la e vendê-la, é obrigado a manter a mercadoria (ou as receitas por sua venda) apartada dos seus ativos e tê-la à disposição do banqueiro se este manifestar seu desejo de tê-la de volta. Assemelha-se a uma operação cuja mercadoria ficaria com cláusula de penhor a favor do banqueiro.

WA – With average – Com avaria – Cláusula de seguro, diferenciando-se da FPA (Free from Particular Average) porque abrange a avaria particular, mas não cobre tantos riscos quanto a apólice *All risks*.

Warehouse receipt – Recibo de armazenagem – Recibo emitido por uma companhia armazenadora que discrimina a mercadoria recebida para armazenagem.

Warfage – Despesas pagas pela utilização de um cais ou embarcadouro.

Without reserve – Sem reservas – Expressão que indica que o representante ou agente do embarcador está investido de poderes para tomar decisões e ajustamentos sem a aprovação da empresa ou grupo que representa.

WTO – World Trade Organization – Organização mundial do comércio – Entidade que cuida do comércio internacional entre as nações associadas, que surgiu após a Rodada Uruguai, na assinatura do Tratado de Marrakesh, a partir de 1995. Seu objetivo é facilitar e incrementar o comércio e os serviços internacionais, propugnando pela queda de tarifas alfandegárias e não alfandegárias, de maneira a contribuir para o aumento do fluxo comercial entre seus países-membros.

Bibliografia

ALMEIDA, Paulo Roberto de. *O mercado no contexto regional e internacional.* São Paulo: Aduaneiras, 1993.

BB Mercosul. I Encontro. Banco do Brasil S.A., 1993.

BEHRENDS, Frederico L. *Comércio exterior.* Ortiz, 1993.

CASSONE, Vittorio. *Direito tributário*. São Paulo: Atlas, 1991.

FERNANDES, Denise M. *Exportação*: roteiro para o comércio exterior. São Paulo: Atlas, 1987.

FIGUEIRAS, Marcos Simão. *Mercosul no contexto latino-americano*. São Paulo: Atlas, 1994.

MANUAL DO EXPORTADOR 1988/89. Cacex/Banco do Brasil S.A., 1988.

NORMAS ADMINISTRATIVAS DE EXPORTAÇÃO. Portaria Secex nº 12, de 3-9-2003, alterada até a Portaria Secex nº 6, de 3-5-2004.

NORMAS ADMINISTRATIVAS DE IMPORTAÇÃO. Portaria Secex nº 17, de 1º-12-2003, alterada até a Portaria Secex nº 3, de 10-2-2004.

PUBLICAÇÃO ICC nº 645. Tradução de José Lopes Vazquez. Rio de Janeiro: ICC Publishing, 2003. 70 p.

VAZQUEZ, José Lopes. *Dicionário de termos de comércio exterior*. São Paulo: Atlas, 2001. 168 p.

_______ . *Manual de exportação*. São Paulo: Atlas, 2002. 304 p.

WILLIAMSON, John. *Economia aberta e a economia mundial.* Rio de Janeiro: Campus, 1989.

Bibliografia

Formato	17 x 24 cm
Tipografia	Charter 11/13
Papel	Offset 75 g/m² (miolo)
	Supremo 250 g/m² (capa)
Número de páginas	328
Impressão	Lis Gráfica

aqui Cole aqui

Sim. Quero fazer parte do banco de dados seletivo da Editora Atlas para receber informações sobre lançamentos na(s) área(s) de meu interesse.

Nome: ______________________________

______________ CPF: ______________ Sexo: ○ Masc. ○ Fem.

Data de Nascimento: ______________ Est. Civil: ○ Solteiro ○ Casado

End. Residencial: ______________________________

Cidade: ______________ CEP: ______________

Tel. Res.: __________ Fax: __________ E-mail: __________

End. Comercial: ______________________________

Cidade: ______________ CEP: ______________

Tel. Com.: __________ Fax: __________ E-mail: __________

De que forma tomou conhecimento deste livro?

☐ Jornal ☐ Revista ☐ Internet ☐ Rádio ☐ TV ☐ Mala Direta

☐ Indicação de Professores ☐ Outros: ______________

Remeter correspondência para o endereço: ○ Residencial ○ Comercial

aqui

Indique sua(s) área(s) de interesse:

○ Administração Geral / Management
○ Produção / Logística / Materiais
○ Recursos Humanos
○ Estratégia Empresarial
○ Marketing / Vendas / Propaganda
○ Qualidade
○ Teoria das Organizações
○ Turismo
○ Contabilidade
○ Finanças

○ Economia
○ Comércio Exterior
○ Matemática / Estatística / P. O.
○ Informática / T. I.
○ Educação
○ Línguas / Literatura
○ Sociologia / Psicologia / Antropologia
○ Comunicação Empresarial
○ Direito
○ Segurança do Trabalho

Comentários

____

____

____

Corte aqui

Comércio Exterior Brasileiro / Vazquez

ISR-40-2373/83

U.P.A.C Bom Retiro

DR / São Paulo

CARTA - RESPOSTA

Não é necessário selar

O selo será pago por:

atlas

01216-999 - São Paulo - SP

REMETENTE:

ENDEREÇO: